Das Zweite Spanische Lesebuch

Elisabeth May

Das Zweite Spanische Lesebuch
Stufen A2 B1
Zweisprachig mit Spanisch-deutscher Übersetzung

Das Zweite Spanische Lesebuch

von Elisabeth May

Audiodateien www.audiolego.com/Buch/Spanisch-Band4

Homepage www.lppbooks.com

Umschlaggestaltung: Audiolego Design

Umschlagfoto: Canstockphoto

2. Ausgabe

Copyright © 2017 2019 Language Practice Publishing

Copyright © 2017 2019 Audiolego

Alle Rechte vorbehalten. Das Werk ist urheberrechtlich geschützt.

Tabla de Contenidos
Inhaltsverzeichnis

So steuern Sie die Geschwindigkeit der Audiodateien 7
Kapitel 1 Die Kaiserliche Bank 8
Kapitel 2 Problem 13
Kapitel 3 Detektiv Paul Rost 19
Kapitel 4 Die Stadt Atlas 26
Kapitel 5 Ein Handwerker 32
Kapitel 6 Der Tresorschlüssel 38
Kapitel 7 Der Umzugshelfer 43
Kapitel 8 Ein neuer Auftrag 52
Kapitel 9 Ein privates Treffen 58
Kapitel 10 Noch eine Nacht 67
Kapitel 11 Das Treffen 76
Kapitel 12 Jetzt oder nie 86
Kapitel 13 Hallo, Exoten! 94
Kapitel 14 Wo ist mein Geld? 105
Capítulo 15 El juicio 114
Capítulo 16 El arma de khan 125
Capítulo 17 Billete de ida 134
Capítulo 18 Un cielo de diamantes 145
Capítulo 19 Ashur cambia de profesión 156
Capítulo 20 A un tiro de piedra del destino 164
Capítulo 21 Una sola oportunidad 175
Capítulo 22 La vida no perdona los errores 185
Capítulo 23 Crimen y castigo 197
Capítulo 24 Patrulla de caminos 207
Capítulo 25 El arresto 222
Capítulo 26 No mires atrás 231
Capítulo 27 Blanco y negro (Parte 1) 242
Capítulo 28 Blanco y negro (Parte 2) 254

Capítulo 29 Tú decides, tío 263

Wörterbuch Spanisch-Deutsch 273

Wörterbuch Deutsch-Spanisch 294

Buchtipps 314

So steuern Sie die Geschwindigkeit der Audiodateien

Das Buch ist mit den Audiodateien ausgestattet. Die Adresse der Homepage des Buches, wo Audiodateien zum Anhören und Herunterladen verfügbar sind, ist am Anfang des Buches auf der bibliographischen Beschreibung vor dem Copyright-Hinweis aufgeführt.

Wir empfehlen Ihnen, den kostenlosen VLC-Mediaplayer zu verwenden, die Software, die zur Steuerung der Wiedergabegeschwindigkeit aller Audioformate verwendet werden kann. Die Steuerung der Geschwindigkeit ist auch einfach und erfordert nur wenige Klicks oder Tastatureingaben.

Android: Nach der Installation vom VLC Media Player klicken Sie auf die Audiodatei am Anfang eines Kapitels oder auf der Homepage des Buches, wenn Sie ein Papierbuch lesen. Wählen Sie "Open with VLC". Wenn Sie Schwierigkeiten beim Öffnen von Audiodateien mit VLC haben, ändern Sie die Standard-App für den Musik-Player. Gehen Sie zu Einstellungen→Apps, wählen Sie VLC und klicken Sie auf "Open by default" oder "Set default".

Kindle Fire: Nach der Installation vom VLC Media Player klicken Sie auf eine Audiodatei am Anfang eines Kapitels oder auf der Homepage des Buches, wenn Sie ein Papierbuch lesen. Wählen Sie "Complete action using →VLC".

iOS: Nach der Installation vom VLC Media Player kopieren Sie den Link zu der Audiodatei am Anfang eines Kapitels oder auf der Homepage des Buches, wenn Sie ein Papierbuch lesen, und fügen Sie ihn in den Download-Bereich des VLC Media Players ein. Nachdem der Download abgeschlossen ist, gehen Sie zu "Alle Dateien" und starten Sie die Audiodatei.

Windows: Starten Sie den VLC Media Player und klicken Sie auf die Audiodatei am Anfang eines Kapitels oder auf der Homepage des Buches, wenn Sie ein Papierbuch lesen. Gehen Sie nun in die Wiedergabe (Playback) und navigieren Sie die Geschwindigkeit.

MacOS: Starten Sie den VLC Media Player und klicken Sie auf die Audiodatei am Anfang eines Kapitels oder auf der Homepage des Buches, wenn Sie ein Papierbuch lesen. Nun, navigieren Sie zum Playback und öffnen die Optionen von Geschwindigkeit. Navigieren Sie die Geschwindigkeit.

1

El Banco Imperial

Die Kaiserliche Bank

  A

Palabras

Vokabeln

alto - groß
avenida - Avenue, die
banco - Bank, die
cajera - Kassierer, der; Kassiererin, die
cerca - in der Nähe
coche - Auto, das
crucigrama - Kreuzworträtsel, das

de - von
del detective - Detektivs, des
del director - Managers, des
detective - Detektiv, der
dictáfono - Diktiergerät, das
director - Manager, der
educado - freundlich

él - er
el - der, die, das
ella - sie
en - in
es - ist
está - ist
esta - der, die, das
este – der, die, das
fuerte - stark
grande - groß
hace calor – es ist warm
hombre - Mann, der
imperial - kaiserlich
interesante - interessant
joven - jung
la – der, die, das
ligero - leicht
lunes – Montag, der
mañana - Morgen, der
mayor - älter
mucho - viel, viele

mujer - Frau, die
negra - schwarz
nuevo - neu
pistola - Pistole, die
respetable - ansehnlich
serio - ernst
servicial - aufmerksam
situado - sich befinden
soleado - sonnig
sopla - weht
también - auch
tiene - er, sie, es hat
trabajo - Job, der
trabajo - Arbeit, die
un - ein
una - eine
Van Gogh - Van Gogh
viento - Wind, der
vigilante - Sicherheitsbeamte, der
y - und

 B

El Banco Imperial

Es lunes. Es por la mañana. Hace calor y sol. Sopla un ligero viento.

Este es el Banco Imperial. Es grande y respetable. El Banco Imperial está situado en la Avenida de Van Gogh.

Die Kaiserliche Bank

Es ist Montag. Es ist Morgen. Es ist warm und sonnig. Ein leichter Wind weht.

Das ist die Kaiserliche Bank. Sie ist groß und ansehnlich. Die Kaiserliche Bank befindet sich in der Van Gogh Avenue.

Esta es una mujer. Es joven y educada. La mujer tiene un crucigrama. El crucigrama de la mujer es interesante. La mujer está en el banco. Es cajera. Ella tiene un trabajo interesante.

Este es un hombre. El hombre también está en el banco. Es mayor y serio. Es director. Él también tiene mucho trabajo. El director tiene un coche. El coche del director está cerca del banco.

Este es el coche del director. El coche del director es negro y nuevo. Está cerca del banco.

Este es un vigilante. Es alto y fuerte. Es joven. El vigilante tiene una pistola. La pistola del vigilante es negra. El vigilante también está en el banco. Él es servicial y educado.

Este es un hombre. Es detective. El detective tiene un dictáfono. El dictáfono del detective es nuevo. El detective también está en el banco. Es serio y educado.

Das ist eine Frau. Sie ist jung und höflich. Die Frau hat ein Kreuzworträtsel. Das Kreuzworträtsel der Frau ist interessant. Die Frau ist in der Bank. Sie ist eine Kassiererin. Sie hat einen interessanten Job.

Das ist ein Mann. Der Mann ist auch in der Bank. Er ist alt und ernst. Er ist ein Manager. Er hat auch viel Arbeit. Der Manager hat ein Auto. Das Auto des Managers ist in der Nähe der Bank.

Das ist das Auto des Managers. Das Auto des Managers ist schwarz und neu. Es ist in der Nähe der Bank.

Das ist ein Sicherheitsbeamter. Er ist groß und stark. Er ist jung. Der Sicherheitsbeamte hat eine Pistole. Die Pistole des Sicherheitsbeamten ist schwarz. Der Sicherheitsbeamte ist auch in der Bank. Er ist aufmerksam und höflich.

Das ist ein Mann. Er ist ein Detektiv. Der Detektiv hat ein Diktiergerät. Das Diktiergerät des Detektivs ist neu. Der Detektiv ist auch in der Bank. Er ist ernst und höflich.

 C

Repaso de nuevo vocabulario

1

- ¿Es hoy lunes?

- Sí, lo es.

- ¿Hace calor hoy?

- Sí, hoy hace calor y sol.

2

- ¿Es esto un libro?

- Sí, esto es un libro.

Wiederholung des neuen Vokabulars

1

- Ist heute Montag?

- Ja, das ist es.

- Ist es heute warm?

- Ja, es ist heute warm und sonnig.

2

- Ist das ein Buch?

- Ja, das ist ein Buch.

- ¿Está cerca de la lámpara?
- Sí, está cerca de la lámpara.
- ¿Y la lámpara está cerca del ordenador?
- Sí, lo está.

3

- ¿Es esto una lámpara?
- Sí, lo es.
- ¿Está encima de la mesa?
- Sí. Está encima de la mesa.
- ¿Está el ordenador también encima de la mesa?
- Sí, lo está.

4

- ¿Es esta mujer joven?
- Sí, lo es.
- ¿Es ella seria?
- Sí. Es seria y educada.

5

- ¿Es esta la pistola del vigilante?
- Sí, lo es.
- ¿Tiene el vigilante una pistola nueva?
- Sí. El vigilante tiene una nueva pistola negra.

6

- Hay un hombre respetable en el banco.
- ¿Es él joven?
- Sí, lo es. Él es joven y serio.

7

- ¿Hay un banco en la Avenida de Van Gogh?

- Ist es in der Nähe der Lampe?
- Ja, es ist in der Nähe der Lampe.
- Und ist die Lampe in der Nähe des Computers?
- Ja, das ist sie.

3

- Ist das eine Lampe?
- Ja, das ist sie.
- Ist sie auf dem Tisch?
- Ja. Sie ist auf dem Tisch.
- Ist der Computer auch auf dem Tisch?
- Ja, das ist er.

4

- Ist diese Frau jung?
- Ja, das ist sie.
- Ist sie ernst?
- Ja. Sie ist ernst und höflich.

5

- Ist das die Pistole des Sicherheitsbeamten?
- Ja, das ist sie.
- Hat der Sicherheitsbeamte eine neue Pistole?
- Ja. Der Sicherheitsbeamte hat eine neue schwarze Pistole.

6

- Da ist ein ansehnlicher Mann in der Bank.
- Ist er jung?
- Ja, das ist er. Er ist jung und ernst.

7

- Gibt es eine Bank auf der Van Gogh Avenue?

- Sí, lo hay. Hay un banco grande en la Avenida de Van Gogh.

- Ja, es gibt eine. Es gibt eine große Bank auf der Van Gogh Avenue.

8

- ¿Es este el coche del director?

- Sí, lo es. El director tiene un coche nuevo.

- Ist das das Auto des Managers?

- Ja, das ist es. Der Manager hat ein neues Auto.

9

- ¿Es este el ordenador de la mujer?

- Sí, lo es.

- ¿Está el ordenador de la mujer encima de la mesa?

- Sí. Está encima de la mesa

- Ist das der Computer der Frau?

- Ja, das ist er.

- Ist der Computer der Frau auf dem Tisch?

- Ja. Er ist auf dem Tisch.

2

Problema

Problem

A

Palabras

Vokabeln

agua - Wasser, das

agua mineral - Mineralwasser, das

algún - irgendein, irgendeine

allí - dort

antes - vor

apunta - richtet

botella - Flasche, die

caja - Kasse, die

cena - Abendessen, das

claro - sicher

cómo - wie

con - mit

contesta - antwortet
cuánto - wie viel
da - gibt
de - von
delincuencia - Verbrechen, das
despacho - Zimmer, das; Büro, das
dice - sagt
diez - zehn
dinero - Geld, das
documento - Dokument, das
dólar - Dollar, der
echa - schenkt ein
en - in
encima de - auf
entra - betritt
está sentado - sitzt
están - sie sind
gente - Menschen, die
hablar - sprechen
hace mucho calor – es ist sehr heiß
hola - Hallo
hora - Stunde, die
idiota - Idiot, der
impedir - verhindern
lámpara - Lampe, die
limpio - sauber
martes - Dienstag, der
mentiroso - Lügner, der
mesa - Tisch, der

mil - tausend
nombre - Name, der
nosotros - wir
para - für
perder - verlieren
perdido – verloren sein
personal - Mitarbeiter, die
piensa - denkt
poco - wenig
por favor - bitte
por supuesto - natürlich
pregunta - fragt
problema - Problem, das
puedo - ich kann
qué - was
responde - antwortet
responsable - verantwortlich
señala - zeigt
sopla - weht
Sr. - Herr (Hr), der
Srta. - Fräulein (Frl.), das
su - sein, seine
supervisar - beaufsichtigen
tiene - er, sie, es hat
todo - alle
usted - Sie
vaso - Glas, das
vigilar - beobachten
yo - ich

B

Problema

Es martes. Es la hora de antes de la cena. Hace calor y sol. Sopla el viento.

Este es el despacho del director del banco. El despacho es grande y limpio. Hay una mesa grande en el despacho. Hay una lámpara encima de la mesa. El director está sentado a la mesa. Tiene un problema. Un detective entra en el despacho del director.

"Hola, Sr. Vega," dice el detective.

"Hola, Sr. Rost," responde el director, "Siéntese, por favor."

"¿Cuál es su problema?" Pregunta el Sr. Rost.

"Hemos perdido algún dinero," Responde el Sr. Vega.

"¿Cuánto?" pregunta el detective.

"Diez mil dólares," responde el director.

"¿Cómo se llama la cajera?" Pregunta Paul Rost.

"La cajera se llama Lisa Pandora," contesta John Vega.

"¿De qué es responsable la señorita Pandora?" pregunta el detective.

"La Srta. Pandora es responsable del dinero y los documentos de la caja," responde el director.

"¿Cómo se llama el vigilante?" pregunta el Sr. Rost.

"El vigilante se llama George Titan," contesta John Vega.

"¿De qué es responsable el Sr. Titan?"

Problem

Es ist Dienstag. Es ist die Zeit vor dem Abendessen. Es ist heiß und sonnig. Der Wind weht. Das ist das Büro des Bankmanagers. Das Büro ist groß und sauber. Da ist ein großer Tisch in dem Büro. Da ist eine Lampe auf dem Tisch. Der Manager sitzt am Tisch. Er hat ein Problem. Ein Detektiv betritt das Büro des Managers.

„Hallo, Herr Vega", sagt der Detektiv.

„Hallo, Herr Rost", antwortet der Manager. „Setzen Sie sich bitte."

„Was ist Ihr Problem?", fragt Herr Rost.

„Uns fehlt Geld", antwortet Herr Vega.

„Wie viel?", fragt der Detektiv.

„Zehntausend Dollar" antwortet der Manager.

„Wie heißt die Kassiererin?", fragt Paul Rost.

„Die Kassiererin heißt Lisa Pandora", antwortet John Vega.

„Wofür ist Frau Pandora verantwortlich?", fragt der Detektiv.

„Frau Pandora ist für das Geld und die Unterlagen in der Kasse verantwortlich", antwortet der Manager.

„Wie heißt der Sicherheitsbeamte?", fragt Herr Rost.

„Der Name des Sicherheitsbeamten ist George Titan", antwortet John Vega.

„Wofür ist Herr Titan verantwortlich?", fragt der Detektiv.

pregunta el detective.

"El Sr. Titan tiene que vigilar a la gente e impedir la delincuencia," responde el director del banco.

"¿De qué es responsable usted?" pregunta el Sr. Rost.

"Yo tengo que supervisar todo el trabajo y todo el personal del banco," responde el Sr. Vega.

"¿Qué es esto?" el detective señala una botella de agua mineral que está encima de la mesa del director.

"Es una botella de agua mineral," dice el director.

"¿Puedo tomar un poco de agua?" pregunta el detective.

"Por supuesto, por favor" responde el director. Echa un poco de agua en un vaso y se la da al detective. "Este detective es idiota," piensa el director.

"El director es un mentiroso," piensa el detective, "¿Puedo hablar con el personal, por favor?" dice.

"Claro," contesta el director.

„Herr Titan beobachtet Leute und verhindert Verbrechen", antwortet der Bankmanager.

„Wofür sind Sie verantwortlich?", fragt Herr Rost.

„Ich beaufsichtige die gesamte Arbeit und alle Mitarbeiter der Bank", antwortet Herr Vega.

„Was ist das?", der Detektiv zeigt auf eine Mineralwasserflasche auf dem Tisch des Managers.

„Das ist eine Mineralwasserflasche", sagt der Manager.

„Kann ich etwas Wasser haben?", fragt der Detektiv.

„Natürlich, bitte", antwortet der Manager. Er schenkt ein wenig Wasser in ein Glas ein und gibt es dem Detektiv. „Dieser Detektiv ist ein Idiot", denkt der Manager.

„Der Manager ist ein Lügner", denkt der Detektiv. „Kann ich bitte mit den Mitarbeitern sprechen?", sagt er.

„Sicher", antwortet der Manager.

C

Repaso de nuevo vocabulario

1

- ¿Hoy es martes o lunes, joven?

- Hoy es martes.

- ¿Ahora es la hora de antes del mediodía o de después del mediodía?

- Ahora es la hora de antes del mediodía.

Wiederholung des neuen Vokabulars

1

- Ist heute Dienstag oder Montag, junger Mann?

- Heute ist Dienstag.

- Ist es jetzt Vormittag oder Nachmittag?

- Es ist jetzt Vormittag.

- ¿Ahora está templado o hace calor?
- Ahora hace calor y sol.

2

- ¿Cómo se llama el director?
- El director se llama John Vega.
- ¿Qué debe supervisar John Vega?
- Él debe supervisar el trabajo del banco.

3

- ¿Cómo se llama el vigilante?
- Se llama George Titan.
- ¿De qué es responsable el Sr. Titan?
- El Sr. Titan debe vigilar a la gente. Debe evitar la delincuencia.

4

- Tengo un problema.
- ¿Cuál es tu problema?
- Mi perrito caliente ha desaparecido.
- El director también tiene un problema.
- ¿Cuál es el problema del director?
- Su botella de agua mineral ha desaparecido.

5

- ¿Qué hay encima de la mesa de la cajera?
- Hay algún dinero y documentos encima de la mesa.
- ¿Cuántos dólares hay encima de la mesa?
- Hay mil dólares encima de la mesa.

6

- ¿Qué banco es este, joven?

- Ist es jetzt warm oder heiß?
- Es ist jetzt heiß und sonnig.

2

- Wie heißt der Manager?
- Er heißt John Vega.
- Was muss John Vega beaufsichtigen?
- Er muss die Arbeit in der Bank beaufsichtigen.

3

- Wie heißt der Sicherheitsbeamte?
- Er heißt George Titan.
- Wofür ist Herr Titan verantwortlich?
- Herr Titan muss Leute beobachten. Er muss Verbrechen verhindern.

4

- Ich habe ein Problem.
- Was ist dein Problem?
- Mein Hotdog ist verschwunden.
- Der Manager hat auch ein Problem.
- Was ist das Problem des Managers?
- Seine Mineralwasserflasche ist verschwunden.

5

- Was ist dort auf dem Tisch der Kassiererin?
- Dort auf dem Tisch sind Unterlagen und Geld.
- Wie viele Dollar sind dort auf dem Tisch?
- Dort auf dem Tisch sind tausend Dollar.

6

- Welche Bank ist das, junger Mann?

- Es un banco respetable.

- ¿Está situado en la Avenida de Van Gogh?

- Sí, lo está.

7

- ¿Qué hay cerca del ordenador?

- Es un interesante crucigrama.

- ¿Qué es esa botella de encima de la mesa?

- Es agua mineral.

8

- ¿Está el dinero en la caja o en el despacho del director?

- Por supuesto, el dinero está en la caja.

- ¿Es el director un mentiroso o un idiota?

- Por supuesto que no es un idiota. Es un mentiroso.

- Das ist eine ansehnliche Bank.

- Befindet sie sich auf der Van Gogh Avenue?

- Ja, sie befindet sich dort.

7

- Was ist das in der Nähe des Computers?

- Das ist ein interessantes Kreuzworträtsel.

- Was ist das für eine Flasche auf dem Tisch?

- Das ist Mineralwasser.

8

- Ist das Geld in der Kasse oder beim Manager?

- Das Geld ist natürlich in der Kasse.

- Ist dieser Manager ein Lügner oder ein Idiot.

- Er ist natürlich kein Idiot. Er ist ein Lügner.

3

El Detective Paul Rost
Detektiv Paul Rost

A

Palabras

Vokabeln

abrir - öffnen

años – Jahre, die

apellidarse – mit Familiennamen heißen

atentamente - aufmerksam

cabello - Haar, das

calle - Straße, die

cámara - Tresorraum, der

casa - Haus, das

casada - verheiratet

cerca - in der Nähe

cierra - schließt

cinco - fünf

cuarenta - vierzig

de - von
debería - sollte
delgada - schlank
dirección - Adresse, die
divorciada - geschieden
educación - Ausbildung, die
ellos - sie
empleado - Angestellter, der
entonces - dann
fuera - nach außen
gris - grau
guapa - schön
hacer - machen
junto con – zusammen mit
licenciatura - Universitätsabschluss, der
llave - Schlüssel, der
mediodía - Mittag, der
mi - mein, meine
miércoles - Mittwoch, der
mira - schaut
no - nein
nombre - Name, der
nombre de pila – Vorname, der

nublado - bewölkt
nueve - neun
número - Nummer, die
o - oder
otro – ein anderer
pregunta - Frage, die
quién - wer
responsabilidad - Verantwortung, die
rubio - blond
sentado - sitzend
ser - sein
sí - ja
siete - sieben
soltera - ledig
Srta. – Fräulein (Frl.), das
su – sein, ihr
tarde - Abend, der
tengo - haben
tiene - er, sie, es hat
treinta - dreißig
último - letzte, letzter, letztes
veintisiete - siebenundzwanzig

 B

El Detective Paul Rost

Es miércoles. Es mediodía. Hace calor y está nublado. No sopla viento.

El detective Paul Rost está sentado a

Detektiv Paul Rost

Es ist Mittwoch. Es ist Nachmittag. Es ist heiß und bewölkt. Der Wind weht nicht.

Detektiv Paul Rost sitzt am Tisch im Büro

una mesa en el despacho del director del banco. Tiene cuarenta y cinco años. Su pelo es gris. Una mujer entra en el despacho del director. Su cabello es rubio. Ella es alta y delgada. La mujer es joven y guapa.

"Hola," dice ella.

"Hola," responde Paul Rost. "Siéntese, por favor," dice el detective. La mujer se sienta.

"¿Puedo hacerle algunas preguntas?" dice el detective.

"Claro," contesta la mujer.

"¿Cuál es su nombre de pila?" pregunta el Sr. Rost.

"Mi nombre es Lisa," responde la mujer.

"¿Cómo se apellida?" pregunta el detective.

"Me apellido Pandora," dice ella.

"¿Cuántos años tiene?" dice Paul.

"Tengo treinta y siete años," dice ella.

"¿Cuál es su dirección?" pregunta el Sr. Rost.

"Mi dirección es calle Da Vinci, casa número veintisiete," responde Lisa Pandora.

"¿Qué educación tiene?" pregunta el detective.

"Tengo una licenciatura," responde Lisa.

"¿Está casada o soltera?" pregunta él.

"No estoy casada. Estoy divorciada," responde la mujer.

"¿Cuáles son sus responsabilidades?" pregunta el Sr. Rost.

"Soy responsable de los documentos y

des Managers. Er ist fünfundvierzig Jahre alt. Seine Haare sind grau. Eine Frau betritt das Büro des Managers. Ihre Haare sind blond. Sie ist groß und schlank. Die Frau ist jung und schön.

„Hallo", sagt sie.

„Hallo", antwortet Paul Rost. „Setzen Sie sich bitte", sagt der Detektiv. Die Frau setzt sich.

„Kann ich Ihnen einige Fragen stellen?", sagt der Detektiv.

„Sicher", antwortet die Frau.

„Wie heißen Sie mit Vornamen?", fragt Herr Rost.

„Mein Name ist Lisa", antwortet die Frau.

„Wie heißen Sie mit Nachnamen?", fragt der Detektiv.

„Mein Nachname ist Pandora", sagt sie.

„Wie alt sind Sie?", sagt Paul.

„Ich bin siebenunddreißig Jahre alt", sagt sie.

„Wie lautet Ihre Adresse?", fragt Herr Rost.

„Meine Adresse ist Da Vinci Straße, Hausnummer siebenundzwanzig", antwortet Lisa Pandora.

„Was für eine Ausbildung haben Sie?", fragt der Detektiv.

„Ich haben einen Universitätsabschluss", antwortet Lisa.

„Sind Sie verheiratet oder ledig?", fragt er.

„Ich bin nicht verheiratet. Ich bin geschieden", antwortet die Frau.

„Wofür sind Sie verantwortlich?", fragt Herr Rost.

„Ich bin verantwortlich für die Unterlagen und das Geld in der Kasse", antwortet Lisa.

el dinero de la caja," responde Lisa.

"¿Tiene llave de la cámara?" pregunta Paul.

"Sí, la tengo," responde la mujer.

"¿Quién abre la cámara por la mañana y la cierra por la tarde?" pregunta el detective.

"Lo hago yo junto con el director," responde la mujer. El detective mira atentamente a la Srta. Pandora, y después al Sr. Vega.

"¿Puede el vigilante entrar en la cámara?" Pregunta el Sr. Rost.

"No, él no debería entrar," responde Lisa.

"¿Pueden entrar otros empleados?" pregunta el detective.

"No, no deberían entrar," responde la cajera.

"¿Puede sacar documentos o dinero fuera del banco?" pregunta el detective.

"No, no puedo," dice ella, y mira al director.

"¿Tiene que estar en el banco de nueve a cinco?" pregunta Paul Rost.

"Sí, tengo que estar aquí," responde Lisa Pandora.

"¿Puede dar la llave de la cámara a otros empleados?" pregunta el detective.

"No debería dársela a otros empleados" responde la mujer.

„Haben Sie den Schlüssel für den Tresorraum?", fragt Paul.

„Ja, ich habe den Schlüssel", antwortet die Frau.

„Wer öffnet den Tresorraum in der Früh und schließt ihn am Abend?", fragt der Detektiv.

„Ich mache das gemeinsam mit dem Manager", antwortet die Frau. Der Detektiv sieht Frau Pandora und dann Herrn Vega aufmerksam an.

„Darf der Sicherheitsbeamte den Tresorraum betreten?", fragt Herr Rost.

„Nein, er sollte ihn nicht betreten", antwortet Lisa.

„Dürfen ihn andere Angestellte betreten?", fragt der Detektiv.

„Nein, sie sollten ihn nicht betreten", antwortet die Kassiererin.

„Dürfen Sie Unterlagen oder Geld aus der Bank mitnehmen?", fragt der Detektiv.

„Nein, das darf ich nicht", sagt sie und schaut den Manager an.

„Müssen Sie von neun bis fünf in der Bank sein?", fragt Paul Rost.

„Ja, ich muss da sein", antwortet Lisa Pandora.

„Dürfen Sie den Schlüssel zum Tresorraum anderen Angestellten geben?", fragt der Detektiv.

„Ich sollte den Schlüssel keinen anderen Angestellten geben", antwortet die Frau.

C

| Repaso de nuevo vocabulario | Wiederholung des neuen Vokabulars |

1

- ¿Hoy es martes o miércoles?
- Hoy es miércoles.
- ¿Hace calor hoy?
- No. Hoy no hace calor.
- ¿Está soplando viento?
- Sí, está soplando viento.

2

- ¿Dónde está sentado el director?
- El director está sentado en un coche.
- ¿Cuántos años tiene el director?
- El director tiene cuarenta años.
- ¿Es negro el cabello del director?
- Sí, su cabello es negro.

3

- ¿Quién está entrando en el despacho?
- Un empleado del banco está entrando en el despacho.
- ¿Quién es el empleado del banco?
- Es una cajera.
- ¿Es la cajera alta y delgada?
- Sí, lo es. Ella es alta y delgada.

4

- ¿Puedo hacerle una pregunta?
- Sí, por favor.
- ¿Es su apellido Rothschild?
- No, no lo es. Mi apellido no es

1

- Ist heute Dienstag oder Mittwoch?
- Heute ist Mittwoch.
- Ist es heute heiß?
- Nein, das ist es nicht. Es ist heute nicht heiß.
- Weht der Wind?
- Ja, der Wind weht.

2

- Wo sitzt der Manager?
- Er sitzt in einem Auto.
- Wie alt ist der Manager?
- Der Manager ist vierzig Jahre alt.
- Hat der Manager schwarze Haare?
- Ja, seine Haare sind schwarz.

3

- Wer betritt den Raum?
- Eine Bankangestellte betritt den Raum.
- Wer ist diese Bankangestellte?
- Sie ist eine Kassiererin.
- Ist die Kassiererin groß und schlank?
- Ja, das ist sie. Sie ist jung und schön.

4

- Darf ich Sie etwas fragen?
- Ja, bitte.
- Heißen Sie Rothschild mit Nachnamen?
- Nein, heiße ich nicht. Mein Familienname ist

Rothschild. Me llamo Bill Gates.

5

- ¿Cuántos años tiene, joven?
- Tengo treinta años.
- ¿Cuál es su dirección?
- Mi dirección es Piccadilly Street 7, Londres, Inglaterra.
- ¿Cuál es su educación?
- Tengo una licenciatura.

6

- ¿Tiene el detective una licenciatura?
- No, tiene un curso de piloto de las fuerzas armadas.
- ¿Está casado o divorciado?
- Está divorciado.
- ¿Está el director del banco también soltero?
- Sí, lo está. No está casado.
- ¿Está esta mujer casada o soltera?
- No está casada.

7

- ¿Quién es usted?
- Soy cajera.
- ¿Cuáles son sus responsabilidades?
- Soy responsable de los documentos y el dinero de la caja del banco.
- ¿Puede una cajera sacar dinero de la caja?
- No, no puede. Los empleados no pueden sacar dinero de la caja.

nicht Rothschild. Mein Name ist Bill Gates.

5

- Wie alt sind Sie, junger Mann?
- Ich bin dreißig Jahre alt.
- Wie lautet Ihre Adresse?
- Meine Adresse ist Piccadilly Straße 7, London, England.
- Welche Ausbildung haben Sie?
- Ich habe einen BA Abschluss.

6

- Hat der Detektiv einen BA Abschluss?
- Nein, er hat einen Abschluss als Pilot der Luftwaffe.
- Ist er verheiratet oder geschieden?
- Er ist geschieden.
- Ist der Bankmanager ledig?
- Ja, das ist er. Er ist nicht verheiratet.
- Ist diese Frau verheiratet oder ledig?
- Sie ist nicht verheiratet.

7

- Wer sind Sie?
- Ich bin eine Kassiererin.
- Wofür sind Sie verantwortlich?
- Ich bin verantwortlich für die Unterlagen und das Geld in der Kasse der Bank.
- Darf eine Kassiererin Geld aus der Kasse nehmen?
- Nein, das darf sie nicht. Die Angestellten dürfen kein Geld aus der Kasse nehmen.

8

- ¿Tiene ella llave de la cámara?
- Sí, la tiene. Ella tiene llave de la cámara.
- ¿Cuándo tiene que abrir la cámara?
- Ella tiene que abrir la cámara a las 5.

9

- ¿Está el director mirando al vigilante?
- No, no lo está. El director está mirando atentamente al detective.
- ¿Podría él darle una llave al vigilante?
- No, él no podría.

10

- ¿Puedo hacerle una pregunta, joven?
- Sí, por favor pregunte.
- ¿Quién es esta empleada guapa y delgada?
- Esta es la directora de nuestra oficina.
- ¿Está casada?
- No, no está casada. Está divorciada.
- ¿Cómo se llama?
- Se llama Anna.
- ¿Cómo se apellida?
- Se apellida Bergman.

8

- Hat sie einen Schlüssel für den Tresorraum?
- Ja, sie hat einen. Sie hat einen Schlüssel für den Tresorraum.
- Wann muss sie den Tresorraum öffnen?
- Sie muss den Tresorraum um 5 Uhr öffnen.

9

- Schaut der Manager den Sicherheitsbeamten an?
- Nein, er schaut ihn nicht an. Der Manager schaut den Detektiv aufmerksam an.
- Darf er dem Sicherheitsbeamten einen Schlüssel geben?
- Nein, das darf er nicht.

10

- Darf ich Ihnen eine Frage stellen, junger Mann?
- Ja, bitte fragen Sie.
- Wer ist diese schöne schlanke Angestellte?
- Das ist die Managerin unserer Filiale.
- Ist sie verheiratet?
- Nein, sie ist nicht verheiratet. Sie ist geschieden.
- Wie heißt sie?
- Sie heißt Anna.
- Wie ist ihr Familienname?
- Ihr Familienname ist Bergman.

4

Ciudad Atlas

Die Stadt Atlas

A

Palabras

Vokabeln

adiós - tschüss

aeródromo - Flugplatz, der

afueras – Stadtrand, der

ahora - jetzt

aire - Luft, die

algo - etwas

allí - dort

alrededor – um ... herum; umher

aquí - hier

arriba - hinauf

autobús - Bus, der

bajo - niedrig

bien - in Ordnung

cafetería - Café, das

caldera - Boiler, der

calle principal – Hauptstraße, die

casa - Haus, das

caso - Fall, der

centro – Zentrum, das
cercano - in der Nähe
cien - hundert
ciudad - Stadt, die
cocina - Küche, die
colegio - Schule, die
como - als, wie
cuando - wann
cuarto de baño - Badezimmer, das
cultiva – pflanzt an
descuelga – hebt ab
despensa - Vorratskammer, die
dormitorio - Schlafzimmer, das
dos - zwei
empezando - beginnend
empezó - begann
escuchar - hören
estaba - war
estación - Bahnhof, der
estudio - Arbeitszimmer, das
extraño - seltsam
flor - Blume, die
fresco - kühl, kalt
fuerza – Kraft, die
garaje – Garage, die
gente - Menschen, die
gracias - danke
grande - groß
hace frío / calor – es ist kalt / warm
hola - Hallo

hospital - Spital, das
iré – ich werde kommen
jardín - Garten, der
jueves - Donnerstag, der
libre - frei
masculino - männlich
minuto - Minute, die
moderno - modern
momento - Moment, der
muchos - viele
ocurriendo – passiert gerade
ópera - Oper, die
pequeña - klein
piloto - Pilot, der
piso - Stockwerk, das
principal – Haupt-
privado - privat
pueblo - Stadt, die
quiere decir - bedeutet
recibidor - Flur, der
ruido – Lärm, der
se jubiló – in Rente gehen
sensación – Gefühl, das
sirvió – hat gedient
sótano - Keller, der
suena - klingelt
teatro - Theater, das
teléfono - Handy, das
tienda - Laden, der
tren – Zug, der

universidad - Universität, die
varios - einige
venir - kommen

ver - sehen
vive - lebt
voz - Stimme, die

 **B**

Ciudad Atlas

El detective Paul Rost vive en una casa pequeña. La casa tiene dos pisos. Hay una cocina, un cuarto de baño y un recibidor en la planta baja. Hay un dormitorio, un estudio y una habitación libre en la primera planta. En el sótano se encuentra un cuarto de calderas y una despensa. El garaje está cerca de la casa. La casa tiene un jardín grande. Paul cultiva algunas flores allí.

La casa está situada en la calle Picasso. Hay un aeródromo de las fuerzas aéreas cerca. La calle está situada en las afueras. La ciudad se llama Atlas. Alrededor de cien mil personas viven en esta ciudad. Hay cinco estaciones de autobús y dos estaciones de tren. La ciudad tiene varios colegios y universidades. Hay un hospital grande y moderno en el centro de Atlas. Hay unos cuantos bancos en la calle principal. La calle principal se llama Avenida de Van Gogh. El teatro y la ópera están situados allí. El pueblo tiene muchas tiendas y cafeterías.

Es jueves. Es por la tarde. Hace fresco. No sopla viento.

El detective Paul Rost está en casa. Sirvió en las fuerzas aéreas cuando era joven. Era piloto. El Sr. Rost se jubiló hace cinco

Die Stadt Atlas

Detektiv Paul Rost lebt in einem kleinen Haus. Das Haus hat zwei Stockwerke. Es gibt eine Küche, ein Badezimmer und einen Flur im Erdgeschoß. Im ersten Stock sind ein Schlafzimmer, ein Arbeitszimmer und ein Gästezimmer. Im Keller befinden sich ein Kesselzimmer und eine Vorratskammer. Die Garage ist in der Nähe des Hauses. Zum Haus gehört ein großer Garten. Paul züchtet dort einige Blumen.

Das Haus befindet sich auf der Picasso Straße. Dort in der Nähe gibt es einen Flugplatz der Luftwaffe. Die Straße liegt in einem Vorort. Der Name der Stadt ist Atlas. In dieser Stadt leben etwa einhunderttausend Menschen.

Es gibt dort fünf Busbahnhöfe und zwei Bahnhöfe. In der Stadt gibt es mehrere Schulen und Universitäten. Im Zentrum von Atlas gibt es ein großes modernes Spital. Es gibt einige wenige Banken auf der Hauptstraße. Der Name der Hauptstraße ist Van Gogh Avenue. Das Theater und die Oper befinden sich dort. In der Stadt gibt es viele Läden und Cafés.

Es ist Donnerstag. Es ist Abend. Es ist kühl. Der Wind weht nicht.

Detektiv Paul Rost ist zu Hause. Als er jung war, hat er in der Luftwaffe gedient. Er war Pilot. Herr Rost ist vor fünf Jahren in Rente

años. Empezó a trabajar como detective privado entonces. Ahora está empezando a trabajar en este caso sobre el banco. Tiene una sensación extraña.

El detective está cenando. En este momento suena el teléfono. El detective descuelga el teléfono.

"Hola," responde Paul Rost.

"Hola. Hola Paul. Soy Bruno. ¿Cómo está?" dice una voz masculina.

"Estoy bien, gracias. ¿Cómo está usted?" responde el detective.

"Estoy bien. ¿Puede venir un minuto? Aquí está pasando algo raro," dice Bruno.

"¿Qué quiere decir?" pregunta el detective.

"Oigo ruidos extraños en la casa. ¿Puede venir ahora mismo, por favor?" pregunta Bruno.

"Sí, iré ahora mismo. Lo veo en cinco minutos," responde Paul Rost.

"Gracias. Adiós, "dice Bruno.

"Adiós, Bruno," dice el Sr. Rost.

gegangen. Er begann damals als Privatdetektiv zu arbeiten. Jetzt beginnt er an diesem Fall der Bank zu arbeiten. Er hat ein seltsames Gefühl.

Der Detektiv isst gerade zu Abend als das Telefon klingelt. Der Detektiv hebt den Hörer ab.

„Hallo", antwortet Paul Rost.

„Hallo. Hi, Paul. Hier ist Bruno. Wie geht es dir?", sagt eine männliche Stimme.

„Mir geht es gut, danke. Und dir?", antwortet der Detektiv.

„Gut. Kannst du für eine Minute herüberkommen? Hier passiert gerade etwas Seltsames", sagt Bruno.

„Was meinst du?", fragt der Detektiv.

„Ich höre einige seltsame Geräusche im Haus. Kannst du gleich kommen, bitte?", fragt Bruno.

„Ja, ich komme jetzt gleich. Wir sehen uns in fünf Minuten", antwortet Paul.

„Danke. Tschüss", sagt Bruno.

„Tschüss Bruno", sagt Herr Rost.

C

Repaso de nuevo vocabulario

Wiederholung des neuen Vokabulars

1

1

- Hola, Anna. Soy Alexander.

- Hola, Alexander.

- ¿Cómo estás?

- Estoy bien, gracias. ¿Y tú?

- Yo también bien, gracias.

- Hallo, Anna. Hier ist Alexander.

- Hallo, Alexander.

- Wie geht es dir?

- Gut, danke. Wie geht es dir?

- Auch gut, danke.

2

- ¿Trabaja en un aeródromo de las fuerzas aéreas, joven?
- No. Trabajo en una estación de autobús.
- ¿Qué hace en la estación de autobús?
- Soy conductor de autobús.

3

- ¿Vives en una casa pequeña?
- No. Tengo una casa grande.
- ¿Está tu casa en el centro de la ciudad?
- Mi casa está a las afueras.
- ¿Tienes garaje?
- No tengo garaje. Tengo un bonito jardín. Cultivo flores allí.

4

- ¿Dónde está la calle del garaje?
- La llave está en casa, en el estudio.
- ¿Está encima de la mesa del estudio?
- Sí, lo está.

5

- ¿Dónde está situada la ópera?
- Está situada en la Avenida de Van Gogh.
- ¿Y dónde está el teatro?
- Está situado en la calle Beethoven.

6

- Necesito ir al médico. ¿Hay hospital en esta ciudad?
- Sí, lo hay. Hay un hospital moderno en la ciudad.

2

- Arbeiten Sie auf einem Flugplatz der Luftwaffe, junger Mann?
- Nein, ich arbeite nicht dort. Ich arbeite auf einem Busbahnhof.
- Was machen Sie auf dem Busbahnhof?
- Ich bin Busfahrer.

3

- Leben Sie in einem kleinen Haus?
- Nein, lebe ich nicht. Ich habe ein großes Haus.
- Ist Ihr Haus im Stadtzentrum?
- Mein Haus ist in einem Vorort.
- Haben Sie eine Garage?
- Ich habe keine Garage. Ich habe einen schönen Garten. Ich züchte dort Blumen.

4

- Wo ist der Schlüssel zur Garage?
- Der Schlüssel ist zu Hause im Arbeitszimmer.
- Ist er auf dem Tisch im Arbeitszimmer?
- Ja, das ist er.

5

- Wo befindet sich die Oper?
- Sie befindet sich auf der Van Gogh Avenue.
- Und wo ist das Theater?
- Es befindet sich in der Beethoven Straße.

6

- Ich muss zum Arzt gehen. Gibt es in dieser Stadt ein Spital?
- Ja, gibt es. Es gibt ein modernes Spital in dieser Stadt.

- ¿Dónde está situado?

- Está situado en el centro de la ciudad, cerca del teatro.

7

- ¿Qué fuiste antes de jubilarte?

- Fui piloto. Serví en las fuerzas aéreas.

- ¿Y qué era ella antes de jubilarse?

- Era cajera.

8

- ¿Puede venir en un minuto?

- Puedo llegar en diez minutos. ¿Le parece bien?

- Está bien. Nos vemos en diez minutos.

- Nos vemos. Adiós.

9

- ¿Qué está ocurriendo aquí?

- Aquí está ocurriendo algo extraño.

- ¿Qué quieres decir?

- Quiero decir que hay ruidos extraños.

- Está sonando el teléfono de la primera planta. El receptor está en el dormitorio, encima de la mesa.

- Wo befindet es sich?

- Es befindet sich im Stadtzentrum, in der Nähe des Theaters.

7

- Was haben Sie gemacht bevor Sie in Rente gegangen sind?

- Ich war Pilot. Ich habe in der Luftwaffe gedient.

- Und was hat sie vor der Rente gemacht?

- Sie war Kassiererin.

8

- Kannst du in einer Minute herüberkommen?

- Ich kann in zehn Minuten kommen. Ist das in Ordnung?

- Das ist in Ordnung. Wir sehen uns in zehn Minuten.

- Bis dann. Tschüss.

9

- Was passiert hier?

- Hier passiert gerade etwas Seltsames.

- Was meinst du?

- Ich meine, dass es hier seltsame Geräusche gibt.

- Das ist das Telefon, das im ersten Stock läutet. Das Mobilteil befindet sich auf dem Tisch im Schlafzimmer.

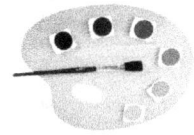

5

Un técnico de reparaciones
Ein Handwerker

  A

Palabras

Vokabeln

a través de - durch
acusado - angeklagt
agarrar - packen
alguien - jemand
aquí - hier
ascensor - Aufzug, der
así que - also
atascado - feststeckend

ayuda - hilft
bajo - klein
botón - Knopf, der
brazo - Arm, der
buen - gut
comisaría – Polizeiwache, die
conducto - Schacht, der
de nada - gern geschehen

de repente - plötzlich
demasiado – zu viel
dentro - im Inneren
después - dann
difícil - schwer
donde - wo
ellos - sie
empezar - beginnen
entender - verstehen
escaleras - Treppen, die
espere - warten Sie
estos - diese
fantasma - Geist, der
fuertemente - fest
giran - drehen
golpe - Klopfen, das
grande - groß
gritar - schreien
grito – Schrei, der
hablar - sprechen
intento – Versuch, der
ir - gehen
izquierda - links
llama - nennt
llega - erreicht
malo - krank
mandó – hat bestellt
mano - Hand, die
marcharse - weggehen
más tarde - später

médico - Arzt, der
nada - nichts
nadie - niemand
otra vez - noch einmal
palabra - Wort, das
pasar - vorbeigehen
pastilla - Tablette, die; Medikament, das
pero - aber
pesado - schwerfällig
policía - Polizei, die
por - durch
por qué - warum
puerta - Tür, die
pulsa - drückt
que - was
quería - wollte
quiero - wollen
recibir - empfangen
recto - geradeaus
reparar - reparieren
respondió - antwortete
robo - Einbruch, der
saber - wissen
salir - herauskommen
sé – ich weiß
se aproximan - sich nähern
sonríe - lächelt
soy - bin
subir - hinaufgehen
tapa - Abdeckung, die

técnico de reparaciones - Handwerker, der

tiran - ziehen

trabajo - Job, der

ventana - Fenster, das

ventilación - Belüftung, die

B

Un técnico de reparaciones

Paul Rost llega a la casa de Bruno tras cinco minutos. Bruno lo recibe en la puerta. Bruno es un hombre bajo y pesado.

"Hola. ¿Qué ruidos son, Bruno?" pregunta el detective.

"Alguien está hablando en la casa, pero ahora no hay nadie allí," responde Bruno.

"¿Es un fantasma?" dice Paul, y sonríe.

"No es un fantasma, sino un hombre. Estoy seguro," responde Bruno. Entran en la casa.

"¿Dónde es?" pregunta el detective.

"Venga aquí, a la derecha," dice Bruno. Atraviesan un gran recibidor que lleva a las escaleras. Empiezan a subir. De repente se oyen unos fuertes golpes y una voz. La voz grita algunas palabras, pero es difícil entenderlas. No pueden comprender de dónde procede la voz. Así que siguen recto, pasan una ventana grande y llegan a una pequeña puerta. Es un ascensor. Bruno pulsa un botón que hay al lado de la puerta. La puerta se abre y entran en el ascensor. El ascensor los lleva a la primera planta. Oyen los ruidos y los gritos otra vez. Cuando salen del ascensor, comprenden de dónde viene la voz.

Ein Handwerker

Paul Rost erreicht Brunos Haus nach fünf Minuten. Bruno empfängt ihn an der Tür. Bruno ist ein kleiner, schwerfälliger Mann.

„Hallo. Wo sind die Geräusche, Bruno?", fragt der Detektiv.

„Im Haus spricht jemand, aber jetzt ist niemand da", antwortet Bruno.

„Ist es ein Geist?", sagt Paul und lächelt.

„Es ist kein Geist, sondern ein Mann. Ich bin mir sicher", antwortet Bruno. Sie betreten das Haus.

„Wo ist er?", fragt der Detektiv.

„Komm' hierher, rechts", sagt Bruno. Sie gehen durch einen langen Flur zu den Treppen. Sie beginnen die Treppen hinaufzugehen. Plötzlich hören sie lautes Klopfen und eine Stimme. Die Stimme schreit einige Worte, aber es ist schwer die Worte zu verstehen. Sie verstehen nicht woher die Stimme kommt.

Also gehen sie geradeaus, vorbei an einem großen Fenster bis zu einer kleinen Tür. Das ist ein Aufzug. Bruno drückt den Knopf in der Nähe der Tür. Die Tür öffnet sich und sie betreten den Aufzug. Der Aufzug bringt sie hinauf in den ersten Stock. Sie hören wieder das Klopfen und die Schreie. Als sie aus dem Aufzug aussteigen, verstehen sie woher die

Giran a la izquierda y se aproximan a un conducto de ventilación. Abren la tapa del conducto y ven a un hombre dentro.

"Estoy atascado. Ayúdenme a salir de aquí, por favor," pide. Ellos tiran de sus manos y sale.

"Gracias. Ahora tengo que ir al médico," dice, y quiere marcharse.

"Espere un minuto," dice el detective, y lo agarra fuertemente del brazo, "¿Por qué entró en el conducto de ventilación?" le pregunta al hombre.

"Entré para reparar la ventilación. Soy técnico de reparaciones," respondió.

"¿Quién le mandó hacerlo? Esta es mi casa pero no sé nada de eso," dice Bruno.

"Venga conmigo a la comisaría de policía," dice el detective.

"Pero soy técnico de reparaciones. Me encuentro mal. Quiero tomar una pastilla," dice el hombre.

"Hay una buena pastilla en la comisaría de policía. Le ayudará," dice Paul, y lleva al hombre a la comisaría de policía.

Más tarde llama a Bruno y le dice: "Ese hombre ha sido acusado de intento de robo. Quería entrar en la casa a través del conducto de ventilación, pero está demasiado gordo, así que se quedó atascado."

"Gracias por la ayuda, Paul," dice Bruno.

"De nada. Es mi trabajo, Bruno," responde el detective.

Stimme kommt. Sie gehen nach links und nähern sich einem Belüftungsschacht. Sie öffnen die Abdeckung des Schachtes und sehen einen Mann im Inneren.

„Ich stecke fest. Helfen Sie mir heraus, bitte", bittet er. Sie ziehen ihn an seinen Händen hoch und er kommt heraus.

„Danke. Ich muss jetzt zum Arzt gehen", sagt er und will gehen.

„Warten Sie eine Minute", sagt der Detektiv und packt ihn an seinem Arm. „Warum waren Sie im Belüftungsschacht?", fragt er den Mann.

„Ich bin hineingeklettert um die Belüftung zu reparieren. Ich bin ein Handwerker", antwortet der Mann.

„Wer hat diese Arbeit bestellt? Das ist mein Haus und ich weiß nichts davon", sagt Bruno.

„Sie kommen mit mir auf die Polizeiwache", sagt der Detektiv.

„Aber ich bin ein Handwerker. Ich fühle mich krank. Ich möchte ein Medikament nehmen", sagt der Mann.

„Auf der Polizeiwache gibt es ein gutes Medikament für Sie. Es wird ihnen helfen", sagt Paul und bringt den Mann auf die Polizeiwache.

Später ruft er Bruno an und sagt: „Dieser Mann wurde wegen versuchten Einbruchs angeklagt. Er wollte durch den Belüftungsschacht in das Haus gelangen. Aber er ist zu dick und ist deshalb stecken geblieben."

„Danke für deine Hilfe, Paul", sagt Bruno.

„Gern geschehen. Das ist mein Job, Bruno", antwortet der Detektiv.

C

| **Repaso de nuevo vocabulario** | **Wiederholung des neuen Vokabulars** |

1

- ¿Qué pasa?

- Alguien ha robado a esta mujer.

- ¿Quién la ha robado?

- Unas personas. Dígame, por favor, ¿dónde está la comisaría de policía?

- Vaya a la izquierda. Hay un ascensor cerca de las escaleras. Salga en el segundo piso.

2

- ¿Qué es esta puerta?

- Ahí no hay nada. Es un conducto de ventilación.

- Ayúdame a abrir esta puerta.

- ¿Por qué quieres abrir esta puerta?

- Hay ladrones ahí.

- ¿Estás seguro?

- Sí, estoy seguro.

- Espera. La policía ya está de camino.

3

- Joven, entre en el recibidor y espere, por favor.

- Gracias. Tiene una bonita casa.

- Sí, pero es demasiado grande.

- ¿Es nueva su casa?

- No, no es nueva. Por eso tengo que reparar las ventanas y las escaleras.

1

- Was geht hier vor?

- Jemand hat diese Frau ausgeraubt.

- Wer hat sie ausgeraubt?

- Einige Leute. Sagen Sie mir bitte, wo die nächste Polizeiwache ist?

- Gehen Sie nach links. Dort ist ein Aufzug in der Nähe der Treppen. Steigen Sie im zweiten Stock aus.

2

- Was ist das für eine Tür?

- Dahinter gibt es nichts. Das ist ein Belüftungsschacht.

- Helfen Sie mir, diese Tür zu öffnen.

- Warum wollen Sie diese Tür öffnen?

- Dort sind Einbrecher.

- Sind Sie sich sicher?

- Ja, ich bin mir sicher.

- Warten Sie. Die Polizei ist bereits auf dem Weg hierher.

3

- Junger Mann, gehen Sie bitte in den Flur und warten Sie dort.

- Danke. Sie haben ein schönes Haus.

- Ja, aber es ist zu groß.

- Ist Ihr Haus neu?

- Nein, es ist nicht neu. Deshalb lasse ich die Fenster und die Treppen reparieren.

4

- ¿Quién fue acusado de intento de robo?

- Nadie fue acusado.

- ¿Estás seguro?

- Sí, lo estoy. La policía está funcionando mal otra vez.

4

- Wer wurde wegen versuchten Einbruchs angeklagt?

- Niemand wurde angeklagt.

- Sind Sie sich sicher?

- Ja, ich bin mir sicher. Die Polizei arbeitet schon wieder schlecht.

6

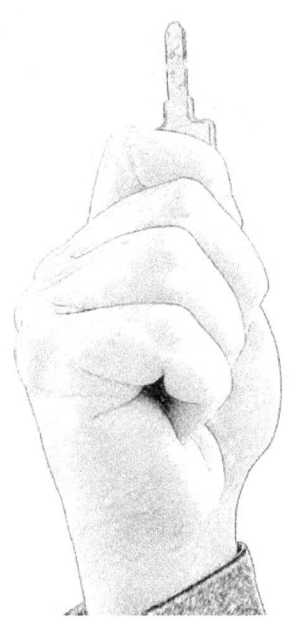

Una llave de la cámara

Der Tresorschlüssel

 A

Palabras

Vokabeln

algo - irgendetwas

alrededor - um ... herum; umher

bien - in Ordnung

cogí - nahm

con sorpresa - überrascht

confiar - vertrauen

cuatro - vier

culpa - Schuld, die

de pie - stehend

de veras - wirklich

depósito - Aufbewahrungsort, der

día - Tag, der

echar - feuern

está lloviendo – es regnet

iba - ging

más - mehr

media - halb
mes - Monat, der
necesitar - brauchen
niebla - neblig
ocurrió - passierte
ocurrir - passieren
perdí – ich habe verloren

responder - antwortet
saluda - grüßt
si - wenn
todos - alle
traer - bringen
viernes - Freitag, der

La llave de la cámara

Es viernes. Es por la mañana. Hace fresco y hay niebla. No sopla viento. Está lloviendo.

Paul Rost llega al Banco Imperial para hacer algunas preguntas al vigilante George Titan. Entra. El vigilante George Titan está de pie junto a la puerta.

"Hola," dice el detective.

"Hola," responde el vigilante.

"¿Puedo hacerle algunas preguntas?" pregunta el detective.

"Claro," responde el vigilante.

El director del banco John Vega se acerca a ellos y saluda al detective.

"Pueden pasar a mi despacho," dice. Entran en el despacho del director y se sientan.

"¿Confía en todos los empleados del banco?" pregunta el detective.

"Sí, confío en todos los empleados del banco," responde el vigilante. Mira al detective, después a John Vega.

Der Tresorschlüssel

Es ist Freitag. Es ist Morgen. Es ist kalt und neblig. Der Wind weht nicht. Es regnet.

Paul Rost kommt in der Kaiserlichen Bank an, um dem Sicherheitsbeamten George Titan einige Fragen zu stellen. Er geht hinein. Der Sicherheitsbeamte George Titan steht an der Tür.

„Hallo", sagt der Detektiv.

„Hallo", antwortet der Sicherheitsbeamte.

„Kann ich Ihnen einige Fragen stellen?", fragt der Detektiv.

„Sicher", antwortet der Sicherheitsbeamte.

Der Bankmanager John Vega kommt zu ihnen und begrüßt den Detektiv.

„Sie können in mein Büro kommen", sagt er. Sie gehen in das Büro des Managers und setzen sich.

„Vertrauen Sie allen Bankangestellten?", fragt der Detektiv.

„Ja, ich vertraue allen Bankangestellten", antwortet der Sicherheitsbeamte. Er schaut den Detektiv an und danach John Vega.

"¿Puedo pedirle que salga del despacho?" dice Paul Rost a John Vega.

"Claro. Llámeme si me necesita," el director sonríe y sale del despacho. El detective mira a George Titan.

"¿Confía en el director del banco?" pregunta.

"Sí, confío. Confío en el director del banco," dice George.

"¿De veras? ¿Por eso quiso echarle hace un mes?" pregunta Paul Rost.

"Fue culpa mía. Perdí la llave de la cámara," responde el vigilante.

"¿Cómo ocurrió?" pregunta el detective.

"Ocurrió hace alrededor de un mes. Tengo que llevarme la llave de la cámara del despacho del director del banco todos los días a las cuatro y media. Después tengo que traerla al depósito de llaves. Cogí la llave del director aquel día, pero no la traje al depósito," dice el vigilante, "La perdí."

"¿Perdió la llave cuando iba del despacho del director hacia el depósito?" pregunta el detective con sorpresa.

"Sí, eso es," dice George Titan y se mira las manos, y después al detective.

"¿Quiere decir algo más?" pregunta el detective.

"No, no quiero. Nada más," responde el vigilante.

"Bien. Gracias por responder a mis preguntas," dice el detective Rost.

„Darf ich Sie bitten, den Raum zu verlassen?", sagt Paul Rost zu John Vega.

„Sicher. Rufen Sie mich, wenn Sie mich brauchen", der Manager lächelt und verlässt das Büro. Der Detektiv schaut George Titan an.

„Vertrauen Sie dem Manager?", fragt er.

„Ja, das mache ich. Ich vertraue dem Bankmanager", sagt George.

„Wirklich? Wollte er Sie deshalb vor einem Monat feuern?", fragt Paul Rost.

„Es war meine Schuld. Ich habe den Tresorschlüssel verloren", antwortet der Sicherheitsbeamte.

„Wie ist das passiert?", fragt der Detektiv.

„Es ist vor etwa einem Monat passiert. Ich muss den Tresorschlüssel jeden Tag um halb fünf vom Bankmanager abholen. Danach muss ich ihn zum Aufbewahrungsort der Schlüssel bringen. Ich habe den Schlüssel an diesem Tag vom Bankmanager abgeholt, aber nicht zum Aufbewahrungsort gebracht", sagt der Sicherheitsbeamte. „Ich habe ihn verloren."

„Sie haben den Schlüssel verloren, als Sie auf dem Weg vom Manager zum Aufbewahrungsort waren?", fragt der Detektiv überrascht.

„Ja, das habe ich", sagt George Titan und schaut auf seine Hände, danach schaut er den Detektiv an.

„Wollen Sie sonst noch etwas sagen?", fragt der Detektiv.

„Nein, will ich nicht. Sonst nichts", antwortet der Sicherheitsbeamte.

„In Ordnung. Danke, dass Sie meine Fragen beantwortet haben", sagt Detektiv Rost.

C

Repaso de nuevo vocabulario

1

- ¿Hoy es viernes o jueves?
- Hoy es viernes.
- ¿Hace calor o fresco hoy?
- Hoy hace fresco y hay niebla.
- ¿Es fuerte el viento?
- No hace viento, pero llueve mucho.

2

- ¿Confías en el médico?
- Sí, confío.
- Yo no. El médico es extraño.
- ¿Qué quieres decir?
- No sonríe.

3

- Por favor, dígale a Anna que se ponga al teléfono.
- ¿Quién es?
- Soy el médico. Debe venir al hospital hoy.
- ¿Hoy? ¿Está seguro?
- Sí, estoy seguro.

4

- Joven, ¿en qué piso está situado el banco?
- El banco está situado en el segundo piso.
- ¿Se puede subir por las escaleras?
- Sí, puede subir por las escaleras o

Wiederholung des neuen Vokabulars

1

- Ist heute Freitag oder Donnerstag?
- Heute ist Freitag.
- Ist es heute heiß oder kalt?
- Es ist heute kalt und neblig.
- Weht der Wind stark?
- Es weht kein Wind, aber es regnet stark.

2

- Vertrauen Sie diesem Arzt?
- Ja, das mache ich.
- Und ich mache das nicht. Dieser Arzt ist seltsam.
- Was meinen Sie damit?
- Er lächelt nicht.

3

- Bitte sagen Sie Anna, dass sie ans Telefon kommen soll.
- Wer möchte Sie sprechen?
- Hier spricht der Arzt. Sie muss heute ins Spital kommen.
- Heute? Sind Sie sich sicher?
- Ja, ich bin mir sicher.

4

- Junger Mann, in welchem Stock befindet sich die Bank?
- Die Bank befindet sich im zweiten Stock.
- Kann man die Treppen benutzen?
- Ja, Sie können die Treppe benutzen oder den

en el ascensor.

5

- Tengo que ir al hospital todos los días.

- ¿Estás enfermo?

- No, estoy bien. Trabajo en el hospital porque soy médico.

Aufzug.

5

- Ich muss jeden Tag ins Spital gehen.

- Sind Sie krank?

- Nein, mir geht es gut. Ich arbeite dort als Arzt.

7

El transportista

Der Umzugshelfer

A

Palabras

Vokabeln

alrededor - um ... herum; umher
apestar - stinken
apestoso - stinkend
asqueroso - widerlich
bala – Kugel, die
caer - fallen
cajón - Schublade, die
calcetines - Socken, die

callar - den Mund halten
cama - Bett, das
camión - Lastwagen, der
cargar - laden
casa - Haus, das
cigarrillo - Zigarette, die
compañero - Kollege, der
correr - rennen

cosa - Ding, das
cosas – Dinge, die
dar - geben
debajo - unter
decir - sagen
déjame – lass mich
dólares – Dollars, die
dueño - Besitzer, der
eh - hey
en - in
esposas - Handschellen, die
está tumbado - liegt
exactamente - genau
extraño - seltsam
fuera - draußen
gustar - mögen
hermano - Bruder, der
increíble - unglaublich
intentar - versuchen
ir - gehen
ladrón - Dieb, der
lejos - weit
libre - frei
llevar - tragen
maloliente - stinkend
más - mehr
más apestoso - stinkendste
mira – schaut
mundo - Welt, die
muy - sehr

nadie - niemand
nerviosamente - nervös
nervioso - nervös
ocultar - verbergen
oler - riechen
olisquear – riechen, schnuppern
otro - andere, anderer, anderes
pan - Brot, das
pequeño - klein
perder - verlieren
periódico - Zeitung, die
persona - Person, die
plato - Teller, der
poner - legen
pornográfica - pornografisch
probablemente - wahrscheinlich
propio - eigene, eingener, eigenes
reir - lachen
revista - Zeitschrift, die
sacan - hinaustragen
saltar - springen
sillón - Lehnstuhl, der
sitio - Ort, der
sofá - Couch, die
solo - allein
suelo - Boden, der
tarde - spät
tatuaje - Tattoo, das
tira - hinunterwerfen
todo - alle

transportar - umziehen
transportista - Umzugshelfer, der
tú - du

tuyas - deine, deiner, deines
veinte - zwanzig
visto - gesehen

El transportista

Es viernes por la tarde. Fuera está cálido y soleado. Sopla un ligero viento.

Paul Rost está regresando a casa del banco. Un hombre extraño se acerca a él no lejos de su casa.

"Eh, hermano, ¿vives en esta calle?" pregunta el extraño.

A Paul no le gusta este hombre. Así que dice: "No, no vivo. Vivo bastante lejos de aquí."

"¿Puedes ayudarme?" pregunta el extraño.

"¿Cómo exactamente?" dice Paul.

"Soy transportista. Mi compañero está enfermo. Y tengo que cargar algunas cosas en el camión y transportarlas a otro sitio. Te daré veinte dólares si me ayudas a cargar las cosas en el camión," dice el extraño.

"Bueno, tengo algún tiempo libre," dice Paul. El hombre va a la casa de Paul Rost. La puerta de la casa está abierta.

"Pasa. Es aquí," dice el transportista.

Paul Rost entra en su propia casa. Intenta ocultar su sorpresa.

"El dueño no está aquí, pero sé qué es lo que quiere transportar. Vamos, coge este sillón," Dice el transportista.

Der Umzugshelfer

Es ist Freitagnachmittag. Draußen ist es warm und sonnig. Ein leichter Wind weht.

Paul Rost kommt gerade von der Bank zurück. Ein seltsamer Mann nähert sich ihm, nicht weit von seinem Haus entfernt.

„Hey, Mann, lebst du hier in der Straße?", fragt der Fremde.

Paul mag diesen Mann nicht. Deshalb sagt er: „Nein, das tue ich nicht. Ich lebe weit entfernt von hier."

„Kannst du mir helfen?", fragt der Fremde.

„Wie genau?", sagt Paul.

„Ich bin ein Umzugshelfer. Mein Kollege ist krank. Und ich muss einige Dinge in den Lastwagen laden und an einen anderen Ort bringen. Ich gebe dir zwanzig Dollar, wenn du mir hilfst die Dinge in den Lastwagen zu laden", sagt der Fremde.

„Nun, ich habe gerade frei", sagt Paul. Der Mann geht zum Haus von Paul Rost. Das Haustor ist offen.

„Komm' rein. Es ist hier", sagt der Mann.

Paul Rost betritt sein eigenes Haus. Er versucht seine Überraschung zu verbergen.

„Der Besitzer ist nicht da, aber ich weiß, was er mitnehmen will. Komm', nimm' diesen Lehnstuhl", sagt der Umzugshelfer. Sie nehmen den Lehnstuhl und tragen ihn

Cogen el sillón y lo sacan fuera.

"El dueño es un auténtico apestoso," dice el hombre.

"¿Qué?" pregunta Paul Rost.

"Este sillón apesta a cigarrillos. ¿No lo hueles?" pregunta el transportista.

"¿De veras?" el detective olisquea su sillón. "Sí, probablemente apesta," dice.

"¡Huele a cigarrillo!" dice el hombre nerviosamente. Paul mira hacia su brazo y ve allí un tatuaje: "¡No hay tiempo que perder!" Cargan el sillón en el camión y vuelven a entrar en la casa. El hombre da vueltas y mira las cosas.

"¡Aquí también apesta! Ahora esta mesa," dice. Cogen la mesa y la llevan fuera. El cajón de la mesa se abre y cae de él un poco de pan, un plato, calcetines y un periódico.

"¿Qué es eso? ¡Mira eso! Un poco de pan, calcetines, un plato y un periódico están encima de la mesa. ¡Es la persona más apestosa del mundo! ¡Es un auténtico apestoso!" grita el hombre nerviosamente. Paul tira la mesa, salta sobre el hombre y cae al suelo con él.

"¡Cállate!" grita, "¡Cállate! ¡Ladrón asqueroso!" Paul está muy nervioso, "¡Tú eres el apestoso! ¡Tú sí que eres apestoso!"

Paul Rost pone las esposas al hombre y dice: "¡Esta es mi casa! ¡Y ése es mi sillón! ¡Y esta es mi mesa y mi plato! ¡Tú, ladrón asqueroso y apestoso! ¿No hay tiempo que perder? ¿De veras?"

El hombre está tumbado en el suelo. Intenta comprender qué está pasando.

"Bueno, ¿es esta tu casa? Es increíble..."

hinaus.

„Der Besitzer ist ein richtiger Stinker", sagt der Mann.

„Was?", fragt Paul Rost.

„Dieser Lehnstuhl stinkt nach Zigaretten. Riechst du das nicht?", fragt der Umzugshelfer.

„Wirklich?", der Detektiv riecht an seinem Lehnstuhl. „Ja, wahrscheinlich stinkt er", sagt er.

„Er riecht wie eine Zigarette!", sagt der Mann nervös. Paul schaut auf seinen Arm und sieht dort ein Tattoo: „Keine Zeit zu verlieren!" Sie laden den Lehnstuhl in den Lastwagen und gehen zurück ins Haus. Der Mann geht umher und sieht sich die Dinge an.

„Hier stinkt es auch! Jetzt dieser Tisch", sagt er. Sie nehmen den Tisch und tragen ihn nach draußen. Die Tischlade öffnet sich und es fällt etwas Brot, ein Teller, Socken und eine Zeitung heraus.

„Was ist das? Sieh' dir das an! Im Tisch sind Brot, Socken, ein Teller und eine Zeitung. Das ist der größte Stinker der Welt! Er ist ein wirklicher Stinker!", ruft der Mann nervös. Paul wirft den Tisch hinunter, springt auf den Mann zu und fällt mit ihm zu Boden.

„Halt' den Mund!", ruft er. „Halt den Mund! Widerlicher Dieb!" Paul ist sehr nervös: „Du bist der Stinker! Du bist selbst der Stinker!"

Paul Rost legt dem Dieb Handschellen an und sagt: „Das ist mein Haus! Und das ist mein Lehnstuhl! Und das ist mein Tisch und mein Teller! Du widerlicher stinkender Dieb! Keine Zeit zu verlieren? Wirklich?"

Der Mann liegt am Boden. Er versucht zu verstehen, was gerade passiert.

„Also das ist dein Haus? Das ist

el hombre finalmente lo comprende. Mira al detective. Después empieza a reirse.

"¿Así que tú eres el apestoso? ¿Estas cosas son tuyas?" ríe.

"¡Sí, tú eres un ladrón asqueroso y apestoso! ¿No perder el tiempo? ¡Vamos a la comisaría de policía ahora!" grita Paul nerviosamente.

"¡Les contaré todo!" grita el hombre, "Sobre tus calcetines y tu pan, y sobre el viejo sillón maloliente. Y... ¡Y sobre las revistas pornográficas de debajo de la cama!"

"¿Qué? ¡¿Qué?!" el detective apunta al hombre con una pistola, "¿De qué estás hablando?"

"Déjame ir. Soy un hombre pequeño y tengo muchos problemas. Solo déjame ir y no contaré nada a nadie," dice el hombre.

"¿Qué revistas pornográficas?" dice el detective nerviosamente.

"Si no me dejas ir, lo contaré. Contaré todo lo que he visto y... y... ¡todo lo que no he visto! Por favor, déjame ir," pide el hombre.

Paul piensa un poco. Separa la pistola. Después le saca las esposas al hombre y dice: "Si te vuelvo a ver ¡te meteré una bala!"

El hombre se levanta del suelo y sale corriendo. Paul Rost entra en la casa y se sienta en el sofá. Mira a su alrededor. Olisquea el aire. "Sí, probablemente apesta," piensa. Vive solo. ¿Por qué? No puede responder. Nadie puede responder esa pregunta.

unglaublich...", der Mann versteht es endlich. Er sieht den Detektiv an. Dann beginnt er zu lachen.

„Also du bist der Stinker? Das sind deine Dinge?", er lacht.

„Ja, du widerlicher stinkender Dieb! Du hast keine Zeit zu verlieren? Jetzt geht's auf die Polizeiwache!", ruft Paul nervös.

„Ich werde Ihnen alles erzählen!", ruft der Mann. „Von den Socken und dem Brot, und von dem stinkenden alten Lehnstuhl. Und... und von den Pornozeitschriften unter dem Bett!"

„Was? Was?!", der Detektiv richtet eine Pistole auf den Mann. „Wovon sprichst du?"

„Lass' mich gehen. Ich bin ein kleiner Mann und ich habe viele Probleme. Lass' mich einfach gehen und ich werde nichts davon erzählen", sagt der Mann.

„Welche Pornozeitschriften?", sagt der Detektiv nervös.

„Wenn du mich nicht gehen lässt, werde ich es erzählen. Ich werde alles erzählen, das ich gesehen habe... und... alles, das ich nicht gesehen habe! Bitte, lass' mich gehen", bat der Mann.

Paul denkt kurz nach. Er legt die Pistole weg. Er nimmt dem Mann die Handschellen ab und sagt: „Wenn ich dich noch einmal sehe, werde ich auf dich schießen!"

Der Mann steht vom Boden auf und rennt weg. Paul Rost geht zurück in sein Haus und setzt sich auf die Couch. Er sieht sich um. Er riecht. „Ja, wahrscheinlich stinkt es", denkt er. Er lebt alleine. Warum? Das kann er nicht beantworten. Niemand kann diese Frage beantworten.

C

| **Repaso de nuevo vocabulario** | **Wiederholung des neuen Vokabulars** |

1

- ¿Hoy es viernes o jueves?

- Hoy es viernes.

- ¿Está cálido fuera?

- Hoy está cálido y hace sol fuera.

2

- ¿Estás enfermo?

- No, estoy bien. ¿Por qué lo preguntas?

- Hay una pastilla encima de la mesa.

- ¿Quieres esta pastilla?

- No, gracias.

3

- ¿Tienes revistas pornográficas?

- No tengo ninguna revista pornográfica. ¿Y tú?

- Yo tampoco tengo ninguna revista pornográfica. No me gustan las revistas pornográficas.

- A mí tampoco me gustan.

4

- ¿Por qué estás nervioso?

- No estoy nervioso. ¿Por qué lo preguntas?

- Pusiste calcetines en un cajón, junto al pan.

5

- ¿Tienes un hermano?

- Tengo dos hermanos y una hermana.

1

- Ist heute Freitag oder Donnerstag?

- Heute ist Freitag.

- Ist es warm draußen?

- Heute ist es warm und sonnig draußen.

2

- Bist du krank?

- Nein, ich bin gesund. Warum fragst du?

- Da liegt eine Tablette auf dem Tisch.

- Willst du die Tablette haben?

- Nein, danke.

3

- Hast du Pornozeitschriften?

- Ich habe keine Pornozeitschriften. Und du?

- Ich habe auch keine Pornozeitschriften. Ich mag Pornozeitschriften nicht.

- Ich mag sie auch nicht.

4

- Warum bist du nervös?

- Ich bin nicht nervös. Warum fragst du?

- Du hast deine Socken zusammen mit dem Brot in die Schublade gegeben.

5

- Hast du einen Bruder?

- Ich habe zwei Brüder und eine

- ¿Vive tu hermana en esta casa?

- No, no vive. Ella vive lejos, en otra ciudad.

- ¿Y dónde viven tus hermanos?

- Mis hermanos viven conmigo.

6

- ¿Qué son esas cosas que están en el sofá?

- Son mis cosas.

- ¿Quieres que te ayude a cargar tus cosas en el coche?

- Sí, por favor.

7

- ¡Mira mi tatuaje!

- No me gusta tu tatuaje.

- Pues a mí me gusta. Es el tatuaje más bonito del mundo.

8

- El aire aquí apesta. Huélelo.

- Sí. El aire aquí es muy apestoso.

- Ahí hay un montón de coches y autobuses viejos. Así que el aire es asqueroso.

- Sí. Todo lo que está alrededor huele. Es un lugar muy apestoso.

9

- ¿Es este su periódico, joven?

- Sí, lo es. ¿Por qué lo pregunta?

- Quiero mirarlo. ¿Puedo?

- ¡Por supuesto que no! ¿Tal vez también le gustaría mirar una revista pornográfica?

Schwester.

- Lebt deine Schwester in diesem Haus?

- Nein, das tut sie nicht. Sie lebt weit weg in einer anderen Stadt.

- Und wo leben deine Brüder?

- Meine Brüder leben mit mir zusammen.

6

- Was sind das für Dinge auf der Couch?

- Das sind meine Dinge.

- Soll ich dir helfen, deine Dinge ins Auto zu laden?

- Ja, bitte.

7

- Schau' dir mein Tattoo an!

- Ich mag dein Tattoo nicht.

- Aber ich mag es. Es ist das schönste Tattoo auf der ganzen Welt!

8

- Die Luft hier stinkt. Ich kann es riechen.

- Ja. Die Luft hier stinkt.

- Hier gibt es viele alte Autos und Busse. Deshalb ist die Luft widerlich.

- Ja. Alles hier stinkt. Es ist ein sehr übel riechender Ort.

9

- Ist das deine Zeitung, junger Mann?

- Ja, das ist es. Warum fragen Sie?

- Ich möchte sie mir ansehen. Darf ich?

- Natürlich nicht! Vielleicht möchten sie sich auch eine Pornozeitschrift ansehen?

10

- Sentémonos en el sofá.
- De acuerdo. Por fin podemos sentarnos.
- ¡Mira debajo de la mesa! Hay alguien acostado allí.
- Es mi compañero. Está intentando esconderse de la policía.
- ¿Por qué? ¿Cometió un crimen?
- Sí, lo ha cometido. Ha cometido un crimen.
- ¿Qué crimen cometió?
- Mi compañero robó el Banco Imperial.
- ¿Robó el banco?
- Exactamente.
- Vamos a esposarlo.
- De acuerdo.

11

- Quiero tener un puesto de cajero en el banco.
- Puede haber una vacante para cajero en el Banco Imperial.
- He estado intentando tener exactamente ese puesto todo el mes.
- El director del Banco Imperial es mi hermano. Si quieres, te dirigiré a él.
- Sí, por favor dirígeme a él.

12

- Mira. ¿Está tu compañero oliendo las flores?
- No, no lo está. Este es el dueño de la casa.
- ¿Puedes hablarme sobre el dueño de la casa? ¿Es una buena persona?

10

- Setzen wir uns auf die Couch.
- In Ordnung. Endlich können wir uns setzen.
- Schau' unter den Tisch! Dort liegt jemand!
- Das ist mein Kollege. Er versucht sich vor der Polizei zu verstecken.
- Warum? Hat er ein Verbrechen begangen?
- Ja, das hat er. Er hat ein Verbrechen begangen.
- Was für ein Verbrechen hat er begangen?
- Mein Kollege hat die Kaiserliche Bank ausgeraubt.
- Er hat die Bank ausgeraubt?
- Genau.
- Legen wir ihm Handschellen an.
- In Ordnung.

11

- Ich möchte eine Stelle als Kassierer in einer Bank bekommen.
- Es gibt vielleicht eine freie Stelle als Kassierer in der Kaiserlichen Bank.
- Ich habe schon das ganze Monat lang versucht genau diese Stelle zu bekommen.
- Der Manager der Bank ist mein Bruder. Wenn du willst, kann ich dich zu ihm bringen?
- Ja, bitte bring' mich zu ihm.

12

- Schau'. Ist das dein Kollege, der an den Blumen riecht?
- Nein, das ist er nicht. Das ist der Besitzer des Hauses.
- Kannst du mir etwas über den Besitzer des Hauses erzählen? Ist er ein guter Mensch?

- Por supuesto, te hablaré sobre él. Es la persona más rara del mundo.

- ¿Rara?

- ¡Exactamente!

- ¿Por qué?

- Le gusta tirar platos desde el segundo piso al jardín.

- ¿De veras?

- ¡Yo mismo lo vi! Y salta en la cama todos los días.

- ¡A mí también me gusta saltar en la cama!

- Natürlich werde ich dir etwas über ihn erzählen. Er ist der seltsamste Mensch auf der Welt.

- Seltsam?

- Genau!

- Warum?

- Er wirft gerne Teller aus dem zweiten Stock in den Garten.

- Wirklich?

- Ich habe es selbst gesehen! Und er springt jeden Tag auf seinem Bett.

- Ich springe auch gerne auf dem Bett!

8

Un nuevo trabajo
Ein neuer Auftrag

 A

Palabras
Vokabeln

agradecer - zu schätzen wissen
amigo - Freund, der
ayudarme – mir helfen
bebe - trinkt
bien - gut
camisa – Hemd, das

camiseta - T-Shirt, das
claro - klar
decir - sagen
descubre – findet heraus
dormir - schlafen
electricista - Elektriker, der

escucha - zuhören

está regando - gießt

frío - kalt

hierba - Gras, das

hijo - Kind, das

insiste - beharrt

más - mehr

miedo – Angst, die

mujer - Frau, die

noche - Nacht, die

ofrece – bietet an

pagar - zahlen

peligroso - gefährlich

profesión - Beruf, der

querido - lieb

sábado - Samstag, der

sencillo - einfach

tejanos - Jeans, die

tonterías - Unsinn, der

trabajo - Job, der

tú mismo - dir, dich

un poco – ein wenig

vaqueros – Jeans, die

vino - Wein, der

ya - schon

zumo - Saft, der

B

Un nuevo trabajo

Es sábado. Son las siete de la tarde. Fuera está nublado y hace un poco de frío. Sopla un viento fuerte.

Un hombre bajo está regando la hierba al lado de la casa número 156 de la Avenida de Van Gogh. Lleva tejanos y camisa vaquera. Se llama Alexander Hephaestus. Es electricista de profesión. John Vega sale de la casa. Lleva tejanos y una camiseta. Se sienta a una mesa pequeña que hay en la hierba. Hay algunas botellas de zumo, agua y vino encima de la mesa.

"Ven a sentarte conmigo, Alexander," dice John Vega. Alexander viene y se sienta.

Ein neuer Auftrag

Es ist Samstag. Es ist sieben Uhr abends. Draußen ist es bewölkt und ein bisschen kalt. Ein starker Wind weht.

Ein kleiner Mann gießt das Gras neben dem Haus Nummer 156 der Van Gogh Avenue. Er trägt Jeans und ein Jeansshirt. Sein Name ist Alexander Hephaestus. Er ist Elektriker von Beruf.

John Vega verlässt das Haus. Er trägt Jeans und ein T-Shirt. Er setzt sich an einen kleinen Tisch im Gras. Es gibt einige Flaschen Saft, Wasser und Wein auf dem Tisch.

„Komm' und setz' dich zu mir, Alexander", sagt John Vega. Alexander kommt und setzt sich.

„Bedien' dich, mein Lieber. Nimm' dir etwas

"Sírvete tú mismo, querido amigo," le ofrece John "Toma un poco de zumo o agua."

"Gracias, John," responde Hephaestus. Se echa un poco de agua y bebe.

"Gracias por ayudarme. De veras agradezco tu ayuda," dice el Sr. Vega.

"Eres mi amigo, así que aquí me tienes, John," responde Alexander.

"¿Cómo están tu mujer y tus hijos?" dice John Vega.

"Gracias. Están bien," responde Alexander.

"Escucha, necesito tu ayuda en el banco otra vez," dice John Vega.

"No puedo. Ya lo sabes," responde su amigo.

"Es un trabajito muy sencillo. Puedes hacerlo rápidamente y ganar mil dólares," dice el Sr. Vega.

"No quiero hacerlo. John, tengo miedo. Esto es muy peligroso," responde Alexander.

"¡No es peligroso y lo sabes! Ya has hecho trabajos como ése," insiste John.

"Sabes que no puedo. Si la policía lo descubre..." dice Alexander Hephaestus.

"¡La policía no lo sabrá! ¿Quieres más dinero? ¡Te daré dos mil! ¡Y no digas que no puedes! ¿Está claro?" grita John.

"Tengo miedo, John. ¡No puedo dormir por las noches!" dice Alexander.

"¡Tonterías! ¡Pago mucho dinero por un trabajo pequeño! ¡Y me estás diciendo que no puedes dormir por las noches! Entra el martes por la mañana.

Saft oder Wasser", bietet John ihm an.

„Danke, John", antwortet Hephaestus. Er schenkt sich selbst etwas Wasser ein und trinkt.

„Danke, dass du mir hilfst. Ich weiß deine Hilfe wirklich zu schätzen", sagt Herr Vega.

„Du bist mein Freund und deshalb bin ich hier, John", antwortet Alexander.

„Wie geht es deiner Frau und deinen Kindern?", sagt John Vega.

„Danke. Es geht ihnen gut", antwortet Alexander.

„Hör' mal, ich brauche noch einmal deine Hilfe in der Bank", sagt John Vega.

„Das kann ich nicht tun. Das weißt du", antwortet sein Freund.

„Es ist ein sehr einfacher kleiner Auftrag. Du kannst ihn sehr schnell erledigen und du bekommt eintausend Dollar", sagt Herr Vega.

„Ich mag das nicht machen. John, ich habe Angst. Das ist sehr gefährlich", antwortet Alexander.

„Es ist nicht gefährlich und das weißt du! Du hast solche Arbeiten schon erledigt", John besteht darauf.

„Du weißt, dass ich nicht kann. Wenn die Polizei herausfindet...", sagt Alexander Hephaestus.

„Die Polizei wird nichts herausfinden! Willst du mehr Geld? Ich werde dir zweitausend Dollar geben! Aber sag' nicht, dass du es nicht tun kannst! Ist das klar?", schreit John.

„Ich habe Angst, John. Ich kann nachts nicht schlafen!", sagt Alexander.

„Unsinn! Ich zahle sehr viel Geld für einen sehr kleinen Auftrag! Und du sagst, dass du nachts nicht schlafen kannst! Komm' am

¿Lo entiendes? Y no digas que no puedes. Eso es todo," dice el Sr. Vega.

"Pero John..." dice Alexander, pero John Vega se levanta y entra en la casa. Alexander Hephaestus se levanta y se va a casa.

Dienstagmorgen! Verstanden? Und sag' nicht, dass du es nicht tun kannst. Das ist alles", sagt Herr Vega.

„Aber John...", sagt Alexander. Aber John Vega steht auf und geht ins Haus. Alexander Hephaestus steht auf und geht nach Hause.

C

Repaso de nuevo vocabulario

1

- ¿Hoy es sábado o viernes?

- Hoy es sábado.

- ¿Hace sol fuera?

- Está nublado y hace un poco de frío fuera.

2

- ¿Tienes miedo de los ladrones?

- ¡No tengo miedo de los ladrones!

- De acuerdo. ¡Dame tu dinero!

- No tengo dinero. Joven, ¿quiere un interesante crucigrama y cinco años de tiempo libre para resolverlo?

3

- ¿Cuál es tu profesión?

- Soy conductor. ¿Y tú?

- Soy policía. Y este hombre es un asqueroso ladrón.

- ¿Es ser asqueroso ladrón una profesión?

- Asqueroso ladrón es probablemente un diagnóstico.

Wiederholung des neuen Vokabulars

1

- Ist heute Samstag oder Freitag?

- Heute ist Samstag.

- Ist es draußen sonnig?

- Draußen ist es bewölkt und ein bisschen kalt.

2

- Hast du Angst vor Einbrechern?

- Ich habe keine Angst vor Einbrechern.

- Verstanden. Gibt mir dein Geld!

- Ich habe kein Geld. Junger Mann, wollen sie ein interessantes Kreuzworträtsel und fünf Jahre Zeit, um es zu lösen?

3

- Welchen Beruf hast du?

- Ich bin Fahrer. Und du?

- Ich bin Polizist. Und dieser Mann ist ein widerlicher Dieb.

- Ist es ein Beruf ein widerlicher Dieb zu sein?

- Ein widerlicher Dieb zu sein ist wahrscheinlich eine Diagnose.

4

- ¿Quieres un poquito de vino?
- ¿Por qué solo un poquito de vino? ¡Quiero mucho vino!
- ¿De veras? ¡Yo también quiero mucho vino! Pero no hay vino.
- ¿Y qué tienes?
- Hay agua mineral. ¿Quieres una poca?
- No, no quiero.
- Insisto.
- Gracias, no quiero ninguna.

5

- ¿Por qué te vas?
- Tengo que atender algunos asuntos.
- ¿Qué asuntos?
- No es asunto tuyo.

6

- Mis tejanos son muy caros.
- ¡Eso no es nada! Yo tengo una camisa vaquera.
- ¡Eso no es nada! Yo tengo muchos niños.
- ¡Eso no es nada! ¡Yo tengo mucho dinero!
- ¿Eres millonario?
- Bueno, no. Trabajo con dinero. ¡Soy cajero!

7

- Mira, mi mujer lleva una camiseta nueva.
- ¿Solo lleva una camiseta?
- No, no solo. También lleva tejanos.

4

- Magst du ein bisschen Wein?
- Warum nur ein bisschen Wein? Ich mag viel Wein!
- Wirklich? Ich mag auch viel Wein. Aber es gibt keinen Wein.
- Und was gibt es?
- Es gibt Mineralwasser. Magst du?
- Nein, ich mag keines.
- Aber ich bestehe darauf.
- Danke, ich mag trotzdem keines.

5

- Warum gehst du?
- Ich muss mich um einige Geschäfte kümmern.
- Welche Geschäfte?
- Das ist nicht deine Sache.

6

- Meine Jeans sind sehr teuer.
- Das ist doch nichts! Ich habe ein Jeansshirt.
- Das ist doch nichts! Ich habe viele Kinder.
- Das ist doch nichts! Ich habe viel Geld!
- Bist du ein Millionär?
- Nun ja, nein. Ich arbeite mit Geld. Ich bin Kassierer!

7

- Schau', meine Frau trägt ein neues T-Shirt.
- Trägt sie nur ein T-Shirt?
- Nein. Sie trägt auch Jeans.

8

- ¿Quién está al lado de tu casa?
- Es la policía. Nos robaron los muebles.
- ¿Eran nuevos los muebles?
- Bueno, no. Los muebles eran viejos.
- ¿Eran muy viejos?
- Sí. La silla tenía doscientos años y la mesa trescientos.

9

- ¿Es peligroso dormir en la hierba del jardín por la noche?
- ¡Por supuesto que no!
- ¿Estás seguro?
- ¡Por supuesto! Llévate una pistola y unas esposas y puedes dormir en el jardín. Si tienes miedo de dormir en la hierba, entonces duerme en un árbol.

10

- Aquí hay un poco de agua, un poco de zumo y un poco de vino. Sírvete, por favor.
- Gracias. ¿Y tú?
- Yo también me sirvo. Bien, ¿te gusta?
- Sí, mucho. ¿Es todo tuyo?
- No, no lo es.
- ¿No? ¿Quién es el dueño?
- No lo sé. El vino es bueno, ¿verdad?

8

- Wer steht neben deinem Haus?
- Das ist die Polizei. Unsere Möbel wurden gestohlen.
- Waren die Möbel neu?
- Nun ja, nein. Die Möbel waren alt.
- Waren sie sehr alt?
- Ja. Der Stuhl war zweihundert und das Bett dreihundert Jahre alt.

9

- Ist es gefährlich nachts im Garten auf dem Gras zu schlafen?
- Natürlich nicht!
- Bist du dir sicher?
- Natürlich! Nimm' eine Waffe und Handschellen mit, und du kannst im Garten schlafen. Wenn du Angst hast auf dem Gras zu schlafen, dann schlaf' auf einem Baum.

10

- Hier sind Wasser, Saft und Wein. Bedien' dich, bitte.
- Danke. Und du?
- Ich nehme mir auch etwas. Nun ja, magst du es?
- Ja, sehr. Gehört das alles dir?
- Nein, das gehört nicht alles mir.
- Nicht? Wer ist der Besitzer?
- Ich weiß es nicht. Der Wein ist gut, oder?

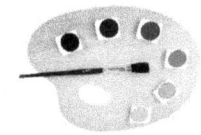

9

Reunión personal

Ein privates Treffen

 A

Palabras
Vokabeln

abrir - öffnen
acera - Bürgersteig, der
amigo - Freund, der
añade – fügt hinzu
atentamente - aufmerksam
basura - Müll, der
bolsillo - Hosen-, Jackentasche, die
caro - teuer

cerradura - Schloss, das
chica – junge Frau, die
compartimento – Abteil, das
comprar - kaufen
convencido - überzeugt
de todas formas - sowieso
demandar - fordern
desear - wünschen

detenerse - stoppen	pausa - Pause, die
devolver - zurückgeben	personal - privat
domingo - Sonntag, der	pie - Fuß, der
encantar - begeistern	porquería - Müll, der
encontré – ich habe gefunden	practicar - üben
gustaría - möchte	protestar - protestieren
importante - wichtig	quedarse - bleiben
indignación – Empörung, die	quinientos - fünfhundert
indignar - empören	razón - Verstand, der
información - Information, die	regalo - Geschenk, das
inspeccionar - untersuchen	reunión - Treffen, das
invitar - einladen	robado - gestohlen
ladrón - Dieb, der	robó – hat gestohlen
largo - lange	seis - sechs
llevar - mitnehmen	silencio - Stille, die
lugar - Ort, der	sonríe - lächelt
mañana - morgen	sorprendido - überrascht
marcar - wählen	tarjeta - Karte, die
mío - meine, meiner, meines	teléfono – Telefon, das
nerviosismo – Nervosität, die	va - geht
nuestro - unser, unsere	vender - verkaufen
pasajeros – Passagiere, die	

B

Reunión personal

Es domingo. Son alrededor de las nueve de la mañana. Fuera hace fresco y hay niebla. Sopla un ligero viento.

Paul Rost va al banco. El banco está

Ein privates Treffen

Es ist Sonntag. Es ist etwa neun Uhr morgens. Draußen ist es kalt und neblig. Ein leichter Wind weht.

Paul Rost geht zur Bank. Die Bank ist in der

cerca, así que va a pie. Un coche se detiene al lado de la acera. Lisa Pandora está dentro del coche.

"Buenos días, Paul," dice ella.

"Buenos días, Lisa," responde Paul.

"¿Va a nuestro banco?" pregunta ella.

"Sí, Lisa," dice Paul.

"Yo puedo llevarlo. ¿Le gustaría?" ofrece la chica.

"Gracias. Me encantaría," el detective entra en el coche.

"Me robaron el teléfono que tenía en el coche ayer por la noche," dice Lisa.

"¿De veras?" el detective está sorprendido.

"Sí. A través de la ventanilla," añade Lisa.

"¿Es caro el teléfono?" pregunta el detective.

"No, no lo es. El teléfono no es nuevo. Pero guarda alguna información que no debería caer en manos equivocadas," dice Lisa. Paul inspecciona atentamente el compartimento de pasajeros. Recoge algo del suelo.

"¿Es esta su tarjeta bancaria?" pregunta él.

"No, no es mía," responde Lisa. Paul saca su teléfono.

"¿Cuál es el número del teléfono robado?" pregunta Paul. La Srta. Pandora le dice el número y el detective lo marca.

"Al habla," responde una voz masculina.

"Usted tiene mi teléfono. ¿Puede devolvérmelo?" pregunta Paul. Sigue una pausa. Después el hombre responde: "Su teléfono es basura. No lo necesito. Así

Nähe, deshalb geht er zu Fuß. Ein Auto bleibt neben dem Bürgersteig stehen. Lisa Pandora sitzt in dem Auto.

„Guten Morgen, Paul", sagt sie.

„Guten Morgen, Lisa", antwortet Paul.

„Gehen Sie zu unserer Bank?", fragt sie.

„Ja, Lisa", sagt Paul.

„Ich kann Sie zur Bank mitnehmen. Möchten Sie?", bietet die junge Frau an.

„Danke. Mit Vergnügen", der Detektiv steigt in das Auto ein.

„Jemand hat mein Handy letzte Nacht aus dem Auto gestohlen", sagt Lisa.

„Wirklich?", der Detektiv ist überrascht.

„Ja. Durch das Fenster", fügt Lisa hinzu.

„Ist das Handy teuer?", fragt der Detektiv.

„Nein, das ist es nicht. Das Handy ist nicht neu, aber es enthält einige Informationen, die nicht in die falschen Hände geraten sollten", sagt Lisa. Paul untersucht den Passagierraum sorgfältig. Er hebt etwas vom Boden auf.

„Ist das Ihre Bankkarte?", fragt er.

„Nein, das ist nicht meine", antwortet Lisa. Paul nimmt sein Handy heraus.

„Wie lautet die Telefonnummer des gestohlenen Handys?", fragt Paul. Frau Pandora gibt ihm die Nummer und der Detektiv wählt sie.

„Am Apparat", antwortet die Stimme eines Mannes.

„Sie haben mein Telefon. Können Sie es mir zurückgeben?", fragt Paul. Eine Pause folgt. Dann antwortet der Mann: „Ihr Handy ist Mist. Ich brauche es nicht. Ich kann es

que puedo vendérselo de nuevo."

"¿Vendérmelo de nuevo?" dice el detective con sorpresa. "Pero usted no lo compró," protesta.

"No me importa. Probablemente contiene alguna información importante si tiene tantas ganas de recuperar esta porquería, ¿no?" pregunta el ladrón. "¿Tengo razón?" añade. Lisa está mirando a Paul con nerviosismo.

"Es el regalo de un amigo. Lo quiero porque es un regalo," dice Paul. "Bueno, ¿cuánto quiere?" pregunta el detective.

"¡Quinientos dólares!" demanda el hombre.

"Pero este teléfono es basura. ¡Acaba de decirlo!" responde indignado el detective. Lisa toma la mano de Paul con nerviosismo.

"¡Bueno, como quiera!" dice el hombre.

"De acuerdo. Le daré quinientos dólares," dice el detective mirando a Lisa, "En cualquier caso, encontré una tarjeta bancaria a nombre de Roman Kowalski en el coche. ¿Lo conoce?" pregunta Paul. El hombre permanece en silencio unos instantes. Después dice: "Déme la tarjeta. Conozco a ese hombre."

"Se la venderé por seiscientos dólares," dice el detective.

"¡Quédesela! ¡De todas formas no hay dinero en la tarjeta!" grita la voz con indignación a través del teléfono.

"De acuerdo, Rom Kowalski, creo que la policía se alegrará de tenerla," dice Paul.

"Vale, ¡le daré quinientos dólares! ¡Démela!" pide el ladrón.

Ihnen zurückverkaufen."

„Zurückverkaufen?", fragt der Detektiv überrascht. „Aber Sie haben es nicht gekauft", protestiert er.

„Das ist mir egal. Es enthält wahrscheinlich wichtige Informationen, wenn Sie diesen Müll so sehr zurückhaben wollen?", fragt der Dieb. „Habe ich Recht?", fügt er hinzu. Lisa schaut Paul aufgeregt an.

„Es ist das Geschenk eines Freundes. Es bedeutet mir viel, weil es ein Geschenk war", sagt Paul.

„Nun ja, wie viel wollen Sie?", fragt der Detektiv.

„Fünfhundert Dollar!", fordert der Mann.

„Aber das Telefon ist Müll. Sie haben das gerade gesagt!", antwortet der Detektiv empört. Lisa nimmt nervös Pauls Hand.

„Nun ja, wie Sie wollen", sagt der Mann.

„In Ordnung. Ich gebe Ihnen fünfhundert Dollar", sagt der Detektiv und schaut Lisa an. „Übrigens, ich habe im Auto eine Bankkarte auf den Namen Roman Kowalski gefunden. Kennen Sie ihn?", fragt Paul.

Der Mann ist eine Minute lang still. Dann sagt er: „Geben Sie mir die Karte. Ich kenne diesen Mann."

„Ich verkaufe sie ihnen für sechshundert Dollar", sagt der Detektiv.

„Behalten Sie sie! Da ist sowieso kein Geld auf der Karte!", schreit die Stimme empört durch das Telefon.

„In Ordnung, Rom Kowalski, ich glaube, die Polizei wird sie gerne haben wollen", sagt Paul.

„In Ordnung, ich gebe Ihnen fünfhundert Dollar! Geben Sie sie mir!", bittet der Dieb.

"Bueno, me ha convencido," el detective sonríe y añade, "¿Puede venir al Banco Imperial en diez minutos?"	„Nun ja, Sie haben mich überzeugt", der Detektiv lächelt und fügt hinzu: „Können Sie in zehn Minuten zur Kaiserlichen Bank kommen?"
"¡Sí, puedo! ¡Estaré allí en diez minutos! ¡No dé la tarjeta a la policía!" pide el hombre. El ladrón llega al banco diez minutos más tarde y devuelve el teléfono.	„Ja, das kann ich. Ich bin in zehn Minuten dort! Geben Sie die Karte nicht der Polizei!", bittet der Mann. Der Dieb kommt zehn Minuten später zur Bank und gibt das Handy zurück.
"¡No necesito dinero! ¡Déme la tarjeta!" pide. Paul esposa rápidamente al ladrón.	„Ich brauche das Geld nicht! Geben Sie mir die Karte", bittet er. Paul legt dem Dieb schnell Handschellen an.
"Aquí está su tarjeta," mete la tarjeta en el bolsillo del ladrón, "Lo llevaré a un lugar donde va a poder practicar cómo abrir cerraduras con su tarjeta durante largo tiempo," añade, y entrega el ladrón a la policía. Después vuelve al banco.	„Hier ist Ihre Karte", er steckt die Karte in die Hosentasche des Diebes. „Ich werde Sie an einen Ort bringen, wo Sie sehr lange üben können, Schlösser mit Ihrer Karte zu öffnen", fügt er hinzu und übergibt den Dieb der Polizei. Dann kehrt er zur Bank zurück.
"Paul, muchas gracias por su ayuda," dice Lisa, "¿Puedo invitarlo a cenar mañana por la noche?"	„Paul, vielen Dank für Ihre Hilfe", sagt Lisa. „Darf ich Sie morgen Abend zum Abendessen einladen?"
"Claro. Estaré encantado," responde el detective.	„Sicher. Ich würde mich sehr freuen", antwortet der Detektiv.
"Ya sabe mi teléfono, ¿verdad?" sonríe Lisa.	„Sie haben bereits meine Telefonnummer, richtig?", Lisa lächelt.
"Sí, lo sé," responde Paul.	„Ja, ich habe sie", antwortet Paul.
"Entonces llámeme mañana a las cinco, ¿de acuerdo?" pide Lisa.	„Dann rufen Sie mich morgen um fünf Uhr an, in Ordnung?", bittet Lisa.
"Claro," responde Paul.	„Sicher", antwortet Paul.

C

Repaso de nuevo vocabulario	**Wiederholung des neuen Vokabulars**
1	1
- ¿Hoy es domingo o sábado?	- Ist heute Sonntag oder Samstag?
- Hoy es domingo.	- Heute ist Sonntag.

- ¿Qué hora es?

- Son alrededor de las nueve.

- En cualquier caso, ¿hace calor o frío fuera?

- Fuera hace fresco.

2

- ¿Te gusta el trabajo del banco?

- No demasiado. Pero yo hago un trabajo importante. Y tengo que trabajar con cuidado.

- ¿Tienes información financiera importante?

- ¿Qué quieres decir?

- Quiero decir información financiera privada sobre los clientes del banco.

- Sí, la tengo. Es parte de mi trabajo.

- Véndeme la información financiera privada sobre los clientes del banco.

- Creo que mi marido podría ayudarte.

- ¿Qué es tu marido?

- Es policía.

3

- ¿Por qué está protestando este hombre?

- El banco perdió sus documentos financieros privados.

- ¿Son documentos importantes?

- No, no son para nada importantes.

- ¿Quién los perdió exactamente?

- Yo lo hice.

4

- Aquí están sus documentos financieros y su dinero.

- Wie spät ist es?

- Es ist etwa neun Uhr.

- Übrigens, ist es draußen heiß oder kalt?

- Draußen ist es kalt.

2

- Magst du den Job bei der Bank?

- Nicht sehr. Aber ich leiste wichtige Arbeit. Und ich muss sorgfältig arbeiten.

- Hast du wichtige finanzielle Informationen?

- Was meinst du damit?

- Ich meine geheime Informationen über die Finanzen der Bankkunden.

- Ja, die habe ich. Das ist Teil meiner Arbeit.

- Verkauf' mir die geheimen Informationen über die Finanzen der Bankkunden.

- Ich glaube mein Ehemann könnte dir helfen.

- Was macht dein Ehemann?

- Er ist Polizist.

3

- Warum protestiert dieser Mann?

- Die Bank hat seine geheimen Bankunterlagen verloren.

- Sind es wichtige Unterlagen?

- Nein, sie sich überhaupt nicht wichtig.

- Wer genau hat sie verloren?

- Ich habe sie verloren.

4

- Hier sind ihre Bankunterlagen und ihr

- Gracias.

- Eche un vistazo, ¿está todo bien con sus documentos?

- Espere un minuto... ¿Pero dónde está mi dinero?

- Le estoy preguntando, ¿está todo bien con sus documentos?

- Los documentos están bien. ¿Pero dónde está mi dinero?

- Yo soy solo responsable de los documentos. El director del banco es el responsable del dinero.

- ¿Y dónde está?

- Lo echaron hace un mes.

5

- ¿Sabe a qué hora abre el banco, señorita?

- El banco abre a las nueve de la mañana.

- ¿Y a qué hora cierra?

- Cierra a las cinco de la tarde.

- ¿Y qué va a hacer cuando salga de trabajar?

- Todavía no lo sé. Tal vez vaya a una cafetería. ¿Por qué?

- ¿Puedo invitarla a cenar?

- Me encantaría cenar con usted. En cualquier caso, ¿puede venir el director con nosotros?

- ¿Por qué?

- ¡También me ha invitado a cenar!

6

- En cualquier caso, Sr. director, este cliente está pidiendo que le devuelvan su dinero.

Geld.

- Danke.

- Sehen Sie nach, ist mit Ihren Unterlagen alles in Ordnung?

- Warten Sie kurz... Wo ist mein Geld?

- Ich habe gerade gefragt, ob mit Ihren Unterlagen alles in Ordnung ist?

- Die Unterlagen sind in Ordnung. Aber wo ist mein Geld?

- Ich bin nur für die Unterlagen verantwortlich. Der Bankmanager ist für das Geld verantwortlich.

- Und wo ist er?

- Er wurde vor einem Monat gefeuert.

5

- Wissen Sie, wann die Bank öffnet?

- Die Bank öffnet um neun Uhr morgens.

- Und wann schließt sie?

- Sie schließt um fünf Uhr abends.

- Und was machen Sie nach der Arbeit?

- Das weiß ich noch nicht. Vielleicht gehe ich in ein Café. Warum?

- Darf ich Sie zum Abendessen einladen?

- Ich würde sehr gerne mit Ihnen gemeinsam zu Abend essen. Übrigens, darf ich unseren Manager mitnehmen?

- Warum?

- Er lädt mich auch zum Abendessen ein!

6

- Herr Manager, dieser Kunde möchte übrigens sein Geld zurück.

- Sagen Sie ihm, seinem Geld geht es gut.

- Dígale que su dinero está bien.
- ¿Qué quiere decir?
- Quiero decir que su dinero ha sido robado y que la policía se está ocupando de él.

7

- En cualquier caso, ¿tienes un mapa de la ciudad?
- Sí, lo tengo. ¿Te gustaría consultarlo?
- No, no es eso. Quiero enseñarte la calle en la que me robaron dinero del bolsillo.
- ¿De veras? ¿Cuándo ocurrió?
- Ocurrió hace dos días y estoy muy enfadado.
- ¿Se lo dijiste a la policía?
- No, no lo hice.
- ¿Por qué?
- Porque ya he robado dinero a otra gente.

8

- En cualquier caso, ¿vas a trabajar a pie o en bus?
- Voy a pie cuando hace frío o llueve y en bus cuando hace calor y sol.
- Eso es raro. ¿Por qué?
- Hay mucha gente en el bus cuando hace frío o llueve y no puedo subir.
- ¿Y cuando hace calor y sol?
- Entonces hay demasiada gente en la acera.

9

- En cualquier caso, ¿no le sorprende a este cliente que hayan robado su dinero de nuestro banco?

- Was meinen Sie?
- Ich meine, dass sein Geld gestohlen wurde und dass die Polizei damit arbeitet.

7

- Übrigens, hast du einen Stadtplan?
- Ja, ich habe einen. Möchtest du einen Blick darauf werfen?
- Nein, möchte ich nicht. Aber ich möchte dir die Straße zeigen, in der das Geld aus meiner Tasche gestohlen wurde.
- Wirklich? Wann ist das passiert?
- Es ist vor zwei Tagen passiert und ich bin sehr wütend.
- Hast du die Polizei informiert?
- Nein, ich habe sie nicht informiert.
- Warum?
- Ich habe bereits von anderen Leuten Geld gestohlen.

8

- Übrigens, gehst du zu Fuß zur Arbeit oder fährst du mit dem Bus?
- Wenn es kalt ist oder regnet, gehe ich zu Fuß, und wenn es warm und sonnig ist, fahre ich mit dem Bus.
- Das ist seltsam. Warum?
- Wenn es kalt ist oder regnet, sind zu viele Leute im Bus und ich kann nicht einsteigen.
- Und wenn es warm und sonnig ist?
- Dann sind zu viele Leute auf dem Bürgersteig.

9

- Übrigens, ist dieser Kunde nicht überrascht, dass sein Geld aus unserer

- Sí, Sr. director, ¡Está muy sorprendido y enfadado!

- ¿De veras? ¿Deberíamos invitarlo a cenar?

- Creo que él querrá invitarlo a usted.

- ¿Está seguro?

- Sí, lo estoy. Viene con una pistola y esposas.

- ¡Ayuda!

Bank gestohlen wurde?

- Ja, Herr Manager, er ist sehr überrascht und wütend.

- Wirklich? Sollten wir ihn zum Abendessen einladen?

- Ich glaube, er wird Sie selbst einladen wollen.

- Sind Sie sich sicher?

- Ja, das bin ich. Hier kommt er gerade mit einer Waffe und Handschellen.

- Hilfe!

10

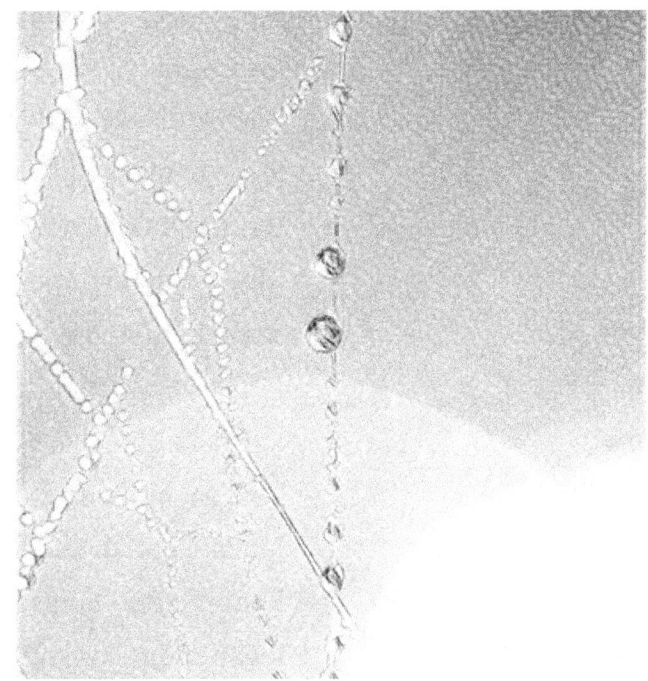

Una noche más

Noch eine Nacht

A

Palabras

Vokabeln

abrió – hat geöffnet
acabar - abschließen
acción - Vorgehen, das
agradable - schön
al lado - in der Nähe
altitud - Höhe, die
alto - hoch

árbol - Baum, der
ardiendo - brennend
arriba - hinauf
as - Ass, das
atacando - angreifend
avión - Flugzeug, das
azul - blau

cabeza - Kopf, der
caer - fallen
cara - Gesicht, das
casi - schnell
catapultar - katapultieren
cayendo - fallend
cerrar - schließen
cielo - Himmel, der
colgar - hängen
combate - Kampf, der
consciencia – Bewusstsein, das
contemplar - starren
coordinar - koordinieren
cuarto - vierte, vierter, viertes
debajo - unter, unterhalb
debe - muss
destelleando – glitzernd, funkelnd
destellear - glitzern
detrás - hinter
doce - zwölf
durmiendo - schlafend
empezar - beginnen
enciende – zündet an
encima - über, oberhalb
enemigo - Feind, der
entre - zwischen
envolver - umwickeln
eso - dass
espiral - spiralförmig
están volando – fliegen

estrella - Stern, der
estupendamente - ausgezeichnet
explosión - Explosion, die
gallineta – Rotbarsch, der
golpe - Treffer, der
hacer - machen
horror - Horror, der
hoy - heute
humo - Rauch, der
ido - verschwunden
inmediatamente - sofort
junto a - neben
lado - neben
lanzar - abfeuern
lanzó – hat abgefeuert
lentamente - langsam
levantarse - aufstehen
listo - bereit
lucha - Kampf, der
luna - Mond, der
luz – Licht, das
mal - schlecht
matar - töten
menos - weniger
metro - Meter, der
misil – Rakete, die
mostrar - zeigen
niños - Kinder, die
nube - Wolke, die
ojo - Auge, das

paracaídas - Fallschirm, der
pasar - darüberstreichen
patrullar - patrouillieren
pesadilla - Alptraum, der
pies – Füße, die
pizza - Pizza, die
policía - Polizei, die
porche - Veranda, die
proyectil – Projektil, das
puede - kann
quedar - bleiben
quiero decir – ich meine
radar - Radar, der
rápido - schnell
rasgar - reißen
realidad - Wirklichkeit, die
rojo - rot
rosa - gerötet
rotación - Rotation, die
rotar - rotieren
sangre - Blut, das

segundo - Sekunde, die
señal - Signal, das
sentir - fühlen
silencio - Stille, die
solamente - nur
su - sein, seine
sudor - Schweiß, der
sueño - Traum, der
también - auch
tarea - Aufgabe, die
telaraña - Spinnennetz, das
tercero - dritte, dritter, drittes
todas partes - überall
todavía - immer noch
tres - drei
uno - ein, eine
velocidad - Geschwindigkeit, die
verticalmente - vertikal
vibrar - vibrieren
vuelo en picado – Sturzflug, der
y - und

B

Una noche más

El cielo es azul. Hay cielo por todas partes. Paul Rost está en un avión de combate. Está solo. Mira a derecha e izquierda. Hay cielo por todas partes. Hay algunas nubes por debajo y algunas estrellas por encima. El avión

Noch eine Nacht

Der Himmel ist blau. Überall ist Himmel. Paul Rost ist in einem Kampfflugzeug. Er ist alleine. Er sieht nach rechts und nach links. Überall ist Himmel. Unterhalb gibt es einige Wolken und oberhalb einige Sterne. Das Flugzeug vibriert ein bisschen. Es ist fast

vibra un poquito. Casi hay silencio dentro del avión. Todo el ruido se queda atrás. Unos pocos minutos de silencio entre las estrellas y las nubes. Su aeródromo está lejos. Está muy lejos. Paul está a una altitud de treinta mil pies sobre el suelo. Él patrulla el cielo. Es una tarea sencilla si no hay aviones enemigos. Paul Rost oye una señal. El radar muestra un avión extraño. El silencio se acaba. Paul vuela hacia abajo para encontrarse con el enemigo. El radar muestra un segundo avión, después un tercero, luego un cuarto. Debe ir. Paul baja en espiral hacia el suelo. Los enemigos bajan en espiral también. Empiezan a atacar. Él no puede huir. La lucha comienza. Los enemigos coordinan mal sus acciones, así que Paul también empieza a atacar. Paul ve que los proyectiles están volando cerca. Va a la derecha y ve un avión delante de él. Paul lanza un misil e inmediatamente asciende. Ve el humo de la explosión por debajo, detrás de él. Este está listo. Vuela hacia arriba casi en vertical. Pero ¿qué es eso? Un avión enemigo también vuela hacia arriba en vertical a su lado. El piloto está mirando a Paul. Está muy cerca. El piloto lleva su avión estupendamente. Es un verdadero as. Se miran a los ojos. El tiempo casi se detiene. Paul comprende que el piloto quiere matarlo. Lo ve en su cara. Los aviones vuelan juntos hasta una altura de veinte mil metros. ¿Dónde están los otros enemigos? Mira en el radar. En ese momento siente un golpe. El avión ha desaparecido. Se cae. Paul ve su avión ardiendo y cayendo. La catapulta lo echó del avión. Se cae. No puede

ganz ruhig im Inneren des Flugzeugs. Der ganze Lärm bleibt dahinter zurück. Einige Minuten Stille zwischen den Sternen und den Wolken. Sein Flugfeld ist weit entfernt. Es ist sehr weit entfernt. Paul ist in einer Höhe von dreißigtausend Metern über dem Boden. Er patrouilliert den Himmel. Das ist eine einfache Aufgabe, wenn es keine feindlichen Flugzeuge gibt. Paul Rost hört ein Signal. Der Radar zeigt ein seltsames Flugzeug. Die Stille endet. Paul fliegt das Flugzeug nach unten um den Feind zu treffen. Das Radar zeigt ein zweites Flugzeug, dann ein drittes, dann ein viertes. Er muss verschwinden. Paul fliegt im Sturzflug auf den Boden zu. Die Feinde fliegen auch im Sturzflug. Sie beginnen anzugreifen. Er kann nicht entkommen. Der Kampf beginnt. Die Feinde koordinieren ihr Vorgehen schlecht, also beginnt Paul auch anzugreifen. Paul sieht, dass Raketen nahe vorbeifliegen. Er wendet nach rechts und sieht ein Flugzeug genau vor ihm. Paul schießt eine Rakete ab und fliegt sofort nach oben. Er sieht einigen Rauch unterhalb, von der Explosion hinter ihm. Das Flugzeug ist fertig. Er fliegt fast vertikal nach oben. Aber was ist das? Ein feindliches Flugzeug fliegt neben ihm auch vertikal nach oben. Der Pilot sieht Paul an. Er ist sehr nahe. Der Pilot fliegt sein Flugzeug ausgezeichnet. Er ist ein echter Spitzenpilot. Sie sehen sich in die Augen. Die Zeit bleibt beinahe stehen. Paul versteht, dass der Pilot ihn töten will. Er sieht es in seinem Gesicht. Die Flugzeuge fliegen nebeneinander hinauf bis zu einer Höhe von zwanzigtausend Metern. Wo sind die anderen Feinde? Er sieht auf den Radar. In diesem Moment spürt er einen Treffer. Das Flugzeug ist verschwunden. Er fällt hinunter. Paul sieht sein Flugzeug brennen und hinunterfallen. Der Schleudersitz hat ihn aus dem Flugzeug katapultiert. Er fällt hinunter. Er kann den

abrir el paracaídas. Está demasiado alto. El paracaídas solo se puede abrir a una altura de seis mil metros o menos. La alta velocidad empieza a rotarlo. Es muy peligroso. Puede perder la consciencia. Intenta detener la rotación, pero no puede hacerlo. Debido a la rápida rotación la sangre se le sube a la cabeza. En sus ojos lo ve todo rojo. La altura es de doce mil metros. Abre el paracaídas. El paracaídas lo envuelve. Él cae y rota. El cielo—las nubes, las nubes—el cielo, el cielo—las nubes... Rasga el paracaídas con las manos y... se sienta en la cama. El sudor corre por su cara. Mira sus manos, después al suelo de la habitación. Debe levantarse. Se levanta y camina hacia la ventana. La pesadilla se va lentamente...

Paul Rost sale al porche. Hay algunas estrellas y la luna en el negro cielo. Hay silencio en el jardín. Paul enciende un cigarrillo y se sienta en el porche. Algunas telarañas cuelgan de los árboles hasta el suelo. Varias gotas de agua en las telarañas destellean a la luz de la luna. ¿Está durmiendo todavía? Paul se pasa la mano por la cara. A continuación abre los ojos de nuevo. Es la realidad. Varias telarañas y gotas están destelleando a la luz de la luna. Es muy agradable. Pero ese horror, tres minutos atrás también era casi realidad. Un coche de policía pasa por delante de la casa. El policía ve a Paul en el jardín. El coche se detiene. El policía sale del coche, se acerca y se sienta junto a Paul. No dice nada. También enciende un cigarrillo. Se sientan y contemplan el cielo. El cielo empieza a volverse rosa.

Fallschirm nicht öffnen. Es ist zu hoch. Der Fallschirm kann nur in einer Höhe von sechstausend Metern oder weniger geöffnet werden. Durch die Geschwindigkeit beginnt er zu rotieren. Es ist sehr gefährlich. Er kann das Bewusstsein verlieren. Er versucht die Rotation zu stoppen, aber er schafft es nicht. Durch die schnelle Rotation schießt ihm das Blut in den Kopf. Er hat nur noch rot vor seinen Augen. Die Höhe beträgt zwölftausend Meter. Er öffnet den Fallschirm. Der Fallschirm wickelt sich um ihn. Er fällt und rotiert. Der Himmel - die Wolken, die Wolken - der Himmel, der Himmel - die Wolken,... Er reißt mit seinen Händen am Fallschirm und... setzt sich in seinem Bett auf. Schweiß rinnt über sein Gesicht. Er schaut auf seine Hände, dann auf den Boden des Zimmers. Er muss aufstehen. Er steht auf und geht zum Fenster. Der Alptraum verschwindet langsam...

Paul Rost geht hinaus auf die Veranda. Einige Sterne und der Mond sind am schwarzen Himmel zu sehen. Im Garten ist es ruhig. Paul zündet sich eine Zigarette an und setzt sich auf die Veranda. Einige Spinnennetze hängen von den Bäumen hinunter auf den Boden. Einige Wassertropfen auf den Spinnennetzen glitzern im Mondschein. Schläft er immer noch? Paul streicht mit seiner Hand über sein Gesicht. Dann öffnet er die Augen wieder. Es ist die Wirklichkeit. Einige Spinnennetze und Tropfen glitzern im Mondschein. Es ist sehr schön. Aber der Horror vor drei Minuten war auch fast Wirklichkeit. Ein Polizeiauto fährt an seinem Haus vorbei. Der Polizist sieht Paul im Garten. Das Auto bleibt stehen. Der Polizist steigt aus, kommt näher und setzt sich zu Paul. Er sagt nichts. Er zündet sich auch eine Zigarette an. Sie sitzen und starren in den Himmel. Der Himmel beginnt sich zu röten.

„Lassen dich die Träume schon wieder nicht

"¿Los sueños vuelven a no dejarte dormir?" pregunta el policía.

"Sí, un poquito," responde Paul, "¿Cómo están Anna y los niños?" pregunta.

"Están bien. Vente mañana y compruébalo tú mismo. Quiero decir hoy. Anna hará una pizza de gallineta," dice el policía.

"Gracias, Andrew," dice Paul, "Hoy no puedo. Tengo una reunión."

"Ven mañana o pasado mañana," dice Andrew.

"Gracias, amigo. Por supuesto que iré," responde Paul.

schlafen?", fragt der Polizist.

„Ja, ein bisschen", antwortet Paul. „Wie geht es Anna und den Kindern?", fragt er.

„Es geht ihnen gut. Komm' morgen vorbei und überzeuge dich selbst. Ich meine heute. Anna wird eine Pizza mit Rotbarsch machen", sagt der Polizist.

„Danke, Andrew", sagt Paul. „Heute kann ich nicht, ich habe ein Treffen."

„Komm' morgen oder übermorgen", sagt Andrew.

„Danke, mein Freund. Ich werde natürlich kommen", antwortet Paul.

C

Repaso de nuevo vocabulario

1

- ¿Hoy es lunes o domingo?

- Hoy es domingo.

- ¿Y qué hora es ahora?

- Ahora son casi las nueve.

- En cualquier caso, ¿hace calor o fresco fuera?

- Hace frío fuera.

2

- Mira este coche. ¡El conductor es un verdadero as!

- ¡Pero conduce el coche demasiado peligrosamente!

- ¡Qué velocidad! ¡Este as quiere

Wiederholung des neuen Vokabulars

1

- Ist heute Montag oder Sonntag?

- Heute ist Sonntag.

- Und wie spät ist es jetzt?

- Es ist jetzt fast neun Uhr.

- Übrigens, ist es draußen heiß oder kalt?

- Es ist kalt draußen.

2

- Schau' dir dieses Auto an. Der Fahrer ist ein richtiges Ass!

- Aber er fährt mit dem Auto viel zu gefährlich!

- Was für eine Geschwindigkeit! Dieses Ass möchte vertikal hinauffahren!

ascender verticalmente!

- Probablemente quiere atacar al árbol. Necesita una catapulta y un paracaídas.

3

- ¿Sabes qué es esa explosión en el banco?

- El director está abriendo una caja fuerte.

- ¿Intentó abrirla con la llave?

- Abre la caja fuerte con la llave en horas de trabajo. Pero ahora no está trabajando.

4

- Aquí hay un montón de árboles altos. Es muy bonito.

- ¡Está la luna y varias estrellas en el cielo!

- Cierto. Y algunas nubes están volando lentamente por encima de la ciudad.

- Qué noche más bonita.

- ¡Mira! El cielo ya ha empezado a volverse rosa.

- Sí, la noche está acabando.

-¡Eh, vosotros dos! ¡La mañana ya ha empezado y todavía no hemos robado este banco! Coged las cajas con el dinero y metedlas en el coche. ¡Deprisa!

- De acuerdo, Sr. director.

- ¡No me llaméis director, idiotas! ¿Y si alguien lo oye?

- De acuerdo, Sr. Vega.

- ¿Por qué tengo que trabajar con estos idiotas?

- Er möchte wahrscheinlich einen Baum angreifen. Er braucht ein Katapult und einen Fallschirm.

3

- Weißt du, was das für eine Explosion in der Bank ist?

- Der Manager öffnet den Safe.

- Hat er versucht den Safe mit einem Schlüssel zu öffnen?

- Während der Arbeitszeit öffnet er den Safe mit einem Schlüssel. Aber jetzt arbeitet er nicht.

4

- Hier gibt es viele große Bäume. Es ist sehr schön hier.

- Der Mond und einige Sterne sind am Himmel!

- Stimmt. Und einige Wolken fliegen langsam über die Stadt.

- Was für eine schöne Nacht.

- Schau! Der Himmel hat schon begonnen sich zu röten.

- Ja, die Nacht geht zu Ende.

- Hey, ihr beiden! Es ist schon Morgen und wir haben diese Bank immer noch nicht ausgeraubt! Nehmt die Kisten mit Geld und bringt sie ins Auto. Macht schnell!

- In Ordnung, Herr Manager.

- Nennt mich nicht Manager, Idioten. Was ist, wenn uns jemand hört?

- In Ordnung, Herr Vega.

- Warum muss ich mit diesen Idioten arbeiten?

5

- ¿Quieres fumar?
- No fumo, gracias.
- Yo voy a fumar.
- No se puede fumar aquí.
- ¿Por qué?
- Es peligroso. Hay varios misiles en esas cajas.
- ¡Lancemos un misil!

6

- Aquí hay una pizza de gallineta. ¡Sírvete!
- ¿Por qué apesta?
- No lo sé. Es la primera vez que hago pizza.
- Entonces no quiero. Gracias.
- ¿Por qué? ¡Sírvete! ¡Me encantará!
- No, gracias.
- ¡Pero insisto!

7

- En cualquier caso, ¿cuándo vamos a una cafetería, hoy o mañana?
- Iremos a una cafetería pasado mañana.
- ¿Por qué pasado mañana? ¡Yo quiero ir hoy o mañana!
- ¡Hoy o mañana te comerás la pizza que tú mismo hiciste!
- ¿Y tú?
- ¡A mí me encantará!

8

- En cualquier caso, ¿sabes que la policía debe patrullar las calles siempre, día y

5

- Willst du rauchen?
- Ich rauche nicht, danke.
- Ich werde rauchen.
- Man darf hier nicht rauchen.
- Warum?
- Es ist gefährlich. In diesen Kisten sind Raketen.
- Lass' uns eine Rakete abschießen!

6

- Hier ist eine Pizza mit Rotbarsch. Bedien' dich!
- Warum stinkt sie?
- Ich weiß nicht. Ich habe zum ersten Mal Pizza gemacht.
- Dann mag ich sie nicht. Danke.
- Warum? Bedien' dich! Es würde mich sehr freuen!
- Nein, danke.
- Aber ich bestehe darauf!

7

- Übrigens, wann gehen wir in ein Café, heute oder morgen?
- Wir gehen übermorgen in ein Café.
- Warum übermorgen? Ich möchte heute oder morgen gehen!
- Heute und morgen wirst du die Pizza essen, die du selbst gemacht hast!
- Und du?
- Und ich werde mich sehr freuen.

8

- Weißt du übrigens, dass die Polizei Tag und Nacht durch die Straßen patrouillieren muss?

noche?

- ¿Es necesario de noche?

- Sí, lo es. Alguien roba muebles por la noche.

9

- Tenemos que coordinar bien nuestras acciones. Intentaré persuadir a los clientes para que depositen su dinero en nuestro banco.

- ¿Y yo qué haré?

- Y tú les dirás por qué no pueden recuperar su dinero.

- Ist das in der Nacht notwendig?

- Ja, das ist es. Jemand stiehlt in der Nacht Möbel.

9

- Wir müssen unser Vorgehen gut koordinieren. Ich werde versuchen die Kunden zu überreden, ihr Geld in unserer Bank anzulegen.

- Und was werde ich machen?

- Und du wirst ihnen erklären, warum sie ihr Geld nicht zurückbekommen können.

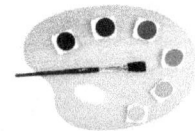

11

Reunión

Das Treffen

 A

Palabras

Vokabeln

a veces - manchmal
acabar - beenden
acariciar - streicheln
actuó - gehandelt
acuerdo - Vereinbarung, die
agradecido - erfreut
ahora - jetzt
ahora mismo – jetzt gerade
anuncio – Anzeige, die

aprendí – ich habe gelernt
broma – Scherz, der
cafeteria - Café, das
camarero - Kellner, der
carta - Speisekarte, die
chiste - Witz, der
cocina - Küche, die
cocinero – Koch, der
comer - essen

comida - Essen, das
comido - gegessen
completamente - ganz
costa - Küste, die
creer - glauben
cuidadosamente - sorgfältig
dado - geben
dálmata - Dalmatiner, der
devolverme – mir zurückgeben
educadamente - freundlich
eliminar - entfernen
enhorabuena - Gratulation
es una pena – es ist schade
gané - gewonnen
genial - großartig
gracias - danke
grande - groß
guapa - hübsch
hablar - reden
igual - gleich
inocente - naiv
invitarlo - einladen
italiana - italienisch
la mejor - der, die, das beste
levanta – hebt auf
limpieza de casas - Reinigungsdienst, der
llegada - Ankunft, die
mejor - besser
océano Índico - indische Ozean, der

pedir - bestellen
perro - Hund, der
podría - könnte
preocupado – besorgt
preocuparse - sich Sorgen machen
proponer - vorschlagen
quién - wer
quizás - vielleicht
realmente - wirklich
rechazar - ablehnen
rica - lecker
sabido - gewusst
semana - Woche, die
servicio - Dienst, der
sobre - Briefkuvert, das
sonriendo - lächelnd
sorda - taub
sorteo - Lotterie, die; Gewinnspiel, das
spaghetti - Spaghetti, die
también - auch
tipo - Typ, der
toda - alle
trabajador - Arbeiter, der
trabajo - Job, der
trayecto – Strecke, die
triste - traurig
vacaciones – Urlaub, der
viajar - reisen
visita - besucht

B

Reunión

Paul llama a Lisa a las cinco de la tarde.

Lisa responde la llamada, diciendo "Hola."

"Hola Lisa, soy Paul," dice Paul.

"Hola Paul, soy Lisa," responde Lisa.

"Podemos vernos e ir a una cafeteria ahora mismo. ¿Está de acuerdo?" pregunta Paul.

"Estoy de acuerdo. ¿Podría parar a recogerme en el banco?" pregunta Lisa.

"Sí. La recogeré en diez minutos," acuerda Paul.

"De acuerdo, hasta ahora," dice Lisa. Paul se encuentra con Lisa en el banco y van a una cafetería.

"Paul, ¿le gusta la cocina italiana?" pregunta Lisa.

"¿Pizza y spaghetti?" sonríe Paul, "Sí, me gusta."

"Vamos al Café Verona," propone Lisa.

Paul está de acuerdo: "Vamos."

Llegan al café y entran. Hay poca gente. Se sientan junto a la ventana. El camarero les trae la carta. Piden comida y bebida. El camarero les trae su pedido. Ellos comen y hablan.

"Gracias por devolverme mi teléfono," dice Lisa.

"Pan comido. Ese tipo es idiota," responde Paul.

"Da igual, creo que actuó muy

Das Treffen

Paul ruft Lisa um fünf Uhr an.

Lisa nimmt den Anruf an und sagt: „Hallo."

„Hi Lisa, hier ist Paul", sagt Paul.

„Hi Paul, hier ist Lisa", antwortet Lisa.

„Wir können uns gleich treffen und in ein Café gehen. Bist du einverstanden?", fragt Paul.

„Ich bin einverstanden. Kannst du bei der Bank vorbeikommen und mich abholen?", fragt Lisa.

„Ja. Ich hole dich in zehn Minuten ab", stimmt Paul zu.

„In Ordnung, bis gleich", sagt Lisa. Paul trifft Lisa bei der Bank und sie gehen los.

„Paul, magst du italienisches Essen?", fragt Lisa.

„Pizza und Spaghetti?", sagt Paul lächelnd. „Ja, das mag ich."

„Dann lass' uns in das Café Verona gehen", schlägt Lisa vor.

Paul stimmt zu: „Lass' uns dorthin gehen."

Sie kommen zu dem Café und gehen hinein. Wenige Leute sind in dem Café. Sie setzen sich ans Fenster. Der Kellner bringt ihnen die Speisekarte. Die bestellen Essen und Getränke. Der Kellner bringt ihnen ihre Bestellung. Sie sitzen, essen und reden.

„Danke, dass du mein Telefon zurückbekommen hast", sagt Lisa.

„Keine große Sache. Dieser Typ ist ein Idiot", antwortet Paul.

acertadamente. En cualquier caso, ¿le gusta esta pizza?" pregunta Lisa.

"Es genial. Yo hago pizza a veces, pero no está tan rica. El cocinero hizo un gran trabajo," dice Paul.

"¿De veras sabe hacer pizza? Me gustaría probarla," sonríe Lisa.

"Venga a hacerme una visita y le haré la mejor pizza," responde Paul.

"Muchas gracias, Paul. Iré con total seguridad. Y en ese caso, también me gustaría invitarlo a usted. Ahora mismo," dice Lisa.

Paul está sorprendido: "¿Ahora mismo?"

"¿Por qué no? ¡Acábese la pizza y vámonos!" responde Lisa.

Lisa es una mujer joven muy guapa, y por eso Paul Rost está muy preocupado.

"Gracias, ¿pero quizás en otro momento? Por ejemplo, ¿mañana?" rechaza educadamente.

"¡No me diga que no! ¡Vamos ahora mismo!" dice ella, sonriendo. "¡Le daré mi pizza y usted me dirá quién la hace mejor!"

Pagan al camarero y salen del café. El trayecto hasta la casa de Lisa dura alrededor de diez minutos. Lisa abre la puerta y entran en la casa. Dentro de la casa hay un perro.

"Paul, le presento a Smoky," dice Lisa.

Paul acaricia al perro: "Hola, Smoky," dice.

"Smoky es un dálmata. Este es mi segundo perro. La primera también era una dálmata, pero era sorda," dice Lisa

„Trotzdem, ich finde, dass du sehr weise gehandelt hast. Übrigens, wie findest du deine Pizza?", fragt Lisa.

„Großartig. Manchmal mache ich Pizza, aber sie ist nicht so lecker. Der Koch hat gute Arbeit geleistet", sagt Paul.

„Wirklich, du kannst Pizza machen? Ich würde sie gerne kosten", sagt Lisa lächelnd.

„Komm' mich einmal besuchen und ich werde die beste Pizza machen", antwortet Paul.

„Danke sehr, Paul. Ich werde auf jeden Fall kommen. Und in diesem Fall möchte ich dich auch auf einen Besuch einladen. Jetzt gleich", sagt Lisa.

Paul ist überrascht: „Jetzt gleich?"

„Warum nicht? Iss' deine Pizza auf und lass' uns gehen!", antwortet Lisa.

Lisa ist eine sehr hübsche junge Frau und deshalb ist Paul Rost sehr besorgt.

„Danke, aber vielleicht ein anderes Mal? Morgen zum Beispiel?", lehnt er freundlich ab.

„Sag' nicht Nein! Lass' uns jetzt gleich gehen!", sagt sie und lächelt. „Ich gebe dir meine Pizza und du sagst mir, welche besser ist!"

Sie zahlen den Kellner und verlassen das Café. Die Fahrt zu Lisas Haus dauert etwa zehn Minuten. Lisa öffnet die Tür und sie betreten das Haus. Im Haus gibt es einen Hund.

„Paul, das ist Smoky", sagt Lisa.

Paul streichelt den Hund. „Hi, Smoky", sagt er.

„Smoky ist ein Dalmatiner. Er ist mein zweiter Hund. Der erste war auch ein

con una sonrisa triste.

"¿Su perra era completamente sorda?" pregunta Paul.

"Sí, era completamente sorda. Más tarde aprendí que uno de cada diez dálmatas es sordo. La di," dice Lisa.

"¿A dónde la llevó?" pregunta Paul.

"Puse un anuncio en el periódico y se la llevaron," responde Lisa.

"Es una pena. Yo me la habría quedado, de haberlo sabido," dice Paul.

"Pero yo no se la habría dado," dice Lisa. Paul la mira sorprendido. Lisa ríe.

"Estoy de broma," dice ella, "A veces es tan inocente."

"Todo el mundo es inocente en ocasiones, ¿o no?" pregunta Paul.

"¡En cualquier caso!" Lisa corre hacia la mesa y levanta una especie de sobre, "Mire, ¡gané un sorteo! ¡Me regalaron unas vacaciones para dos personas en la costa del océano Índico!"

"¿Ganó un sorteo? ¡Genial! Enhorabuena, Lisa," dice Paul.

"Y ... me gustaría invitarlo a usted, Paul, a viajar conmigo al océano Índico," dice Lisa.

Paul mira a Lisa. Esta es realmente una gran sorpresa. Está muy agradecido.

"Estoy muy agradecido. ¿Pero seguro que no es otro chiste?" Paul no puede creerlo.

"No. Esta vez hablo en serio. Lo estoy invitando a venir conmigo al océano Índico," dice Lisa, mirando a Paul.

"Si no está bromeando, Lisa, de acuerdo.

Dalmatiner, aber sie war taub", sagt Lisa und lächelt traurig.

„Dein Hund war ganz taub?", fragt Paul.

„Ja, sie war ganz taub. Ich habe später erfahren, dass einer von zehn Dalmatinern taub ist. Ich habe sie weggegeben", sagt Lisa.

„Wohin hast du sie gebracht?", fragt Paul.

„Ich habe eine Anzeige in die Zeitung gesetzt und sie haben sie abgeholt", antwortet Lisa.

„Das ist schade. Ich hätte sie genommen, wenn ich es gewusst hätte", sagt Paul.

„Aber ich hätte sie dir nicht gegeben", sagt Lisa. Paul sieht sie überrascht an. Lisa lacht.

„Das war ein Scherz", sagt sie. „Manchmal bist du sehr naiv."

„Alle Leute sind manchmal naiv, nicht wahr?", fragt Paul.

„Übrigens!", Lisa rennt zu dem Tisch und nimmt eine Art Briefkuvert. „Schau, ich habe bei einem Gewinnspiel gewonnen! Einen Urlaub für zwei an der Küste des indischen Ozeans!"

„Du hast in einem Gewinnspiel gewonnen? Cool! Gratuliere, Lisa", sagt Paul.

„Und... Ich würde dich gerne einladen, Paul, mit mir an den indischen Ozean zu fahren", sagt Lisa.

Paul schaut Lisa an. Das ist wirklich eine große Überraschung. Er ist sehr erfreut.

„Ich freue mich sehr. Aber das ist wahrscheinlich noch ein Witz?" Paul kann es nicht glauben.

„Nein. Diesmal meine ich es ernst. Ich lade dich ein, mit mir an den indischen Ozean zu fahren", sagt Lisa und schaut Paul an.

„Wenn du das ernst meinst, Lisa, dann bin

Me encantará ir con usted," admite Paul.

Por la tarde, Paul llama al servicio de limpieza de casas y les pide que limpien su casa cuidadosamente.

"Me voy una semana pasado mañana. Por favor, limpien mi casa antes de mi llegada. Y... hay algún tipo de olor aquí... ¿Podrían eliminar ese olor?" pregunta Paul.

"Por supuesto, limpiaremos toda la casa y eliminaremos el olor," responde el trabajador de limpieza de casas.

ich einverstanden. Ich würde mich sehr freuen, mit dir wegzufahren", stimmt Paul zu.

Am Abend ruft Paul den Reinigungsdienst an und bittet ihn, sein Haus sorgfältig zu reinigen.

„Ich fahre übermorgen für eine Woche weg. Bitte reinigen sie mein Haus bevor ich zurückkomme. Und... da ist ein seltsamer Geruch... Könnten Sie diesen Geruch entfernen?", fragt Paul.

„Natürlich, wir werden das gesamte Haus reinigen und den Geruch entfernen", antwortet der Arbeiter der Reinigungsfirma.

C

Repaso de nuevo vocabulario

1

- ¿Hoy es lunes o martes?

- Hoy es lunes.

- ¿Y qué hora es?

- Es alrededor de la una.

- En cualquier caso, ¿hace calor o fresco fuera?

- Fuera hace frío pero sol.

2

- ¡Quiero ir a la costa!

- Vayamos la semana que viene.

- ¡Pero yo quiero ir a la costa mañana!

- Ahora mismo no hay dinero.

- ¿Eres director de banco y no tienes dinero? Eso es muy raro.

- Bueno, vale. Mañana. Sacaré algún dinero de la caja fuerte del banco y nos

Wiederholung des neuen Vokabulars

1

- Ist heute Montag oder Dienstag?

- Heute ist Montag.

- Und wie spät ist es?

- Es ist etwa ein Uhr.

- Übrigens, ist es heiß oder kalt draußen?

- Draußen ist es kalt, aber sonnig.

2

- Ich möchte an die Küste des Ozeans fahren!

- Lass' uns nächste Woche fahren.

- Aber ich möchte morgen an die Küste des Ozeans fahren!

- Es gibt gerade kein Geld.

- Du bist der Bankmanager und du hast kein Geld? Das ist sehr seltsam.

- Nun ja, in Ordnung. Morgen nehme ich ein bisschen Geld aus dem Safe der Bank und

iremos pasado mañana.

3

- El conductor del bus es muy educado.
- ¿De veras?
- Sí. Cuando una chica entró en el bus con un perro, le pidió educadamente que se bajara del bus.
- ¿Y ella aceptó?
- Probablemente no. ¡Mira, ahora el conductor está escapando del perro!

4

- Me gustan los clientes inocentes.
- ¿Por qué, Sr. Director?
- Creen cada palabra que digo. ¡Es simplemente genial!

5

- ¡Esta comida huele tan deliciosamente!
- ¿Quieres un poco? Sírvete. Toma.
- Gracias.
- De nada.
- Esta comida está muy rica. Y tú, ¿por qué no comes?
- No como esta comida. Es la comida de mi perro.

6

- Finalmente, ¡el banco me devolvió mi dinero!
- ¿Cuánto dinero te devolvieron?
- No lo sé. Me dieron muchos de los muebles de su oficina. Ahora tengo que venderlos y recuperar el dinero.
- ¿Cómo se llama ese banco?
- ¿Por qué quieres saberlo? ¿Quieres

wir fahren übermorgen.

3

- Der Busfahrer ist sehr höflich.
- Wirklich?
- Ja. Als ein Mädchen mit einem Hund in den Bus eingestiegen ist, hat er sie freundlich gebeten den Bus zu verlassen.
- Und sie war einverstanden?
- Wahrscheinlich nicht. Schau', der Fahrer rennt gerade vor dem Hund davon!

4

- Ich mag naive Kunden.
- Warum, Herr Manager?
- Sie glauben jedes Wort, das ich sage. Das ist einfach großartig!

5

- Dieses Essen riecht so lecker!
- Willst du etwas? Bedien' dich. Hier.
- Danke.
- Gern geschehen.
- Dieses Essen schmeckt sehr gut. Und du, warum isst du nichts?
- Ich esse dieses Essen nicht. Dieses Essen ist für meinen Hund.

6

- Die Bank hat das Geld endlich zurückgegeben!
- Wie viel Geld haben sie zurückgegeben?
- Ich weiß es nicht. Sie haben mir viele ihrer Büromöbel gegeben. Jetzt muss ich sie verkaufen und dann bekomme ich das Geld.
- Wie heißt diese Bank?
- Warum willst du das wissen? Möchtest du

depositar tu dinero allí?

- No. No quiero acabar allí.

7

- ¿Por qué está preocupado ese hombre?

- ¡Ganó mucho dinero en el sorteo!

- ¿Y tú por qué estás tan triste?

- Ese hombre es mi compañero.

8

- Hola. ¿Es el restaurante?

- Sí. ¿En qué puedo ayudarle?

- Quiero reservar una pequeña mesa para esta noche.

- ¿Para qué hora?

- Para las ocho. Y por favor, haga pizza de gallineta.

- ¿Viene usted solo?

- No. Vamos dos - yo y mi perro.

- Pero en nuestro restaurante no aceptamos perros.

- No se preocupe. No entraremos. Comeremos fuera, junto a la puerta.

9

- ¿Señora, puedo acariciar a su perro?

- Por supuesto que puede, joven. No tenga miedo. Es un dálmata.

- No tengo miedo a los perros. Si un perro empieza a atacar lo mejor es gritar. Así se escapará.

- Eso no va a ayudarle. Mi dálmata es sordo.

dein Geld dort anlegen?

- Nein. Ich möchte dort nie landen.

7

- Warum ist dieser Mann besorgt?

- Er hat viel Geld in der Lotterie gewonnen!

- Und warum bist du so traurig?

- Dieser Mann ist mein Kollege.

8

- Hallo. Spreche ich mit dem Restaurant?

- Ja. Wie kann ich Ihnen helfen?

- Ich möchte einen kleinen Tisch für heute Abend reservieren.

- Für wie viel Uhr?

- Für acht Uhr. Und bitte machen Sie Pizza mit Rotbarsch.

- Kommen Sie alleine?

- Nein. Wir sind zu zweit - ich und mein Hund.

- Aber Hunde sind in unserem Restaurant nicht erlaubt.

- Keine Sorge, wir gehen nicht hinein. Wir essen draußen bei der Tür.

9

- Darf ich Ihren Hund streicheln?

- Natürlich dürfen Sie, junger Mann. Haben Sie keine Angst. Es ist ein Dalmatiner.

- Ich habe keine Angst vor Hunden. Wenn ein Hund beginnt anzugreifen, muss man schreien. Dann rennt er weg.

- Das wird Ihnen nicht helfen. Mein Dalmatiner ist taub.

10

- ¿Quieres comer spaghettis?
- Sí. ¡Me encantan los spaghettis!
- Entonces prepara unos pocos para los dos.
- ¿Hablas en serio?
- Sí, no estoy de broma.
- ¡Pero se supone que cocina la mujer, no el marido!
- ¿Y que se supone que hace el marido?
- ¡Se supone que un marido inteligente debe tumbarse en el sofá y ver TV!
- Eh, marido inteligente. ¿Quieres llevarte una gran sorpresa?
- ¡Sí!
- Deberías limpiar la casa.
- ¡Pues yo no estoy de acuerdo! No soy limpiador.
- Si te niegas, no cocinaré. No soy cocinera.

11

- Quiero poner un anuncio en el periódico.
- ¿Qué tipo de anuncio?
- Ofrezco un marido inteligente para una buena casa.
- ¡Pero yo soy tu marido!
- ¿Por qué debería quererte? Te niegas a limpiar y a cocinar. Solo aceptas tumbarte en el sofá y ver TV.
- ¡Pero puedo hacer muchas cosas!
- ¿De veras? ¿Qué tipo de cosas, por ejemplo?

10

- Magst du Spaghetti kosten?
- Ja. Ich mag Spaghetti sehr gerne!
- Dann mach' welche für uns beide.
- Meinst du das ernst?
- Ja. Ich meine das ernst.
- Aber die Ehefrau soll kochen, nicht der Ehemann!
- Und was soll der Ehemann machen?
- Ein intelligenter Ehemann soll auf der Couch liegen und fernsehen!
- Hey, intelligenter Ehemann, magst du eine große Überraschung haben?
- Ja!
- Du solltest das Haus reinigen.
- Ich bin aber nicht einverstanden! Ich bin kein Reinigungsmann.
- Wenn du dich weigerst, werde ich nicht kochen. Ich bin keine Köchin.

11

- Ich werde eine Anzeige in der Zeitung aufgeben.
- Welche Art von Anzeige?
- Ich gebe einen intelligenten Ehemann an ein gutes Zuhause ab.
- Aber ich bin dein Ehemann!
- Warum sollte ich dich wollen? Du weigerst dich zu putzen und zu kochen. Du bist nur einverstanden auf der Couch zu liegen und fernzusehen.
- Aber ich kann viele Dinge machen!
- Wirklich? Welche Art von Dingen, zum Beispiel?

- Por ejemplo, puedo abrir cajas fuertes y robar casas.

- Pero ya abriste una caja fuerte una vez. ¡Después de aquello no te tumbaste en el sofá durante cinco años!

- Qué mal que no me comprendas.

- ¿Dónde debería poner el anuncio - donde pone "Perros" o en "Cosas para la casa"?"

- Zum Beispiel kann ich Safes in die Luft sprengen und Häuser ausrauben.

- Aber du hast bereits einmal einen Safe in die Luft gesprengt. Danach ist fünf Jahre lang keiner auf der Couch gelegen!

- Es ist so schlimm, dass du mich nicht verstehst.

- Wo soll ich die Anzeige aufgeben - in der Kategorie „Hunde" oder „Dinge fürs Haus"?

12

Ahora o nunca

Jetzt oder nie

 A

Palabras

Vokabeln

alarma - Alarm, der

amar - lieben

arreglando – macht zurecht

arreglar - reparieren

billete - Geldschein, der

bolsa - Tasche, die

caja fuerte - Safe, der

cajera - Kassierer, der; Kassiererin, die

cambiaron – sie haben getauscht

cien - hundert

coger - nehmen

col - Kohl, der

colocar - stecken

comprobar - überprüfen

concluir - abschließen

conejo - Kaninchen, das

continuar - weitermachen

desgracia - Unglück, das

despacho - Büro, das

dibujo - Bild, das

Dios - Gott, der

dólares - Dollar, der

en lugar de - anstatt
en voz alta - laut
engañar - betrügen
engañaron – haben betrogen
esta noche - heute Nacht
estás planeando – du planst
explicar - erklären
falso - falsch
funcionar - arbeiten
gastar - ausgeben
herramienta - Werkzeug, das
horrible - schrecklich
idiota - Idiot, der

interesar - interessieren
justificar - rechtfertigen
legal - legal
mil - tausend
nunca - niemals
pasillo - Korridor, der
registrado - registriert
siempre - immer
sistema - System, das
sobre - Briefkuvert, das
suplicar - flehen
tranquilidad - ruhig
ya - schon

 B

Ahora o nunca

Es martes por la mañana y Alexander Hephaestus, electricista, está colocando sus herramientas en la bolsa. Su mujer se acerca y lo mira.

"¿A dónde vas?" dice ella.

"Voy a hacer una cosa," responde Alexander.

"¿Estás planeando ayudar a Vega otra vez?" pregunta su mujer. Alexander Hephaestus no responde. Permanece en silencio y continúa colocando sus herramientas en la bolsa. Su mujer lo coge del brazo.

"Por favor, Alexander, no vayas con Vega. Te ocurrirá alguna terrible desgracia. Piensa en nuestros hijos,"

Jetzt oder nie

Es ist Dienstagmorgen und Alexander Hephaestus, ein Elektriker, packt sein Werkzeug in seine Tasche. Seine Frau kommt und beobachtet ihn.

„Wohin gehst du?", sagt sie.

„Ich muss diese eine Sache machen", antwortet Alexander.

„Planst du Vega noch einmal zu helfen?", fragt seine Frau. Alexander Hephaestus antwortet nicht. Er bleibt still und packt weiter sein Werkzeug in seine Tasche. Seine Frau nimmt ihn am Arm.

„Bitte, Alexander, geh' nicht zu Vega. Ein schreckliches Unglück wird dir passieren. Denk' an unsere Kinder", fleht sie.

suplica ella.

"Vega me ordena hacer este trabajo," dice Alexander.

"¿Le dijiste que ya no haces este tipo de trabajos?" pregunta ella.

"Me manda que lo haga. No puedo hacer nada al respecto. ¡Debo ir y hacer el trabajo! ¿Entiendes?" grita.

"¡No vayas! ¡Por favor, piensa en mí y en los niños! ¿Qué pasará con nosotros si te coge la policía?" suplica su mujer.

"¡Y tú deberías pensar en lo que haría Vega si yo no hago este trabajo!" grita Alexander.

"¡Vega siempre te engaña! ¡Eres un idiota inocente! ¡Y él también es idiota! ¿Qué conseguiste por el último trabajo?" grita la mujer.

"Sacó diez mil dólares del banco. Después los cambiaron por cinco mil dólares limpios. Y me dio dos mil" se justifica Alexander.

"¿Cambió diez mil dólares por cinco mil dólares limpios?" pregunta ella.

"El dinero robado estaba registrado en el banco. No puedes gastarlo. ¿No sabes eso?" dice Alexander.

"¿Estás seguro de que te dio billetes de dólar? ¿O pone realmente en el billete "Amamos el col" en lugar de "Confiamos en Dios"?" protesta ella.

"Lo engañaron cuando cambió el dinero robado por dinero limpio," se justifica Alexander.

"¡Lo engañaron porque es idiota! ¿Crees que podría comprar comida para nuestros hijos con esos dólares?

„Vega verlangt von mir den Auftrag zu erledigen", sagt Alexander.

„Hast du ihm gesagt, dass du diese Art von Arbeit nicht länger machst?", fragt sie.

„Er verlangt es von mir. Ich kann nichts dagegen tun. Ich muss hingehen und den Auftrag erledigen! Verstehst du?", schreit er.

„Geh' nicht! Bitte, denk' an mich und an die Kinder! Was soll aus uns werden, wenn dich die Polizei erwischt?", fleht seine Frau.

„Und du solltest daran denken, was Vega tun würde, wenn ich diesen Auftrag nicht erledige!", schreit Alexander.

„Vega betrügt dich immer! Du bist ein naiver Idiot! Und er ist auch ein Idiot! Wie viel hast du für den letzten Auftrag bekommen?", schreit die Frau.

„Er hat zehntausend Dollar aus der Bank genommen. Dann haben sie sie gegen fünftausend saubere Dollar getauscht. Und er hat mir zweitausend gegeben", rechtfertigt sich Alexander.

„Er hat zehntausend Dollar für fünftausend Dollar getauscht?", fragt sie.

„Das gestohlene Geld war in der Bank registriert. Man kann es nicht ausgeben. Weißt du das nicht?", sagt Alexander.

„Bist du dir sicher, dass er dir Dollarscheine gegeben hat? Heißt es auf den Dollarscheinen wirklich ‚Wir lieben Kohl' anstelle von ‚Auf Gott vertrauen wir'?", protestiert sie.

„Sie haben ihn betrogen, als er das gestohlene Geld in sauberes Geld umgetauscht hat", rechtfertigt sich Alexander.

„Er wurde betrogen, weil er ein Idiot ist! Glaubst du, ich könnte mit diesen Dollarnoten Essen für unsere Kinder kaufen? Wir lieben

¿Amamos el col?" protesta ella.

Alexander Hephaestus está callado.

"Por favor, Alexander, no vayas. Podría ocurrirte alguna terrible desgracia," suplica de nuevo. Alexander Hephaestus coge su bolsa de herramientas y se va.

El electricista Alexander Hephaestus llega al banco. Va junto al director del banco, John Vega.

"Hola, Sr. Vega," saluda el electricista al director.

"Buenos días," saluda el director al electricista, "Volvemos a tener problemas con el sistema de alarma. ¿Puedes arreglarlo hoy?"

"Primero necesito comprobar por qué no funciona," responde el electricista. El director y el electricista van a la caja fuerte. El director abre la caja y entran. El electricista empieza a comprobar la alarma. Después dice: "Necesito una hora para hacer todo."

"No tenemos tanto tiempo. Te doy media hora para hacer todo," dice el director con tranquilidad. "Empieza, Alexander," concluye, y va a su despacho. Cinco minutos más tarde Lisa Pandora, la cajera, entra en el despacho del director.

"Buenos días, Sr. Vega," saluda la cajera al director.

"Buenos días, Srta. Pandora," saluda el director a Lisa Pandora, "¿Cómo está?" pregunta.

"Gracias. Estoy bien. ¡Pero parece que usted está teniendo problemas!" dice la

Kohl?", protestiert sie.

Alexander Hephaestus ist still.

„Bitte, Alexander, geh' nicht. Dir könnte ein schreckliches Unglück passieren", fleht sie noch einmal.

Alexander Hephaestus nimmt seine Werkzeugtasche und geht.

Der Elektriker Alexander Hephaestus kommt zur Bank. Er geht zum Bankmanager John Vega.

„Hallo, Herr Vega", der Elektriker begrüßt den Manager.

„Guten Morgen", der Manager begrüßt den Elektriker. „Wir haben schon wieder Probleme mit dem Alarmsystem. Können Sie es heute reparieren?"

„Ich muss zuerst herausfinden, warum es nicht funktioniert", antwortet der Elektriker. Der Manager und der Elektriker gehen zum Tresorraum. Der Manager öffnet den Tresorraum und sie gehen hinein. Der Elektriker beginnt den Alarm zu überprüfen. Dann sagt er: „Ich brauche eine Stunde um alles zu machen."

„Wir haben nicht so viel Zeit. Ich gebe dir eine halbe Stunde um alles zu machen", sagt der Manager leise. „Fang' an, Alexander", sagt er abschließend und geht in sein Büro. Fünf Minuten später kommt Lisa Pandora, eine Kassiererin, in das Büro des Managers.

„Guten Morgen, Herr Vega", die Kassiererin begrüßt den Manager.

„Guten Morgen, Frau Pandora", der Manager begrüßt Lisa Pandora. „Wie geht es Ihnen?", fragt er.

„Danke. Mir geht es gut. Aber es sieht so aus,

cajera en voz alta y lanza un billete sobre la mesa, "¿Por qué pone 'Amamos el col' en lugar de 'Confiamos en Dios' en este billete de cien dólares? ¿Y por qué hay un dibujo de un conejo en vez de Ben Franklin?" protesta.

"Tranquila, tranquila Lisa. Por favor," suplica John Vega. Va hacia la puerta, la abre y mira al pasillo. Allí no hay nadie. Después cierra la puerta y vuelve a la mesa: "Puedo explicarlo todo. Me engañaron cuando cambié el dinero por billeres limpios. Me dieron billetes falsos," se justifica el director del banco.

"John Vega, no me interesan sus problemas," insiste Lisa Pandora, "Necesito billetes legales, no falsos. ¡Déme mi dinero!" dice en voz alta, y lanza los billetes falsos con los conejos sobre la mesa.

"Por favor, tranquilícese, Lisa," suplica otra vez Vega, "Lo haré todo. Llévese estos billetes falsos," dice el director en voz baja, y saca el dinero falso de encima de la mesa, "Lisa, escuche. El electricista Alexander Hephaestus está aquí. Está arreglando la alarma," dice el director en voz baja, "Esta noche no funcionará la alarma. Podría sacar mucho dinero de la caja fuerte. Y no sería el dinero de los conejos, Lisa. Estos serán billetes de cien dólares reales," dice Vega en voz baja, "Ahora vaya a trabajar. Yo lo haré todo," concluye. La cajera Lisa Pandora no responde. Se levanta y sale del despacho del director.

als ob wir Probleme hätten!", sagt die Kassiererin laut und wirft eine Banknote auf den Tisch, „Warum steht ‚Wir lieben Kohl' anstelle von ‚Auf Gott vertrauen wir' auf diesem Hundertdollarschein? Und warum ist da ein Bild eines Kaninchens anstelle von Ben Franklin?", protestiert sie.

„Ruhig bitte, ruhig, Lisa. Bitte", fleht John Vega. Er geht zur Tür, öffnet sie und schaut auf den Korridor. Es ist niemand da. Dann schließt er die Tür und geht zurück zum Tisch: „Ich kann alles erklären. Ich wurde betrogen, als ich das Geld für saubere Banknoten eintauschen wollte. Sie haben mir Falschgeld gegeben", rechtfertigt sich der Bankmanager.

„John Vega, deine Probleme interessieren mich nicht", sagt Lisa Pandora beharrlich. „Ich brauche normale Banknoten, keine gefälschten. Gib' mir das Geld", sagt sie laut, und wirft das Falschgeld mit den Kaninchen auf den Tisch.

„Bitte, Lisa, sei' ruhig", fleht Vega noch einmal. „Ich werde mich um alles kümmern. Gib' dieses Falschgeld weg", sagt der Manager leise und nimmt das Falschgeld vom Tisch. „Lisa, hör' zu, der Elektriker Alexander Hephaestus ist hier. Er macht den Alarm zurecht", sagt der Manager leise. „Heute Nacht wird der Alarm nicht funktionieren. Ich könnte eine Menge Geld aus dem Safe nehmen. Und es wird kein Geld mit Kaninchen sein, Lisa. Es werden richtige Hundertdollarscheine sein", sagt Vega leise. „Geh' jetzt arbeiten. Ich kümmere mich um alles", sagt er abschließend. Die Kassiererin Lisa Pandora antwortet nicht. Sie steht auf und verlässt das Büro des Managers.

C

| **Repaso de nuevo vocabulario** | **Wiederholung des neuen Vokabulars** |

1

- ¿Es martes o miércoles?

- Hoy es martes.

- ¿Sabes qué hora es?

- Lo comprobaré en mi teléfono. Exactamente las dos.

- Gracias. En cualquier caso, ¿está seco o llueve fuera?

- Está seco, pero hace frío y viento.

2

Una conversación con una cajera del banco:

- ¿Qué tipo de billetes le gustarían - grandes o pequeños?

- Déme unos cuantos grandes y unos cuantos pequeños.

- ¿Le gustan los billetes con dibujos de conejos?

- ¿Qué?

- No tenemos billetes de cien dólares con dibujos de Ben Franklin. Pero el director del banco trajo otro tipo de billetes de cien dólares. ¿Cuáles le gustan más - los de conejos o los de perros?

3

- En cualquier caso, ¿sabes que le ocurrió una gran desgracia?

- ¿De veras? ¿Qué le ocurrió?

- Su mujer lo entregó a una buena casa.

1

- Ist es Dienstag oder Mittwoch?

- Heute ist Dienstag.

- Weißt du wie spät es ist?

- Ich werde auf meinem Telefon nachsehen. Genau zwei Uhr.

- Danke. Übrigens, regnet es draußen oder ist es trocken?

- Draußen ist es trocken, aber kalt und windig.

2

Ein Gespräch mit einem Kassierer:

- Welche Art von Banknoten hätten Sie gerne - kleine oder große?

- Geben Sie mir einige große und einige kleine.

- Möchte Sie Banknoten mit Bildern von Kaninchen?

- Was?

- Uns sind die Hundertdollarscheine mit Bildern von Ben Franklin ausgegangen. Aber der Bankmanager hat andere Hundertdollarscheine gebracht. Welche möchte Sie lieber - mit Bildern von Kaninchen oder von Hunden?

3

- Weißt du übrigens, dass ihm ein großes Unglück passiert ist?

- Wirklich? Was ist ihm passiert?

- Seine Frau hat ihn an ein gutes Zuhause

- ¿Dónde?

- Ahora vive en una gran casa. No tienen perro, así que él protege la casa y el jardín.

- ¿Y saben que él es el ladrón?

- Probablemente no.

4

- Sr. director, los clientes dicen que nuestro banco los está engañando.

- Usted sabe que nunca engañamos a nuestros clientes.

- Por supuesto, Sr. director.

- Piense en ello. Trabajamos normalmente. Tenemos un personal normal.

- No puede decirlo mejor, Sr. director. ¡Nuestros empleados son estupendos!

- Nuestro banco está registrado en todas partes.

- Exacto, Sr. director.

- Escuche, ¿por qué deberíamos engañarlos, si ellos mismos nos traen su propio dinero?

- Estoy de acuerdo con usted.

- Tenemos un nuevo sistema de alarma.

- Completamente nuevo, Sr. director.

- De acuerdo, ahora apaguémoslo. Entremos en la caja fuerte. Quizás haya algo interesante allí.

- Ya he apagado la alarma, Sr. director.

- ¡Bien hecho!

5

- Escucha, limpié la casa el sábado

abgegeben.

- Wo?

- Er lebt jetzt in einem großen Haus. Sie haben keinen Hund, deshalb beschützt er das Haus und den Garten.

- Und sie wissen, dass er ein Einbrecher ist?

- Wahrscheinlich nicht.

4

- Herr Manager, Kunden sagen, dass unsere Bank sie betrügt.

- Sie wissen, dass wir unsere Kunden nie betrügen.

- Natürlich, Herr Manager.

- Denken Sie darüber nach. Wir arbeiten ganz normal. Wir haben normale Angestellte.

- Sie könnten es nicht besser sagen, Herr Manager. Unsere Angestellten sind einfach großartig!

- Unsere Bank ist überall gemeldet.

- Genau, Herr Manager.

- Hören Sie, warum sollten wir sie betrügen, wenn sie selbst ihr eigenes Geld bringen?

- Ich stimme ihnen zu.

- Wir haben ein neues Alarmsystem.

- Ganz neu, Herr Manager.

- In Ordnung, schalten Sie es ab. Lassen sie uns in den Tresorraum gehen. Vielleicht gibt es dort etwas Interessantes.

- Ich habe den Alarm bereits abgeschaltet, Herr Manager.

- Gut gemacht!

5

- Hör' mal, ich habe das Haus letzten Samstag

pasado.

- Y yo hice pizza ayer por la mañana.

- Yo arreglé la TV el jueves pasado.

- Yo cociné spaghettis con gallineta anteanoche.

- ¿Entonces por qué debería ir a buscar vino a la tienda?

- Porque yo no bebo vino. ¡Pero tú sí!

6

- Creo que estos billetes son falsos.

- Yo no lo creo. ¿Por qué crees eso?

- ¿Suele hacer dibujos de Bill Gates en los billetes de dólar?

- Este no es Bill Gates.

- ¿Entonces quién es?

- No lo sé. Tal vez algún presidente. Pero no es Bill Gates. Estoy seguro.

- ¿Y por qué es rojo este billete?

- Sí. Eso es realmente extraño. Todos los otros billetes son legales, azules, y solamente este es rojo.

gereinigt.

- Und ich habe gestern früh eine Pizza gemacht.

- Ich habe den Fernseher letzten Donnerstag repariert.

- Ich habe vorgestern Abend Spaghetti mit Rotbarsch gekocht.

- Warum sollte ich dann in den Laden gehen um Wein zu kaufen?

- Weil ich keinen Wein trinke. Und du schon!

6

- Ich glaube, dass diese Banknoten gefälscht sind.

- Und ich glaube das nicht. Warum denkst du das?

- Sind wirklich Bilder von Bill Gates auf Dollarnoten?

- Das ist nicht Bill Gates.

- Wer ist es denn dann?

- Ich weiß es nicht. Vielleicht irgendein Präsident. Aber das ist nicht Bill Gates. Ich bin mir sicher.

- Und warum ist die Banknote rot?

- Ja. Das ist wirklich seltsam. Alle die anderen Dollarscheine sind normal, blau, und nur diese hier ist rot.

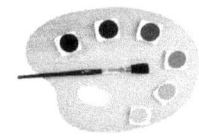

13

¡Hola, exotismo!

Hallo, Exoten!

 A

Palabras

Vokabeln

a bordo – an Bord

acabar - beenden

actuar - handeln

adivinar - erraten

aduanas – Zoll, der

aeropuerto - Flughafen, der

al otro lado – auf der anderen Seite, gegenüber

algún - irgendein, irgendeine

ambos - beide

antiguo - alt

atención – Aufmerksamkeit, die

aterrizar - landen

autoridad - Autorität, die

ayudar - helfen

bar - Bar, die

barra - Bar, die

batalla - Kampf, der

bolsa de deportes – Sporttasche, die

brillante - brilliant

brisa - Briese, die
buen - gut
buscar - suchen
calle - Straße, die
cama de agua - Wasserbett, das
cerrada - verschlossen
con vistas a - mit Blick auf
contener - beinhalten
control - Kontrolle, die
cruce - Kreuzung, die
dar vueltas – (sich im Kreis) drehen
dedo - Finger, der
deporte – Sport, der
desaparecido - verschwunden
descanso - Rest, der
doble - doppelt
ducha - Dusche, die
enviar - schicken
equipaje - Gepäck, das
está esperando - wartet
está viajando – sie reist, sie fährt
estar - sein
eufórico - euphorisch
exacto - genau
exótico - exotisch
exotismo - Exot, der
experiencia - Erfahrung, die
familia - Familie, die
ganar - gewinnen
hacer ver - vorgeben

hecho - getan
hora - Stunde, die
hotel - Hotel, das
ilegalmente - illegal
imaginarse – sich vorstellen
incluso - sogar
informar - informieren
inspección - Überprüfung, die
intentar - versuchen
intercambiaron – haben ausgetauscht
ir - gehen
junto con - zusammen
línea - Linie, die
llamar - anrufen
llevar - transportieren
local - örtlich
madre - Mutter, die
mafioso - Mafioso, der
maleta - Koffer, der
mar - Meer, das
mensaje - Nachricht, die
miembro - Mitglied, das
militar - militärisch
millón - Million, die
millonario - Millionär, der
morir - sterben
muebles - Möbel, die
música - Musik, die
norte de África - Nordafrika
nota - bemerkt

ocultar - verbergen
padre - Vater, der
país - Land, das
papá - Papa, der
papel - Papier, das
pasaporte - Reisepass, der
personal - Mitarbeiter, die
poco amablemente - unfreundlich
por lo tanto - daher
preguntar - fragen
preocuparse - sich Sorgen machen
prestar - borgen
prisión - Gefängnis, das
proveedor - Anbieter, der
que - dass
quedarse - bleiben
quince - fünfzehn
razonablemente - vernünftig
reciente - kürzlich
recoger - abholen
reflejar - nachdenken
regresa – kommt zurück

repentino - plötzlich
responder - antworten
silla - Stuhl, der
SIM – SIM-Karte, die
sin - ohne
sobornar - bestechen
soldado - Soldat, der
sonido - Geräusch, das
super-ladrón - Super-dieb, der
taxi - Taxi, das
terraza - Terrasse, die
texto - Text, der
tienda - Laden, der
todavía - immer noch
una vez - einmal
urgentemente - dringend
verde - grün
vestido - Kleid, das
vida - Leben, das
vista - Blick, der
yo mismo - ich selbst

 B

¡Hola, exotismo!

Paul Rost y Lisa Pandora llegan al aeropuerto. El amigo de Paul, Andrew, los lleva hasta allí en su coche. Entran. Paul lleva una bolsa de deportes grande. Lisa lleva dos maletas grandes. Paul le ayuda con las maletas. Son pesadas,

Hallo, Exoten!

Paul Rost und Lisa Pandora treffen am Flughafen ein. Pauls Freund, Andrew, führt sie in seinem Auto dorthin. Sie gehen hinein. Paul hat eine große Sporttasche. Lisa hat zwei große Koffer. Paul hilft ihr mit ihren Koffern. Sie sind schwer, aber er gibt vor,

pero le hace ver que son ligeras para él.

"¿Pesan las maletas, Paul?" pregunta Lisa.

"En absoluto," responde Paul, y señala con el dedo: "Tenemos que ir allí."

El personal del control de aduanas y pasaportes conoce a Paul Rost. Por lo tanto, pasan a través de aduanas y control de pasaportes sin inspección. Andrew y el personal le desean buen viaje. Paul y Lisa suben al avión.

Unas horas más tarde su avión aterriza. La vista es por todas partes bonita y exótica. Llegan al hotel y se registran.

"Tienen una terraza con vistas al mar y una gran cama de agua doble," dice un miembro del staff del hotel.

"¿Cama doble?" Lisa sonríe y mira a Paul. Paul mira por la ventana con vergüenza.

"Paul, ¿podría por favor comprarme una tarjeta SIM para el proveedor de servicios telefónicos local? Necesito llamar a mi madre urgentemente," pide Lisa, "Lo esperaré en la habitación, ¿de acuerdo?" añade.

"Por supuesto, Lisa," acepta Paul, y se dirige a un miembro del staff del hotel: "¿Dónde puedo comprar una tarjeta SIM para el proveedor de servicios telefónicos local?" pregunta.

"Salga del hotel y gire a la izquierda. Camine hasta el cruce y vuelva a girar a la izquierda. Hay una tienda que se llama exactamente Tarjeta SIM," responde el miembro del staff.

Paul va a la tienda, y Lisa sube a la habitación del hotel. Quince minutos

dass er sie leicht findet.

„Sind die Koffer schwer, Paul?", fragt Lisa.

„Gar nicht", antwortet Paul und streckt seinen Finger aus. „Wir müssen dorthin gehen."

Die Mitarbeiter des Zolls und der Passkontrolle kennen Paul Rost. Daher kommen sie durch die Zoll- und Passkontrolle ohne überprüft zu werden. Andrew und die Mitarbeiter wünschen ihm einen schönen Urlaub. Paul und Lisa steigen ins Flugzeug ein.

Ein paar Stunden später landet ihr Flugzeug. Überall gibt es eine schöne und exotische Aussicht. Sie kommen im Hotel an und melden sich an.

„Sie haben eine Terrasse mit Meerblick und ein großes Wasserbett für zwei", sagt ein Mitarbeiter des Hotels.

„Ein Doppelbett?", Lisa lächelt und sieht Paul an. Paul schaut verlegen aus dem Fenster.

„Paul, könntest du mir bitte eine SIM-Karte des örtlichen Telefonanbieters kaufen? Ich muss dringend meine Mutter anrufen", bittet Lisa. „Ich werde im Zimmer auf dich warten, in Ordnung?", fügt sie hinzu.

„Natürlich, Lisa", ist Paul einverstanden und wendet sich an den Hotelmitarbeiter. „Wo kann ich eine SIM-Karte des örtlichen Telefonanbieters kaufen?", erkundigt er sich.

„Verlassen Sie das Hotel und gehen Sie nach links. Gehen Sie bis zur Kreuzung und wieder nach links. Dort ist ein Laden der einfach SIM Card heißt", antwortet der Mitarbeiter.

Paul geht zum Laden und Lisa hinauf in das Hotelzimmer. Fünfzehn Minuten später kommt Paul ins Hotel zurück und geht in das

más tarde, Paul regresa al hotel y sube a la habitación. Sobre la mesa hay una nota: "Estoy en la ducha. Saldré enseguida."

Paul sonríe y camina hasta la silla. El vestido de Lisa está encima de la silla. Retira el vestido y se sienta. Paul oye el sonido del agua y música en el cuarto de baño. Huele el vestido. Su cabeza empieza a dar vueltas.

"Es todo tan repentino," piensa Paul. "Hace una semana ni siquiera conocía a Lisa. Y ahora estoy con ella en este país exótico." Sale a la terraza. Por todas partes hay árboles verdes y flores. Muy por debajo está el mar azul. Paul se siente eufórico con el olor del mar. Diez minutos más tarde regresa a la habitación y va a la puerta del cuarto de baño. Llama a la puerta: "Lisa, ¿le falta mucho?" pregunta. No hay respuesta. "¿Está usted bien?" pregunta, y vuelve a llamar.

A continuación llama una vez más, fuerte. No hay respuesta. Intenta abrir la puerta, pero está cerrada. Llama al staff del hotel y les pide que vayan a su habitación urgentemente. Un minuto más tarde, los miembros del staff entran y abren la puerta. No hay nadie en el cuarto de baño. Paul mira al staff. Los miembros del staff miran a Paul. Paul busca sus cosas y las de Lisa. Su bolsa de deportes está en el suelo. El equipaje de Lisa ha desaparecido. Solamente su vestido está sobre la silla. Paul ve que los miembros del staff están intentando ocultar sus sonrisas.

Sale del hotel y entra en un bar al otro lado de la calle. Se sienta, bebe agua mineral y empieza a reflexionar. Un

Zimmer hinauf. Auf dem Tisch ist eine Nachricht: „Ich bin in der Dusche. Ich komme bald heraus."

Paul lächelt und geht zu dem Stuhl. Lisas Kleid liegt auf dem Stuhl. Er nimmt das Kleid und setzt sich auf den Stuhl. Paul hört das Geräusch von Wasser und Musik im Badezimmer. Er riecht an dem Kleid. Sein Kopf beginnt sich zu drehen.

„Es ist alles so plötzlich", denkt Paul. „Vor einer Woche habe ich Lisa nicht einmal gekannt. Und jetzt bin ich mit ihr hier in diesem exotischen Land." Er geht auf die Terrasse. Überall sind grüne Bäume und Blumen.

Weit entfernt ist das blaue Meer. Vom Meer weht eine leichte Briese. Vom Geruch des Meeres bekommt Paul ein euphorisches Gefühl. Zehn Minuten später geht er zurück ins Zimmer und zur Tür des Badezimmers. Er klopft an die Tür: „Lisa, brauchst du noch lang?", fragt er. Niemand antwortet. „Bist du in Ordnung?", fragt er und klopft noch einmal.

Dann klopft er noch einmal, laut. Niemand antwortet. Er versucht die Tür zu öffnen, aber sie ist verschlossen. Er ruft bei den Hotelmitarbeitern an und bittet sie dringend in sein Zimmer zu kommen. Eine Minute später kommen Angestellte herein und öffnen die Tür. Niemand ist im Badezimmer. Paul sieht die Mitarbeiter an. Die Mitarbeiter sehen Paul an. Paul sucht seine und Lisas Dinge. Seine Sporttasche ist auf dem Boden. Lisas Gepäck ist verschwunden. Nur ist Kleid liegt auf dem Stuhl. Paul sieht, dass die Mitarbeiter versuchen ihr Lächeln zu verbergen.

Er verlässt das Hotel und geht in eine Bar gegenüber. Er setzt sich, trinkt

hombre está sentado a su lado y pone su mano sobre la barra. Paul mira la mano y ve un tatuaje que dice: "¡No hay tiempo que perder!" Paul levanta la vista y ve al ladrón de muebles.

"Hola," dice el ladrón.

"Oh, el super-ladrón... ¿Cómo está?" pregunta Paul, mirándolo con sorpresa.

"Me llamo Peter Ashur. Escuche. Usted es un buen tipo. Quiero ayudarle. No se preocupe por Lisa. Está viajando en bus a otra ciudad," dice.

"¿Así que ustedes dos trabajan juntos?" sonríe el detective poco amablemente.

"Está llevando las maletas a John Vega, que la está esperando en un hotel," continúa rápidamente el ladrón, sin prestar atención a las palabras de Paul. "Ella piensa que hay dinero en las maletas. No sé cuánto. Pero, de hecho, el dinero está en estas maletas," el ladrón señala con la mano hacia abajo. Paul mira y ve las maletas de Lisa. El ladrón rápidamente continúa: "Soborné a los cargadores del aeropuerto e intercambiaron las maletas. Ella tiene exactamente las mismas maletas, pero contienen papeles en lugar de dinero," sonríe Ashur.

"A veces actúa razonablemente," dice el detective sorprendido, "¿Ahora probablemente desea vivir aquí como millonario?" añade.

"Eso no es importante ahora mismo. ¿Puede ayudarme?" pregunta Peter Ashur.

"¿Quiere que vuelva a ayudarle a cargar muebles?" pregunta Rost.

"Mi padre está en la prisión Hal Hut. No

Mineralwasser und beginnt nachzudenken. Ein Mann setzt sich neben ihn und stützt seine Hand auf die Bar. Paul schaut die Hand an und sieht ein Tattoo: „Keine Zeit zu verlieren!" Paul blickt auf und sieht den Möbeldieb.

„Hi", sagt der Dieb.

„Oh, Super-Dieb... Wie geht es dir?", fragt Paul und sieht ihn überrascht an.

„Mein Name ist Peter Ashur. Hör' zu. Du bist ein guter Typ. Ich werde dir helfen. Mach' dir keine Sorgen wegen Lisa. Sie fährt mit dem Bus in eine andere Stadt", sagt er.

„Also arbeitet ihr beide zusammen?", der Detektiv lächelt unfreundlich.

„Sie bringt die Koffer zu John Vega, der in einem Hotel auf sie wartet", fährt der Dieb schnell fort ohne Pauls Worte zu beachten. „Sie glaubt, dass Geld in ihren Koffern ist. Ich weiß nicht wie viel. Aber, in Wahrheit, ist das Geld in diesen Koffern", der Dieb zeigt mit seiner Hand nach unten. Paul schaut hinunter und sieht Lisas Koffer. Der Dieb fährt schnell fort: „Ich habe die Belader hier am Flughafen bestochen und sie haben die Koffer ausgetauscht. Sie hat genau die gleichen Koffer, aber mit Papier statt mit Geld", sagt Ashur lächelnd.

„Manchmal handelst du vernünftig", sagt der Detektiv überrascht. „Und jetzt willst du wahrscheinlich hier als Millionär leben?", fügt er hinzu.

„Das ist jetzt nicht wichtig. Kannst du mir helfen", fragt Peter Ashur.

„Ich soll dir noch einmal helfen Möbel zu verladen?", fragt Rost.

„Mein Vater ist im Hal Hut Gefängnis. Das ist nicht weit von hier. Er ist ein alter Mann. Er möchte nicht im Gefängnis sterben. Aber er

está lejos de aquí. Es un anciano. No quiere morir en la cárcel. Pero se quedará allí el resto de sus días si no le ayudo," dice Ashur.

"¿Por qué está en prisión? ¿También le gusta el olor de los muebles de otras personas?" pregunta Paul.

"Mi padre no hizo nada malo. Lo condenaron a veinte años de cárcel y solamente envió mensajes con chistes sobre los gobernantes del país," dice Peter Ashur.

"Debería haber adivinado que procede de una familia brillante. ¿Cómo quiere que le ayude?" pregunta Paul Rost.

"Tengo que encontrar un buen piloto de aviones. Debo sacar a mi padre de este país," dice Ashur.

"¿A dónde quiere llevar a su padre?" pregunta Paul.

"Quiero llevarme no solo a mi padre sino también a otras pocas personas al norte de África esta noche. Puedo manejar un avión, pero por allí hay batallas y yo no tengo experiencia militar. Pero usted es un antiguo piloto militar y puede hacer el trabajo. Le pagaré dos cientos mil dólares. ¿Qué dice?" ofrece Ashur.

"¿Tengo que llevar un avión al norte de África? ¿Cree que soy tan idiota como usted?" protesta Paul.

"Sí," dice el hombre, y toma un sorbo de agua, "Soborné al personal del aeropuerto local. Quiero que saque a mi padre de aquí en ese avión. Y usted puede ganar un montón de dinero," insiste Ashur.

"Sería un completo imbécil si le creyera.

wird für den Rest seines Lebens im Gefängnis bleiben, wenn ich ihm nicht helfe", sagt Ashur.

„Warum ist er im Gefängnis? Gefällt ihm auch der Geruch von den Möbeln anderer Leute?", fragt Paul.

„Mein Vater hat nichts falsch gemacht. Er wurde zu zwanzig Jahren Gefängnis verurteilt und er hat nur Textnachrichten mit Witzen über die Herrscher dieses Landes versendet", sagt Peter Ashur.

„Ich hätte erraten sollen, dass du aus einer genialen Familie stammst. Wie willst du, dass ich dir helfe?", fragt Paul Rost.

„Ich muss einen guten Flugzeugpiloten finden. Ich muss meinen Vater aus diesem Land herausbringen", sagt Ashur.

„Wohin willst du deinen Vater bringen?", fragt Paul.

„Ich möchte nicht nur meinen Vater, sondern auch einige andere Leute heute Nacht nach Nordafrika bringen. Ich kann ein Flugzeug fliegen, aber dort gibt es Kämpfe und ich habe keine militärische Erfahrung. Aber du bist ein ehemaliger Militärpilot und kannst diese Aufgabe erledigen. Ich werde dir zweihunderttausend Dollar zahlen. Was sagst du dazu?", bietet Ashur an.

„Ich soll ein Flugzeug nach Nordafrika fliegen? Glaubst du, ich bin so ein Idiot wie du?", protestiert Paul.

„Ja", sagt der Mann und nimmt einen Schluck Wasser. „Ich habe die Mitarbeiter am örtlichen Flughafen bestochen. Ich möchte meinen Vater hier mit dem Flugzeug wegbringen. Und du kannst viel Geld verdienen", beharrt Ashur.

„Ich wäre ein großer Idiot, wenn ich dir glauben würde. Und... Es wäre besser für

Y... sería mejor para usted que no volviéramos a vernos," dice Paul Rost. Se levanta y se va.

"¡Idiota! ¡Haré yo mismo el trabajo y me quedaré con todo el dinero!" grita el hombre.

Paul va al hotel y recoge sus cosas. Después hace una llamada telefónica.

"¡Hola, Paul! ¿Qué tal las vacaciones?" dice Andrew al otro lado de la línea.

"Mucho más emocionantes de lo que te imaginas," responde Paul.

"No pareces emocionado," nota su amigo, "¿Quizás tiene algo que ver con el reciente robo al banco? ¿Todavía no lo sabes? Ocurrió la noche antes de que te fueras. John Vega desapareció junto con cuatro millones de dólares del banco."

"Lisa Pandora y John Vega robaron ese dinero. Ambos están aquí, pero no sé dónde. En cualquier caso, el dinero robado estaba en las maletas que ayudé a Lisa Pandora a llevar. También tengo alguna información sobre el norte de África. Un avión volará ilegalmente de aquí al norte de África. Llevará a varias personas a bordo. Quizás soldados o mafiosos. Y también habrá dos idiotas de nuestro país. Informa de esto a las autoridades. Si necesitas más información, intentaré descubrirla," dice Paul.

"Es una pena que tus vacaciones hayan terminado tan rápidamente. Te llamaré pronto. Ya nos veremos, y no estés triste," dice Andrew.

"Estoy bien. Hasta pronto," concluye Paul, llama a un taxi, y va al aeropuerto.

dich, wenn wir uns nie wieder über den Weg laufen würden", sagt Paul Rost. Er steht auf und geht.

„Du Idiot! Dann mache ich den Job selbst und behalte das ganze Geld!", ruft ihm der Mann nach.

Paul geht ins Hotel und packt seine Sachen. Dann tätigt er einen Telefonanruf.

„Hi Paul, wie ist dein Urlaub?", sagt Andrew am anderen Ende der Leitung.

„Viel spannender als du vielleicht denkst", antwortet Paul.

„Du klingst nicht begeistert", bemerkt sein Freund. „Hat das vielleicht etwas mit dem Banküberfall kürzlich zu tun? Hast du noch nichts davon gehört? Es geschah in der Nacht bevor du abgereist bist. John Vega ist zusammen mit vier Millionen Dollar aus der Bank verschwunden."

„Lisa Pandora und John Vega haben das Geld gestohlen. Beide sind hier, aber ich weiß nicht genau wo sie sind. Das gestohlene Geld war übrigens in den Koffern, mit denen ich Lisa Pandora beim Tragen half. Ich habe auch einige Informationen über Nordafrika. Ein Flugzeug wird von hier illegal nach Nordafrika fliegen. Einige Leute werden mitfliegen. Vielleicht Soldaten oder Mob. Und es werden auch zwei Idioten aus unserem Land dabei sein. Einer von ihnen wird wahrscheinlich das Flugzeug fliegen. Berichte den Behörden davon. Wenn du mehr Informationen brauchst, werde ich versuchen sie zu bekommen", sagt Paul.
„Es ist schade, dass dein Urlaub so schnell geendet hat. Ich rufe dich bald an. Bis bald und sei' nicht traurig", sagt Andrew.
„Mir geht es gut. Bis bald", sagt Paul abschließend, ruft ein Taxi und fährt zum Flughafen.

C

| **Repaso de nuevo vocabulario** | **Wiederholung des neuen Vokabulars** |

1

- ¿Hoy es miércoles o jueves?

- Hoy es miércoles.

- ¿Sabes qué hora es?

- Lo comprobaré en mi teléfono. Exactamente las tres.

- Gracias. En cualquier caso, ¿está seco o lloviendo fuera?

- Está lloviendo, pero no hace frío.

2

- ¿Sabes que el aeropuerto está cerrado por la niebla?

- ¿De veras? ¿Y los aviones no vuelan?

- Por supuesto que no vuelan. La niebla es tan espesa que hasta los pájaros caminan.

3

- Uno de nuestros antiguos clientes quiere reunirse con usted, Sr. director.

- ¿Qué quiere?

- Dice que tiene una sorpresa para usted.

- ¿Es una sorpresa buena o mala?

- Viendo su cara, yo diría que probablemente no es buena.

- ¿Cuánto tiempo queda hasta que acabe el día?

- Veinte minutos, Sr. director.

- De acuerdo. Me voy.

- ¿A dónde va, Sr. director? La puerta

1

- Ist heute Mittwoch oder Dienstag?

- Heute ist Mittwoch.

- Weißt du wie spät es ist?

- Ich werde auf meinem Telefon nachsehen. Genau drei Uhr.

- Danke. Übrigens, regnet es draußen oder ist es trocken?

- Draußen regnet es, aber es ist nicht kalt.

2

- Weißt du, dass der Flughafen wegen Nebels geschlossen ist?

- Wirklich? Und die Flugzeuge fliegen nicht?

- Natürlich fliegen sie nicht. Der Nebel ist so dicht, dass sogar die Vögel zu Fuß gehen.

3

- Einer unserer früheren Kunden möchte Sie treffen, Herr Manager.

- Was will er?

- Er sagt, dass er eine Überraschung für sie hat.

- Ist es eine gute oder eine böse Überraschung?

- Seinem Gesicht nach zu urteilen, würde ich sagen, dass es wahrscheinlich keine gute ist.

- Wie lange dauert es noch bis der Tag vorbei ist?

- Zwanzig Minuten, Herr Manager.

está por allí.

- Hoy es mejor que salga por la ventana. Después de todo, ¡estamos en la planta baja!

4

- ¡Qué brisa de mar más agradable!

- Sí, y la vista del mar también es muy bonita.

- De acuerdo, suficiente. Es hora de recoger y cargar las cajas.

- ¿Qué cree, Sr. director, la oficina de aduanas no adivinó que estamos embarcando estas cajas ilegalmente?

- Por supuesto que lo adivinó.

- ¿Qué hacemos ahora? Eso es un gran problema para nosotros.

- No se preocupe. Lo soborné.

- Sr. director, vinieron los otros oficiales de aduanas.

- ¿Para qué?

- También quieren que los soborne. ¡Déles dinero!

- De acuerdo, lo haré. Qué país más agradable. ¡Aquí todos están eufóricos y tienen buen apetito!

5

- ¿Quién es tu proveedor de servicios de telefonía móvil?

- No lo sé.

- ¿Y qué tipo de teléfono móvil tienes?

- No lo sé.

- ¿Tiene tu móvil una tarjeta SIM o dos?

- ¿Por qué lo preguntas?

- In Ordnung. Ich gehe.

- Wohin gehen Sie, Herr Manager? Die Tür ist dort drüben.

- Heute gehe ich besser durch das Fenster. Immerhin sind wir im Erdgeschoß.

4

- Was für eine angenehme leichte Briese vom Meer!

- Ja, und der Blick auf das Meer ist auch sehr schön.

- In Ordnung, genug. Es ist Zeit die Kisten zu packen und zu verladen.

- Was meinen Sie, Herr Manager, hat der Zollbeamte nicht vermutet, dass wir diese Kisten illegal versenden?

- Natürlich hat er es vermutet.

- Was sollen wir dann machen? Das ist ein großes Problem für uns.

- Keine Sorge. Ich habe ihn bestochen.

- Herr Manager, die anderen Zollbeamten sind da.
- Was wollen sie?
- Sie wollen auch bestochen werden. Geben Sie ihnen Geld!
- In Ordnung, das werde ich. Was für ein angenehmes Land. Jeder hier ist euphorisch und hat ein gutes Verlangen.

5

- Was für einen Handyprovider hast du?

- Ich weiß es nicht.

- Und was für ein Handy hast du?

- Ich weiß es nicht.

- Hat dein Handy eine oder zwei SIM-Karten?

- Warum fragst du?

- Simplemente me interesa.
- Pues a mí no me interesa.

- Ich interessiere mich nur dafür.
- Und ich interessiere mich nicht dafür.

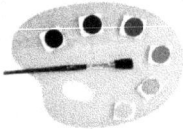

14

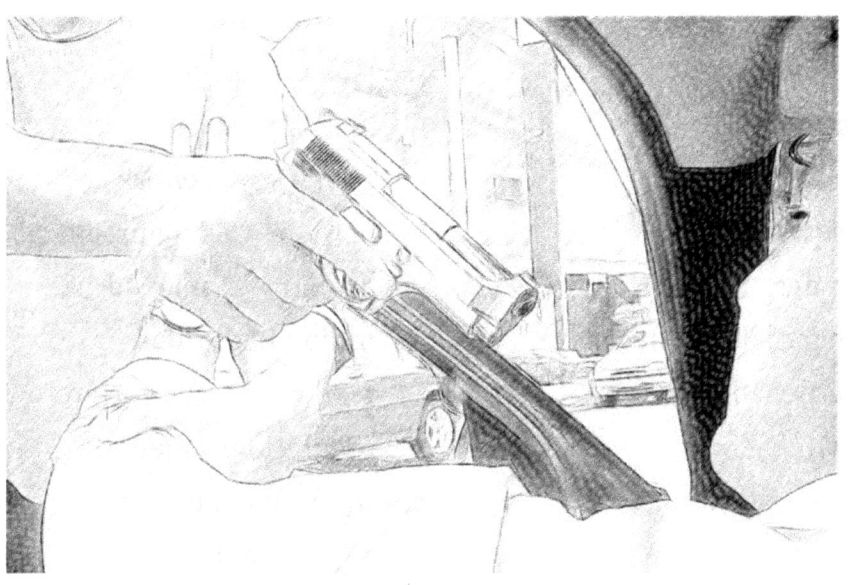

¿Dónde está mi dinero?

Wo ist mein Geld?

A

Palabras

Vokabeln

abierta - geöffnet
acercarse - sich nähern
acercó – näherte sich
agarró - hielt fest
alrededor - umher
apuntó - zeigte
árbol - Baum, der
aulló - schrie
billetera - Brieftasche, die

bistec – Steak, das
bolso - Handtasche, die
caminó - ging
cayó - fiel
celda - Zelle, die
cerrado - geschlossen
ciudad - Stadt, die
coger - nehmen
comiste - aßt

comprobó - überprüfte
conductor - Fahrer, der
contratar - anheuern
corrió - rannte
cuidadosamente - ordentlich
darse cuenta - merken
decidió - entschied
despacio - langsam
eléctrica - elektrisch
error - Fehler, der
esposar – Handschellen anlegen
esposas – Handschellen, die
estaba escuchando - hörte
estaba fumando - rauchte
fácil - einfach
fue - war
furgoneta - Transporter, der
golpeó - klopfte
gritó - schrie
habitación - Zimmer, das; Büro, das
humo - rauchen
levantarse - aufsteigen
llegó - kam an
maloliente - stinkend
manzana - Häuserblock, der
miró - schaute
mozo - Gepäckträger, der
número - Nummer, die
ojos – Augen, die

olisqueó - roch
ordinario - normal
parque - Park, der
pecho - Brust, die
pensar - überlegen
pensó - dachte
pierna - Bein, das
planta - Stockwerk, das
prisión - Gefängnis, das
propina - Trinkgeld, das
radio - Radio, das
respondió - antwortete
robar - überfallen
robó – hat ausgeraubt
ropa - Kleidungsstücke, die
sabía - wusste
sacó - zog
salir - weggehen
se sentó - saß
semáforo – Ampel, die
sonrió - lächelte
sorprendido - überrascht
sucia - schmutzig
suficiente - genug
Taser - Elektroschocker, der
tintorería – Reinigung, die
transportaba - transportierte
vagabundo - Vagabund, der
volar - fliegen

B

¿Dónde está mi dinero?

Lisa Pandora llegó a otra ciudad en bus. Fue al hotel "Karma", y subió a la segunda planta. Lisa llegó a la puerta de la habitación número diez y se detuvo. Dio al mozo una propina y él se marchó. Lisa se acercó más a la puerta, sacó una Taser de su bolso y se la metió en el bolsillo. Llamó a la puerta. John Vega la abrió. Rápidamente salió al pasillo, cogió las maletas y se las llevó a la habitación. Lisa también entró en la habitación y cerró la puerta.

"¿Fue todo bien? ¿Está Rost todavía esperando fuera del cuarto de baño?" sonrió John Vega.

"Todo fue bien. Creo que Rost ya se ha ido a casa. Se le han terminado las vacaciones," respondió Pandora.

John Vega puso las maletas en el suelo y las abrió. Había paquetes de dinero colocados cuidadosamente dentro de ella.

"Aquí hay dinero suficiente para contratar a doscientos soldados. Ahora ya podemos volar al norte de África," cogió un paquete y lo abrió. Papeles ordinarios cayeron al suelo.

"¿Qué es esto?" John Vega abrió otro paquete. También contenía papeles normales. Pandora estaba sorprendida.

"¡Cambiaste las maletas!" gritó ella a Vega. La cara de John Vega estaba roja de ira. Fue hacia Pandora y le gritó.

"¿Dónde está mi dinero? ¡Dame mi dinero!" la agarró por el cabello y la

Wo ist mein Geld?

Lisa Pandora kam mit dem Bus in einer anderen Stadt an. Sie kam zum Hotel „Karma" und ging hinauf in den zweiten Stock. Lisa ging zur Tür des Zimmers Nummer Zehn und blieb stehen. Sie gab dem Gepäckträger Trinkgeld und er ging. Lisa näherte sich der Tür, nahm einen Elektroschocker aus ihrer Handtasche und steckte sie in ihre Jackentasche. Sie klopfte an die Tür. John Vega öffnete die Tür. Er trat schnell auf den Flur, nahm die Koffer und trug sie ins Zimmer. Lisa ging auch in das Zimmer und schloss die Tür.

„Ist alles gut gegangen? Wartet Rost immer noch vor der Badezimmertür?", John Vega lächelte.

„Alles ist in Ordnung. Ich glaube, dass Rost bereits nach Hause gefahren ist. Sein Urlaub ist vorbei", antwortete Pandora.

John Vega stellte die Koffer auf den Boden und öffnete sie. Geldstapel lagen schön geordnet im Koffer.

„Hier ist genug Geld um zweihundert Soldaten anzuheuern. Jetzt können wir nach Nordafrika fliegen", er nahm einen Stapel und öffnete ihn. Normales Papier fiel zu Boden.

„Was ist das?" John Vega öffnete einen anderen Stapel. Er enthielt auch normales Papier. Pandora war schockiert.

„Du hast die Koffer getauscht!", rief sie Vega zu. John Vegas Gesicht war rot und wütend. Er näherte sich Pandora und schrie sie an.

„Wo ist mein Geld? Gib' mir mein Geld!", er hielt sie an den Haaren fest und schlug ihr

golpeó en la cabeza con una maleta, "¡Dame mi dinero!" gritó.

Pandora cayó al suelo. Dio una descarga eléctrica a Vega en la pierna con su Taser. Él cayó al suelo. Pandora le dio más descargas eléctricas con su Taser.

"¡Aquí está tu dinero, idiota! ¡Aquí hay más! ¡Y aquí más todavía!" Pandora dio descargas eléctricas a Vega una y otra vez en la cara y el pecho. De John Vega empezó a salir humo. Estaba en el suelo y no se movía. A continuación Pandora se acercó a las maletas. Miró los papeles.

"¡Solo Peter Ashur podría haber hecho esto! ¡Sólo él sabía lo del dinero!," cogió su bolso y miró a Vega. Seguía tumbado con los ojos cerrados. Todavía salía humo de él. Pandora le cogió el pasaporte y la billetera del bolsillo y los metió en su bolso. Dejó la habitación y caminó rápidamente hacia el ascensor.

Después de unos diez minutos, Vega abrió los ojos. Miró a su alrededor. A continuación se levantó lentamente y se sentó en una silla. Se dio cuenta de que su billetera y su pasaporte habían desaparecido.

"Te mataré, Pandora," gritó. Vega sacó una pistola del bolsillo y la comprobó. A continuación volvió a guardarla y dejó la habitación. Salió y miró a su alrededor. No sabía qué hacer. No podía volver a casa porque la policía lo estaba buscando. Sin dinero y sin pasaporte, ahora era como un vagabundo. Caminó por la calle, pensando qué hacer. El dinero había desaparecido. En casa, la policía lo estaba buscando. Todo se había perdido. Ahora incluso estaba

mit einem Koffer auf den Kopf. „Gib' mir mein Geld!", schrie er.

Pandora fiel auf den Boden. Sie griff Vega mit dem Elektroschocker am Bein an. Er fiel zu Boden. Pandora griff ihn mit ihrem Elektroschocker wieder und wieder an.

„Hier ist dein Geld, du Idiot! Und hier! Und hier!", Pandora griff Vega wieder und wieder mit dem Elektroschocker im Gesicht und auf der Brust an. Rauch begann von John Vega aufzusteigen. Er lag am Boden und bewegte sich nicht länger. Dann ging Pandora zu den Koffern. Sie schaute sich das Papier an.

„Nur Peter Ashur konnte das gemacht haben! Nur er wusste von dem Geld", sie nahm ihre Handtasche und schaute Vega an. Er lag mit geschlossenen Augen da. Rauch stieg immer noch von ihm auf. Pandora nahm seinen Reisepass und seine Brieftasche aus seiner Brusttasche und steckte sie in ihre Handtasche. Sie verließ das Zimmer und ging schnell zum Aufzug.

Etwa zehn Minuten später öffnete Vega seine Augen. Er sah sich um. Dann stand er langsam auf und setzte sich auf einen Stuhl. Er bemerkte, dass seine Brieftasche und sein Reisepass verschwunden waren.
„Ich werde dich umbringen, Pandora", schrie er. Vega zog eine Pistole aus seiner Jackentasche und überprüfte sie. Dann steckte er sie zurück in seine Jackentasche und verließ das Zimmer. Er ging nach draußen und sah sich um. Er wusste nicht, was er als nächstes tun sollte. Er konnte nicht zurück nach Hause, weil er von der Polizei gesucht wurde. Ohne Geld und ohne Reisepass war er nun wie ein Vagabund. Er ging die Straße hinunter und überlegte, was er tun sollte. Das Geld war verschwunden. Zu Hause wurde er immer noch von der Polizei gesucht. Alles war verloren. Jetzt war

preparado para robar una tienda o un banco. Había una furgoneta detenida en el semáforo. Se dio cuenta de que era una furgoneta del banco que transportaba dinero. Caminó a su lado despacio, mirando hacia el conductor. La ventanilla del habitáculo del conductor estaba abierta. En el habitáculo había unas cuantas bolsas. El conductor estaba fumando y escuchando la radio. Vega miró a su alrededor, después sacó la pistola y avanzó hacia la furgoneta.

"¡Déme la bolsa!" aulló, y apuntó al conductor con la pistola. El conductor miró la pistola. Después miró a su alrededor, cogió una bolsa y se la entrega a Vega.

"¡Quédese sentado!" gritó Vega, y salió corriendo. Corrió tres o cuatro manzanas. Después llegó a un parque y se sentó bajo un árbol. Estaba muy contento. Robar - ¡es tan fácil! Abrió la bolsa y sacó algo. No era dinero. Era ropa sucia y maloliente. Arrojó la bolsa al suelo. Se dio cuenta de que había robado la furgoneta de una tintorería. Había cometido otro error. Vega decidió regresar al hotel.

"¡Manos arriba!" tras él se encontraban dos policías. Lo apuntaban con sus pistolas. Vega levantó las manos y ellos lo esposaron. La policía se lo llevó a la prisión local. Había algunas personas más en la celda. Un hombre se acercó a él y le olisqueó la ropa.
"¿Comiste bistec?" preguntó, "¿Te queda algo? Hace dos días que no como."
"Te mataré, Pandora..." pensó John Vega, "Y en cuanto a ti, Peter Ashur - también te mataré."

er sogar bereit einen Laden oder eine Bank zu überfallen. Ein Transporter wurde an der Ampel angehalten. Er erkannte, dass es ein Banktransporter war, der Geld transportierte. Er ging langsam vorbei und sah den Fahrer an. Das Fenster des Führerhauses war offen. Im Führerhaus lagen einige Taschen. Der Fahrer rauchte gerade und hörte Radio. Vega sah sich um, zog seine Pistole und ging auf den Transporter zu.

„Gib' mir die Tasche!", schrie er und richtete die Pistole auf den Fahrer. Der Fahrer schaute die Waffe an. Dann sah er sich um, nahm eine Tasche und gab sie Vega.

„Bleib' sitzen!", schrie Vega und rannte davon. Er rannte drei oder vier Häuserblocks weit. Dann rannte er in einen Park und setzte sich unter einen Baum. Er war sehr glücklich. Ausrauben - das war so einfach! Er öffnete die Tasche und zog etwas heraus. Es war kein Geld. Es waren einige schmutzige, übel riechende Kleidungsstücke. Er warf die Tasche auf den Boden. Er bemerkte, dass er den Transporter einer Reinigung ausgeraubt hatte. Er hatte noch einen Fehler gemacht.

Vega entschied, zurück ins Hotel zu gehen.
„Hände hoch!", hinter ihm standen zwei Polizisten. Sie richteten ihre Pistolen auf ihn. Vega hob seine Hände und sie legten ihm Handschellen an. Die Polizisten brachten ihn in das örtliche Gefängnis. Einige andere Leute waren in der Gefängniszelle. Einer von ihnen kam auf ihn zu und roch an seiner Kleidung.
„Hast du ein Steak gegessen?", fragte er. „Hast du noch etwas übrig? Ich habe seit zwei Tagen nichts gegessen."
„Ich werde Pandora umbringen...", dachte John Vega. „Und du, Peter Ashur - dich werde ich auch umbringen."

C

| **Repaso de nuevo vocabulario** | **Wiederholung des neuen Vokabulars** |

1

- ¿Hoy es jueves o viernes?

- Hoy es jueves.

- ¿Sabes qué hora es?

- Lo comprobaré en mi teléfono. Son las cuatro menos diez.

- Gracias. En cualquier caso, ¿hace viento fuera?

- Hace frío, pero fuera no hace viento.

2

- ¡Me robaron!

- ¿Quién te robó?

- ¡Este sucio vagabundo me robó!

- ¿Cómo lo hizo?

- Me sacó la billetera del bolsillo.

- ¿Qué había en tu billetera?

- Mi pasaporte y dinero.

- ¿Por qué está saliendo humo de la cabeza de este sucio vagabundo?

- Le di una descarga eléctrica con una Taser.

3

- Déme un poco de agua, por favor.

- No hay agua.

- Entonces déme un poco de zumo, por favor.

- Tampoco hay zumo.

- ¡Déme un bistec!

1

- Ist heute Donnerstag oder Freitag?

- Heute ist Donnerstag.

- Weißt du wie spät es ist?

- Ich werde auf meinem Telefon nachsehen. Es ist zehn Minuten vor vier.

- Danke. Übrigens, ist es draußen windig?

- Draußen ist es kalt, aber nicht windig.

2

- Ich wurde ausgeraubt!
- Wer hat dich ausgeraubt?

- Dieser gemeine Penner hat mich ausgeraubt!

- Wie hat er das gemacht?

- Er hat die Brieftasche aus meiner Hosentasche gezogen.

- Und was war in deiner Brieftasche?

- Mein Reisepass und Geld.

- Warum raucht der Kopf dieses gemeinen Penners?

- Ich habe ihn mit meinem Elektroschocker angegriffen.

3

- Gib' mir bitte etwas Wasser.

- Es gibt kein Wasser.

- Dann gib' mir bitte etwas Saft.

- Es gibt auch keinen Saft.

- Gib' mir ein Steak!

- No hay bistec. ¿Quiere fumar o beber un poco de vino? ¿O tal vez prefiere escuchar la radio?

- No, en otro momento. Tiene una cafetería estupenda.

- Gracias. Todo el mundo lo dice. Y estamos muy satisfechos.

4

- ¡Estoy sorprendido!

- ¿Qué ha ocurrido?

- ¡Mi ordenador no deja de cometer errores!

- ¿Qué tipo de errores comete tu ordenador?

- ¡Siempre se equivoca! ¡Y tarda mucho tiempo en pensar!

- Interesante. ¿En qué piensa tu ordenador?

- A mí también me interesa. ¡Qué ordenador más raro!

5

- ¿Tengo un pecho bonito?

- Sí. ¿Pero está sucio?

- No está sucio. Es un tatuaje.

- Déjame verlo mejor.

6

- ¿Está el hotel contratando nuevo personal?

- Sí. Este hotel necesita personal para limpieza de habitaciones.

- ¿Necesitan también un cocinero?

- Sí, también necesitamos un cocinero. ¿Es usted cuidadoso?

- Es gibt kein Steak. Würden Sie gerne rauchen oder Wein trinken? Oder vielleicht Radio hören?

- Nein, ein anderes Mal. Sie haben ein großartiges Café.

- Danke. Jeder sagt das. Und es freut uns so.

4

- Ich bin schockiert!
- Was ist passiert?

- Mein Computer macht ständig Fehler!

- Was für Fehler macht dein Computer?

- Er ist immer falsch! Und er braucht so lange um nachzudenken!

- Interessant. Worüber denkt dein Computer nach?

- Ich finde das auch interessant. Was für ein seltsamer Computer!

5

- Habe ich eine schöne Brust?

- Ja. Aber warum ist sie dreckig?

- Sie ist nicht dreckig. Das ist ein Tattoo.

- Lass' mich einen besseren Blick darauf werfen.

6

- Stellt das Hotel neue Mitarbeiter ein?

- Ja. Dieses Hotel braucht Mitarbeiter für die Zimmerreinigung.

- Brauchen sie auch einen Koch?

- Ja, sie brauchen auch einen Koch. Sind Sie ordentlich?

- Ja, ich bin sehr ordentlich.

- Was können Sie kochen?

- Sí, ¡soy muy cuidadoso!

- ¿Qué sabe cocinar?

- Sé cocinar pizza ordinaria.

- ¿Es eso todo?

- También puedo cocinar pizza extraordinaria. ¡Y lo hago cuidadosamente!

7

- ¿De quién es esta ropa?

- Es ropa de chica.

- ¿Y dónde está la chica?

- Está en el mar.

- Soy mozo del hotel. Dígale que le llevaré su bolso y su ropa a la habitación. ¡Ah-ah-ah!

- ¿Qué ha ocurrido?

- ¡Algo me ha dado una descarga eléctrica!

- Es una Taser. La chica la dejó debajo de su ropa.

8

- ¿De quién es este pasaporte?

- Es mío, Sr. oficial de aduanas.

- ¿De quién es esta caja?

- Esta caja pertenece a aquel chico. Me pidió que la llevara a aduanas.

- ¿Qué hay en la caja?

- Periódicos y una radio, Sr. oficial de aduanas.

- ¿Está seguro?

- Eso es lo que me ha dicho.

- Abrámosla juntos y comprobémoslo.

- Ich kann gewöhnliche Pizzen machen.

- Ist das alles?

- Ich kann auch ungewöhnliche Pizzen machen. Und ich mache es ordentlich!

7

- Wem gehören diese Kleidungsstücke?

- Das sind die Kleidungsstücke einer jungen Frau.

- Und wo ist die junge Frau selbst?

- Sie ist im Meer.

- Ich bin ein Gepäckträger des Hotels. Sagen Sie ihr, dass ich ihre Handtasche und ihre Kleidungsstücke auf ihr Zimmer bringe. Ah-ah-ah!

- Was ist passiert?

- Etwas hat mir einen Schock versetzt.

- Das ist ein Elektroschocker. Die junge Frau hat ihn unter ihren Kleidungsstücken liegen gelassen.

8

- Wessen Reisepass ist das?

- Das ist mein Reisepass, Herr Zollbeamter.

- Wessen Kiste ist das?

- Diese Kiste gehört diesem jungen Mann. Er hat mich gebeten, sie durch den Zoll zu tragen.

- Was ist in der Kiste?

- Zeitungen und ein Radio, Herr Zollbeamter.

- Sind Sie sich sicher?

- Das hat er mir gesagt.

- Machen wir sie gemeinsam auf und schauen nach.

- De acuerdo.

- ¿Qué son esas pastillas y pistolas?

- No lo sé, Sr. oficial de aduanas. Tiene que preguntarle al chico.

- Chico, ¿son suyas estas pastillas y pistolas?

- ¡Por supuesto que no!

- ¿Puedo irme ya, Sr. oficial de aduanas?

- Sí. Váyase. Este oficial de policía lo llevará a donde necesita ir.

9

- ¿Por qué lleva pastillas y pistolas?

- Un chico me pidió que lo hiciera, Sr. policía.

- ¿Le dio dinero?

- No. Solamente me lo pidió. Dijo que había periódicos y una radio.

- ¿Por qué aceptó?

- Probablemente porque soy un idiota amable.

- Ja, machen wir das.

- Was sind das für Tabletten und Waffen?

- Ich weiß es nicht, Herr Zollbeamter. Sie müssen diesen jungen Mann fragen.

- Junger Mann, sind das ihre Tabletten und Waffen?

- Natürlich nicht!

- Kann ich jetzt gehen, Herr Zollbeamter?

- Ja. Gehen Sie. Dieser Polizist wird sie dorthin bringen, wo sie hingehen müssen.

9

- Warum haben Sie Tabletten und Waffen transportiert?

- Ein junger Mann hat mich gebeten das zu tun, Herr Polizist.

- Hat er ihnen Geld dafür gegeben?

- Nein. Er hat nur gefragt. Er sagte, dass es Zeitungen und ein Radio wären.

- Warum haben Sie zugestimmt?

- Wahrscheinlich weil ich ein netter Idiot bin.

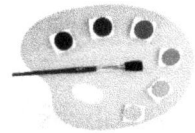

15

El juicio

Die Verhandlung

A

Palabras

abogado - Anwalt, der
aceptó – stimmte zu
actuar - handeln
adormilado - schläfrig
agarrar - packen
agradecer - danken
alimentar – ernähren

alrededor - umher
amenazó - bedrohte
arrestado - nahmen fest
arrestar - festnehmen
asco – Ekel, der
audiencia - Gerichtssaal, der
bomba - Bombe, die

bostezó - gähnte
camino - Straße, die
cansado - müde
capital - Hauptstadt, die
castigar - bestrafen
castigo - Strafe, die
cliente - Klient, der
colores – Farben, die
conducido - gefahren
condujo - fuhr
confiscación - Einziehung, die
consultar - beraten
continuó - setzte fort
cuerpo - Körper, der
culo - Hintern, der
dado que – da, weil
darse cuenta - merken
decisión - Entscheidung, die
declaró - verkündete
defendido - Angeklagte, der
defensa - Verteidigung, die
defensor - Verteidiger, der
dijo - gesagt
dormir - schlafen
entró - betrat
experimento - Experiment, das
explotó - explodierte
fiscal - Staatsanwalt, der
guiñó - zwinkerte
hacer una reverencia – sich verbeugen

hambre - hungrig
hizo - machte
interés - Interesse, das
investigación - Ermittlung, die
jaula - Käfig, der
juez - Richter, der
juicio - Verhandlung, die
justificó - rechtfertigte
lamer - ablecken
lamió – leckte ab
líder - Führer, der
loco - Verrückte, der
menos - weniger
mostró - zeigte
motor - Motor, der
muerte - Tod, der
nariz - Nase, die
necesitó - brauchte
oficial - Beamte, der
ofreció - bot an
oler - riechen
organización - Organisation, die
pared - Mauer, die
parte - Teil, der
patio - Hof, der
pena - Strafe, die
pintar - streichen
posible - möglich
preso - Strafgefangene, der
probar - beweisen

prometió - versprochen
propiedad - Eigentum, das
proporcionó - erbrachte
propuso - schlug vor
puso - legte
que aproveche - guten Appetit
rascó - kratzte
rayas – Streifen, die
robar - ausrauben
rufián - Schurke, der
sala - Zimmer, das; Büro, das
saltó - sprang
sapo - Kröte, die
se detuvo - stoppte
seguridad - Sicherheit, die

señalar - zeigen
señoría - Ehre, die
sentencia - Strafe, die
severa - hart
sexualmente - sexuell
subió - kletterte
sucia - schmutzig
sueños – Träume, die
sustancia - Substanz, die
terrorista - Terrorist, der
todos - alle
turista - Tourist, der
victorioso - triumphierend
vio - sah
volar - fliegen

B

El juicio

"Si me das algo de comer, te dejaré lamer este sapo," propuso alguien de la celda de la prisión a John Vega.

"¿Qué sapo?" dijo John Vega con sorpresa.

"Estoy hambriento, porque aquí casi nunca nos alimentan. Si me das algo de comer, te dejaré lamer el culo de este sapo," continuó el hombre.

"¿Por qué debería lamer el culo del sapo?" Vega no comprendía.

"Los sapos tienen un tipo de sustancia ahí en el culo que te hace ver sueños de

Die Verhandlung

„Wenn du mir etwas zu essen gibst, dann lasse ich dich diese Kröte ablecken", schlägt jemand in der Gefängniszelle John Vega vor.

„Was für eine Kröte?", fragte John Vega überrascht.

„Ich bin hungrig, weil wir hier kaum etwas zu Essen bekommen. Wenn du mir etwas zu Essen gibst, lasse ich dich den Hintern dieser Kröte ablecken", setzte der Mann fort.

„Warum sollte ich den Hintern dieser Kröte ablecken?", Vega verstand es nicht.

„Diese Kröte hat irgendeine Substanz hier an ihrem Hintern, damit kannst du Tag und

colores día y noche," el hombre le mostró el sapo a Vega. Lamió el culo verde y sonrió, "Genial. ¿Quieres un poco? Toma," ofreció.

"Gracias, lámelo tú, y... que aproveche," Vega se dio la vuelta con asco.

Un guarda de seguridad se acercó a la puerta de la celda y se sacó las llaves del bolsillo.

"¡Sal, rufián!" dijo el guarda en voz alta, abriendo la puerta. Varias personas se levantaron y fueron hacia la puerta, "Tú no. Tú. Levántate y vete," señaló a Vega. Vega se levantó y salió de la celda. El guarda cerró la puerta.

"¡Baja por este pasillo! ¡Camina hasta la puerta y después para!" ordenó. Vega bajó por el pasillo y llegó a la puerta. Se detuvo. El guarda llamó a la puerta y la abrió.

"¡Entra!" le dijo a John Vega. Vega entró en una habitación grande. Allí había dos jaulas grandes. Un hombre estaba sentado dentro de una de las jaulas. El guarda abrió la otra jaula.

"¡Entra!" ordenó de nuevo. Vega entró en la jaula y miró a su alrededor. En la habitación había unas cuantas mesas con gente sentada detrás. Vega se dio cuenta de que era una sala de audiencias. Cerca de la ventana, dos obreros pintaban la pared. La habitación olía fuertemente a pintura. Los obreros llevaban ropa de rayas, y Vega se dio cuenta de que eran presos.

"Señoría," declaró una de las personas, levantándose, "solicito un castigo severo para este rufián," señaló con asco hacia el hombre de la otra jaula. "Prometió a cinco mujeres trabajo en

Nacht bunte Träume haben", der Mann zeigte Vega die Kröte. Er leckte den grünen Hintern ab und lächelte: „Cool. Magst du? Hier", bot er an.

„Danke, leck' ihn selber ab, und... guten Appetit", Vega drehte sich angewidert um.

Ein Gefängniswärter näherte sich der Zelle und nahm die Schlüssel aus seiner Hosentasche.

„Komm' raus, du Schurke!", sagte der Beamte laut und öffnete die Tür. Einige Leute standen auf und gingen zur Tür. „Nicht du. Du. Steh' auf und komm' heraus", er zeigte auf Vega. Vega stand auf und ging aus der Zelle. Der Wärter schloss die Tür.

„Geh' diesen Flur entlang! Geh' bis zur Tür und bleib' stehen!", befahl er. Vega ging den Flur entlang und bis zur Tür. Er blieb stehen. Ein Gefängniswärter klopfte an der Tür und öffnete sie.

„Geh' hinein", sagte er zu John Vega. Vega betrat ein großes Zimmer. Darin standen zwei große Käfige. Ein Mann saß in einem der Käfige. Der Wärter öffnete den anderen Käfig.

„Geh' hinein!", befahl er noch einmal. Vega ging in den Käfig und sah sich um. Im Zimmer standen einige Tische, an denen Menschen saßen. Vega wurde klar, dass es ein Gerichtssaal war. In der Nähe des Fensters strichen zwei Arbeiter die Mauer. Das Zimmer roch stark nach Farbe. Die Arbeiter hatten gestreifte Kleidung an und Vega wurde klar, dass es sich um Strafgefangene handelte.

„Euer Ehren", verkündete eine der Personen und erhob sich, „ich fordere eine harte Strafe für diesen Schurken". Er zeigte angewidert auf den Mann im anderen Käfig. „Er hat fünf Frauen Arbeit in einem Laden versprochen, aber er hat sie stattdessen sexuell

una tienda, pero en lugar de eso las explotó sexualmente. Yo, como fiscal, ¡solicito una pena de 190 años de cárcel o pena de muerte!"

"¿Qué dice la defensa?" preguntó el juez.

"Señoría, esas mujeres fueron explotadas sexualmente muchos años antes de que él les ofreciera trabajo. Al menos dos de ellas han proporcionado servicios sexuales a turistas en la capital," dijo el defensor, hizo una reverencia y se sentó.

"190 años de cárcel y la pena de muerte son castigos demasiado severos para él, dado que han proporcionado servicios sexuales," el juez miró al hombre de la caja y se rascó la nariz. "Esta es mi decisión: ¡95 años de cárcel y la confiscación de su propiedad!" dijo. Un guarda de seguridad se acercó a la jaula y abrió la puerta. El hombre salió de la jaula.

"¡Agradece al juez su decisión y hazle una reverencia!" ordenó el guarda.

"Gracias, Señoría," dijo el hombre, hizo una reverencia y salió de la sala de audiencias.

"Señoría," dijo el fiscal, levantándose, "Este rufián robó la furgoneta de una tintorería. Amenazó al conductor con una pistola. Se llevó una bolsa de ropa sucia. Los oficiales de policía que lo arrestaron vieron cómo abría la bolsa y olisqueaba la ropa sucia. Creemos que es el que roba la ropa que las mujeres ponen a secar. ¡Este loco lleva actuando dos meses en nuestra ciudad! ¡Solicito 350 años de cárcel como castigo!"

ausgebeutet. Ich, als Staatsanwalt, fordere eine Strafe von 190 Jahren Gefängnis oder die Todesstrafe!"

„Was sagt die Verteidigung?", fragte der Richter.

„Euer Ehren, diese Frauen wurden schon viele Jahre lang sexuell ausgebeutet, bevor er ihnen diesen Job anbot. Zumindest zwei von ihnen haben in der Hauptstadt sexuelle Dienste für Touristen erbracht", sagte der Verteidiger, verbeugte sich und setzte sich hin.

„190 Jahre im Gefängnis oder die Todesstrafe ist eine zu harte Strafe für ihn, da die Frauen bereits sexuelle Dienste erbracht hatten", der Richter schaute den Mann im Käfig an und kratzte sich an der Nase. „Hier ist meine Entscheidung! 95 Jahre im Gefängnis und die Einziehung seines Besitzes!", sagte er. Ein Wärter näherte sich dem Käfig und öffnete die Tür. Der Mann kam aus dem Käfig heraus.

„Danken Sie dem Richter für seine Entscheidung und verbeugen Sie sich vor ihm!", befahl der Wärter.

„Danke, euer Ehren", sagte der Mann, verbeugte sich und verließ den Gerichtssaal.

„Euer Ehren", sagte der Staatsanwalt und erhob sich, „dieser Schurke hat den Reinigungstransporter ausgeraubt. Er hat den Fahrer mit einer Pistole bedroht. Er nahm eine Tasche mit dreckigen Kleidungsstücken. Die Polizisten, die ihn festgenommen haben, haben gesehen, dass er die Tasche aufgemacht hat und an den dreckigen Kleidungsstücken gerochen hat. Wir glauben, dass es derjenige ist, der Kleidungsstücke stiehlt, die Frauen zum Trocken aufhängen. Dieser Verrückte hat schon zwei Monate lang in unserer Stadt gewütet! Ich fordere 350 Jahre

"¡Protesto!" gritó Vega, "¡Llegué a su ciudad hace dos días!" se justificó.

"¡Silencio! ¿Qué dice la defensa?" preguntó el juez.

"Señoría, ¿podemos consultarlo con nuestro cliente?" preguntó el defensor.

"Adelante, pero que sea rápido," pidió el juez, y bostezó.

El defensor se acercó a la jaula en la que estaba sentado Vega. Vega se acercó a él.

"Ayúdeme. Le pagaré," dijo en voz baja al defensor.

"En nuestro país es posible castigar solamente una parte del cuerpo," respondió el defensor en voz baja, "Dado que sujetó la pistola y olió la ropa sucia utilizando solamente su mano derecha, entonces podemos castigar solo la mano," continuó.

Vega miró a su defensor: "¿Qué quiere decir?" preguntó nerviosamente.

"Quiero decir que el juez puede castigar solo su mano derecha," sonrió el defensor, y guiñó un ojo, victorioso.

"¡Suficiente! Casi es la hora de cenar y estoy cansado," dijo el juez, "De modo que, ¿qué dice la defensa?" volvió a preguntar el juez.

"Dado que mi defendido tenía una pistola y olió la ropa sucia con su mano derecha, pido castigar solamente su mano," dijo el abogado, e hizo una reverencia.

"¡Esperen un momento!" gritó Vega, "¡Solicito que lleven a cabo un experimento de investigación!"

Gefängnisstrafe für ihn!"

„Ich protestiere", schrie Vega. „Ich bin erst vor zwei Tagen in Ihre Stadt gekommen!", rechtfertigte er sich.

„Ruhe! Was sagt die Verteidigung?", fragte der Richter.

„Euer Ehren, dürfen wir uns mit unserem Klienten beraten?", fragte der Verteidiger.

„Machen Sie, aber schnell", bat der Richter und gähnte.

Der Verteidiger kam zu dem Käfig in dem Vega saß. Vega näherte sich ihm.

„Helfen Sie mir. Ich werde Sie bezahlen", sagte er leise zu dem Verteidiger.

„In unserem Land ist es möglich nur einen Teil des Körpers zu bestrafen", antwortete der Verteidiger leise. „Da Sie die Waffe nur mit Ihrer rechten Hand gehalten haben und die Kleidungsstücke in Ihrer rechten Hand hielten, um an ihnen zu riechen, können wir nur die rechte Hand bestrafen", setzte er fort.

Vega sah den Verteidiger an. „Was meinen Sie?", fragte er nervös.

„Ich meine, dass der Richter nur Ihre rechte Hand bestrafen kann", der Verteidiger lächelte und zwinkerte triumphierend.

„Genug! Es ist Zeit für das Abendessen und ich bin müde", sagte der Richter. „Also, was sagt die Verteidigung?", fragte der Richter noch einmal.

„Da der Angeklagte die Waffe nur mit seiner rechten Hand gehalten hat und die Kleidungsstücke in seiner rechten Hand hielt, um an ihnen zu riechen, fordere ich, nur die rechte Hand zu bestrafen", sagte der Anwalt und verbeugte sich.

„Warten Sie eine Minute!", schrie Vega. „Ich

"¿Para qué?" dijo el juez con sorpresa, y se rascó la cabeza. Todos miraron a Vega con interés.

"¡Puedo probar que no fui yo quien robó la furgoneta de la tintorería!" propuso Vega.

"¿Entonces quién lo hizo?" el fiscal estaba sorprendido. Todos miraron a Vega. Los obreros dejaron de pintar y también lo miraron con interés.

"El conductor de la furgoneta de la tintorería es el líder de una peligrosa organización terrorista. ¡Me dio una pistola y me ordenó hacerlo! ¡Hay una bomba en esa furgoneta! ¡Quiere volar la comisaría de policía y la prisión! ¡Se lo mostraré, Señoría! ¿Podemos llevar a cabo un experimento de investigación?" gritó Vega.

"Sí," aceptó el juez, "¡Rápido, lleven a cabo un experimento de investigación y arresten al conductor! ¡Arresten a todos los terroristas! ¡Rápido! "

Los guardas llevaron a Vega al patio de la prisión. Había una camioneta en el patio. El conductor estaba dormido dentro. El juez, la defensa, el fiscal y los obreros que estaban pintando las paredes miraban desde las ventanas de la prisión.

"¡Ahí está ese rufián!" gritó Vega al juez, y agarró al conductor por el pelo. "¡Te tenemos, rufián! ¡Asqueroso terrorista!" gritó.

El adormilado conductor empezó a gritar horrorizado: "¡Ayuda! ¡Quiere robarme otra vez! ¡Ayuda! ¡Policía!"

Varios oficiales de policía agarraron al conductor y lo arrojaron al suelo. Vega

verlange, einen Ermittlungsversuch durchzuführen!"

„Wozu?", sagte der Richter überrascht und kratzte sich am Kopf. Alle sahen Vega interessiert an.

„Ich kann beweisen, dass ich nicht derjenige war, der den Reinigungstransporter überfallen hat!", schlug Vega vor.

„Wer hat es dann getan?", der Staatsanwalt war überrascht. Alle sahen Vega an. Die Arbeiter hörten auf zu streichen und schauten Vega auch interessiert an.

„Der Fahrer des Reinigungstransporters ist der Führer einer gefährlichen terroristischen Organisation. Er gab mir die Waffe und zwang mich, es zu tun! Es ist eine Bombe in seinem Transporter! Er möchte die Polizeiwache und das Gefängnis in die Luft sprengen! Ich werde es Ihnen zeigen, euer Ehren! Können wir einen Ermittlungsversuch durchführen?", schrie Vega.

„Ja", stimmte der Richter zu. „Schnell, führt einen Ermittlungsversuch durch und nehmt den Fahrer fest! Nehmt alle Terroristen fest! Schnell!"

Die Wächter brachten Vega in den Gefängnishof. Ein Lastwagen stand im Hof. Ein Fahrer saß im Lastwagen und schlief. Der Richter, der Verteidiger, der Staatsanwalt und die Arbeiter, welche die Wände strichen, sahen von den Gefängnisfenstern aus zu.

„Hier ist der Schurke!", schrie Vega dem Richter zu und hielt den Fahrer an den Haaren fest. „Wir haben dich, Schurke! Widerlicher Terrorist!", schrie er.

Der schläfrige Fahrer begann entsetzt zu schreien: „Hilfe! Er will mich noch einmal überfallen! Hilfe! Polizei!"

Einige Polizisten schnappten den Fahrer und

saltó sobre él y comenzó a pegarle.

"¡Mire, señoría! ¡Aquí está ese asqueroso terrorista!" gritó, "¡Hay una bomba en la camioneta! ¡Mire!" rápidamente subió al auto, agarró una de las bolsas y la lanzó al suelo con asco, "¡bomba!" gritó Vega. Todos se detuvieron y miraron hacia la bolsa.

"¡Hay otras cinco bombas en la furgoneta! ¡Tengo que sacarla de la cárcel!" Vega encendió el motor y condujo rápido por el camino. Uno de los guardas abrió con cuidado la bolsa que estaba en el suelo. Por supuesto, estaba llena de ropa sucia.

"¡Tras él!" gritó el juez, "¡Arréstenlo, rápido! ¡Idiotas!"

John Vega condujo como nunca había conducido antes. Ahora solamente necesitaba llegar a Peter Ashur. Y sabía dónde encontrarlo.

warfen ihn zu Boden. Vega sprang auf den Fahrer und begann ihn zu schlagen.

„Sehen Sie, euer Ehren! Hier ist dieser widerliche Terrorist!", schrie er. „Eine Bombe ist im Transporter! Sehen Sie!", er kletterte schnell in den Lastwagen, schnappte eine der Taschen und warf sie angewidert auf den Boden. „Bombe!", schrie Vega. Alle hielten inne und schauten auf die Tasche.

„Da sind noch fünf weitere Bomben im Transporter! Ich muss den Transporter aus dem Gefängnis hinausfahren!", Vega startete den Motor und fuhr schnell die Straße entlang. Einer der Wärter öffnete vorsichtig die Tasche auf dem Boden. Natürlich war sie voll dreckiger Kleidungsstücke.

„Ihm nach!", schrie der Richter. „Nehmt ihn fest, schnell! Idioten!"

John Vega fuhr so schnell, wie er noch nie zuvor gefahren war. Jetzt musste er zu Peter Ashur gelangen. Und er wusste, wo er ihn finden konnte.

C

Repaso de nuevo vocabulario

1

- ¿Podrías decirme si hoy es viernes o sábado?

- Creo que hoy es viernes. No estoy seguro.

- ¿Sabes qué hora es?

- Lo comprobaré en mi teléfono. Las cinco menos cinco.

- Gracias. En cualquier caso, ¿hace

Wiederholung des neuen Vokabulars

1

- Könnten Sie mir sagen, ob heute Freitag oder Samstag ist?

- Ich glaube heute ist Freitag. Ich bin mir nicht sicher.

- Wissen Sie wie spät es ist?

- Ich werde auf meinem Telefon nachsehen. Es ist fünf Minuten vor fünf.

- Danke. Übrigens, ist es draußen warm?

calor fuera?

- Fuera hace fresco pero sol. Probablemente más tarde haga calor.

2

- ¿Qué estás haciendo?

- Estoy poniendo la ropa a secar.

- No deberías poner la ropa a secar cerca de una parada de autobús.

- Siempre la pongo aquí.

- Es mejor poner la ropa a secar en el jardín de detrás de la casa.

3

- Quiero darle las gracias por haber encontrado mis documentos.

- Mejor déselas al director. Él es el que voló la caja fuerte y los encontró.

- ¿Por qué no abrió la caja fuerte con llave?

- La perdió hace dos meses.

4

- ¿Sabe cómo llegar al zoo?

- No, no lo sé. Lo siento.

- Espere. Puedo decirle cómo llegar. Primero, vaya recto hasta el semáforo. Después a la derecha hasta el hotel. El zoo está detrás del hotel.

- Sí, gracias...

- De nada. ¡Adiós!

- Un momento... ¿Por qué está abierta su jaula? Iré a ver cómo lo alimentan y le llevaré un plátano.

- Draußen ist es kalt, aber sonnig. Es wird wahrscheinlich später heiß werden.

2

- Was hängst du gerade auf?

- Ich hänge die Wäsche zum Trocknen auf.

- Du solltest die Wäsche nicht in der Nähe der Bushaltestelle aufhängen.

- Ich hänge sie immer hier auf.

- Es ist besser die Wäsche im Garten hinter dem Haus aufzuhängen.

3

- Ich wollte mich bei dir bedanken, weil du endlich meine Unterlagen gefunden hast.

- Du solltest besser dem Manager danken. Er war derjenige, der den Safe gesprengt hat und sie gefunden hat.

- Warum hat er den Safe nicht mit dem Schlüssel geöffnet?

- Er hat den Schlüssel vor zwei Monaten verloren.

4

- Weißt du, wie man zum Zoo kommt?

- Nein, das weiß ich nicht. Tut mir leid.

- Warte. Ich kann dir sagen wie man dorthin kommt. Zuerst gehst du geradeaus bis zur Ampel. Dann bis zum Hotel. Der Zoo ist hinter dem Hotel.

- Ja, danke...

- Gern geschehen! Tschüss!

- Warte kurz... Und wann ist dein Käfig zugänglich? Ich werde kommen um zu sehen, wie sie dich füttern und ich werde dir eine Banane bringen.

5

- Así que, Sr. director, tengo que condenarlo a confiscación de su propiedad.

- Por favor, no lo haga, Sr. juez. No volveré a hacerlo. Se lo prometo.

- ¿Qué dice la defensa?

- Señoría, mi cliente roba todo lo que ve. Ya robó la llave al guarda de la prisión y el plato del perro del guarda. No puede controlarse. Mi cliente no debería ser castigado. Probablemente es cleptómano. Debería ser examinado por un médico.

- Ya veo. Que lo examine un médico. ¿Dónde está mi teléfono? ¡Es usted un rufián, Sr. director! ¡Un rufián y un loco! Sr. fiscal, ¿qué cree?

- ¡Debería ser severamente castigado, señoría! Acaba de robarme el periódico. Solicito la pena de muerte. ¡Castiguémoslo ahora mismo!

6

- ¡Dónde estaba usted cuando se oyó la primera explosión?

- Estaba a dos pasos del banco, Sr. juez.

- ¿Y dónde estaba cuando se oyeron la segunda y la tercera explosión?

- Oh, ¡en ese momento ya estaba a tres manzanas!

7

- Señor, ¿por qué me guiña el ojo?

- No le estoy guiñando el ojo,

5

- Also, Herr Manager, Sie werden verurteilt und ihr Eigentum wird beschlagnahmt.

- Bitte nicht, Herr Richter. Ich werde es nicht mehr tun. Ich verspreche es Ihnen.

- Was sagt die Verteidigung?

- Euer Ehren, mein Klient stiehlt alles in seiner Nähe. Er hat bereits den Schlüssel des Gefängniswärters gestohlen und den Napf des Hundes des Wärters. Er kann sich selbst nicht kontrollieren. Mein Klient sollte nicht bestraft werden. Er ist wahrscheinlich ein Kleptomane. Er sollte von einem Arzt untersucht werden.

- Ich verstehe. Lassen Sie ihn von einem Arzt untersuchen. Und wo ist mein Telefon? Sie sind ein Schurke, Herr Manager! Ein Schurke und ein Verrückter! Herr Staatsanwalt, was denken Sie?

- Er sollte hart bestraft werden, euer Ehren! Er hat gerade meine Zeitung gestohlen. Ich fordere die Todesstrafe. Lassen Sie ihn uns jetzt gleich bestrafen!

6

- Wo waren Sie, als Sie die erste Explosion gehört haben?

- Ich war nur zwei Schritte entfernt von der Bank, Herr Richter.

- Und wo waren Sie, als Sie die zweite und dritte Explosion gehört haben?

- Oh, zu der Zeit war ich bereits drei Häuserblocks entfernt!

7

- Mein Herr, warum zwinkern Sie mir zu?

- Ich zwinkere Sie nicht an. Beruhigen Sie sich.

señorita. Tranquilícese.

- ¡No necesito tranquilizarme! ¿Por qué le está guiñando el ojo a otra y no a mí?

8

- ¡No mires a otras mujeres! Mírame solo a mí.

- Pero ellas me están mirando. ¿Es mi culpa ser tan sexy?

- Sácate el dedo de la nariz y no te mirarán.

9

- Señorita, ¿puede hacerme un favor?

- No, no puedo.

- Oh, por favor.

- No.

- ¡Se lo suplico!

- ¿Qué tipo de favor, loco?

- Deje de golpear mi silla con el pie.

10

- Lleve a este loco a la sala número cinco.

- Doctor, ¡protesto! ¡Soy una camioneta, no un loco! ¡Necesito conducir hasta el garaje! ¡Déjeme ir!

- Cálmese, paciente. Creemos que es usted una camioneta pero simplemente porque lamió el culo de un sapo.

- ¡Quiero consultarlo con el fiscal!

- De acuerdo. Llévenlo con el fiscal. El fiscal está en la sala número cuatro.

- Ich habe keinen Grund mich zu beruhigen. Warum zwinkern Sie jemand anderen an und nicht mich?

8

- Schau' keine anderen Frauen an! Schau' nur mich an.

- Aber sie schauen mich alle an. Ist es meine Schuld, dass ich so sexy bin?

- Nimm' den Finger aus deiner Nase und sie werden aufhören dich anzuschauen.

9

- Junge Frau, darf ich Sie um einen Gefallen bitten?

- Nein, das geht nicht.

- Bitte.

- Nein.

- Ich flehe Sie an.

- Welche Art von Gefallen, Verrückter?

- Hören Sie damit auf, mit Ihrem Fuß an meinen Stuhl zu klopfen.

10

- Bringen Sie diesen Verrückten in das Zimmer Nummer fünf.

- Herr Doktor, ich protestiere! Ich bin ein Lastwagen und kein Verrückter! Ich muss in die Garage fahren! Lassen Sie mich gehen!

- Beruhigen Sie sich, Patient. Wir glauben, dass Sie nur ein Lastwagen sind, weil Sie den Hintern einer Kröte abgeleckt haben.

- Ich möchte mit dem Staatsanwalt sprechen!

- In Ordnung. Bringen Sie ihn zum Staatsanwalt. Der Staatsanwalt ist in Zimmer Nummer vier.

16

El arma de khan

Die Waffe der Khans

Palabras

acarició - streichelte	arma - Waffe, die
acelerador - Gas, das	arrastrar - ziehen
agarró - packte	arrastró - zog
aire - Luft, die	atacar – angreifen
alcohol - Alkohol, der	ataque – Angriff, der
alrededor - umher	atasco – Stau, der
ambos - beide	aterrizó - landete
aparcamiento – Parkplatz, der	aulló - schrie
aplastar - zerquetschen	barril - Fass, das
arcén – Randstreifen, der	beber - trinken

borracho - getrunken, betrunken
bramando - trompetend
bramó - trompetete
cada - jede, jeder, jedes
caer - fallen
carretera - Straße, die
cerca - in der Nähe
cincuenta - fünfzig
comprendió - verstanden
concluyó – sagte abschließend
contra - gegen
control - Kontrolle, die
controlarse – sich beherrschen
crear - erzeugen
derramado - verschüttet
derrumbó – zerbrach
destruir - zerstören
dirección - Richtung, die
disfrutar - etwas gerne tun
disparar - schießen
dolor - Schmerz, der
elefante - Elefant, der
empujar - drücken
encima – auf, über
enorme - riesig
equipo - Team, das
escapar - fliehen
estaban corriendo - rannten
estruendo - Dröhnen, das
fábrica - Fabrik, die

fueron heridas – wurden verletzt
fuerte - stark
funcionó - funktionierte
golpear - schlagen
granja - Farm, die
gritó - schrie
hacia - zu
hasta - bis
herido - verletzt
hijo - Sohn, der
idea - Idee, die
increíble - unglaublich
insistió - beharrte
Khan - Khan
levantó – hob hoch
ley - Gesetz, das
licor - Alkohol, der
llegar - erreichen
loco - verrückt
lomo – Rücken, der
masa - Masse, die
mató - getötet
ministro – Minister, der
momento - Moment, der
negocios - Geschäft, das
oyó - hörte
pálido - blass
palo - Stock, der
papá - Papa, der
parientes - Verwandte

percibió - bemerkte
pidió - fragte
preguntó - fragte
presionado - gedrückt
problema - Problem, das
propuse - schlug vor
protestó - protestierte
refuerzo - Verstärkung, die
saltó - sprang
seguir - folgen

segundo - Sekunde, die
sonó - klingelte
trompa - Rüssel, der
utilizar - nutzen
vacío - leer
velocidad - Geschwindigkeit, die
verja - Tor, das
volante - Lenkrad, das
volcar - kippten um

 B

El arma de khan

De camino hacia el aeropuerto, Paul se metió en un atasco. Su taxi también se detuvo allí. Miró a su alrededor y vio, a la derecha, un muro largo y alto con una gran verja. Sobre la verja ponía Hal Hut.
"¿Qué es eso de la derecha?" preguntó Paul.
"Es la prisión Hal Hut," dijo el conductor del taxi, "Y ahí hay una granja de elefantes," señaló a la izquierda.
Paul miró hacia donde había señalado el conductor. Vio unos elefantes enormes. Unos cuantos estaban corriendo por el campo. Levantaron las trompas y bramaron.
"Algo les pasa a los elefantes," dijo el conductor. El teléfono de Paul sonó.
"Sí," contestó.
"Paul, soy Andrew. ¿Puedes hablar?" escuchó Paul.

Die Waffe der Khans

Auf dem Weg zum Flughafen kam Paul in einen Stau. Das Taxi blieb auch im Stau stehen. Er sah sich um und sah eine lange, hohe Mauer mit einem großen Tor rechts von ihm. Über dem Tor stand Hal Hut.

„Was ist das rechts von uns?", fragte Paul.

„Das ist das Hal Hut Gefängnis", sagte der Taxifahrer. „Und das ist eine Elefantenfarm", er zeigte nach links.

Paul schaute dorthin, wohin der Fahrer gezeigt hatte. Er sah dort große Elefanten. Einige Elefanten rannten über ein Feld. Sie hoben ihre Rüssel und trompeteten.

„Etwas stimmt mit den Elefanten nicht", sagte der Fahrer. Pauls Handy klingelte.

„Ja", antwortete er.

„Paul, hier ist Andrew. Kannst du sprechen?", hörte Paul.

„Ja, ich bin in einem Taxi, auf dem Weg zum

"Sí, estoy en un taxi, de camino al aeropuerto," respondió Paul a Andrew. "Los de la oficina central han pedido que te ocupes del avión que va a volar al norte de África. Necesitan toda la información que tengas. Si puedes subir al avión, el Ministro de Defensa creará un equipo de refuerzo. ¿Qué idiotas de nuestro país van a estar a bordo?" preguntó Andrew.
"Dos parientes - un padre y su hijo, los dos tienen problemas con la ley. Intentaré montar en el avión como piloto. Te volveré a llamar tan pronto tenga más información," dijo Paul.
"Comprendido. No te rindas. Norte de África - eso es más peligroso ahora mismo que nuestros ladrones y borrachos locales," dijo Andrew.
"De acuerdo. Hasta luego," concluyó Paul. De repente vio que la gente salía corriedo de los coches parados que estaban delante de él. El conductor de su taxi también salió de un salto del coche y escapó. Paul miró hacia adelante y vio que los elefantes venían corriendo por la izquierda hacia la carretera. Bramando, corrieron hasta los coches y los volcaron con sus trompas para dejar libre el camino. A continuación corrieron por la carretera hacia un camión. Salió rápidamente y vio a dos enormes elefantes que corrían hacia su taxi. Uno de ellos levantó un taxi con la trompa y lo volcó. Un hombre llevaba el otro elefante. Bramando, ese elefante pasó corriendo por delante de Rost. El hombre gritó fuerte y golpeó al elefante con un palo en el lomo. Paul le miró a la cara. Por un momento sus ojos se encontraron. ¡Increíble! ¡El

Flughafen", antwortete Paul Andrew.

„Die Leute aus der Zentrale wollen dich bitten, dass du dich um das Flugzeug kümmerst, dass nach Nordafrika fliegen soll. Sie brauchen alle Informationen, die du hast. Wenn du es schaffst in das Flugzeug zu kommen, wird das Verteidigungsministerium ein Verstärkungsteam zusammenstellen. Welche Idioten aus unserem Land werden dabei sein?", fragte Andrew.

„Zwei Verwandte - ein Vater und sein Sohn, beide haben Schwierigkeiten mit dem Gesetz. Ich werde versuchen als Pilot in das Flugzeug zu kommen. Ich rufe dich an sobald ich mehr Informationen habe", sagte Paul.

„Verstanden. Halt' durch! Nordafrika - das ist viel ernster als unsere örtlichen Diebe und Betrunkenen", sagte Andrew.

„In Ordnung. Bis bald", sagte Paul abschließend. Er sah plötzlich, dass die Leute aus den geparkten Autos vor ihm ausstiegen und wegrannten. Sein Taxifahrer sprang auch aus dem Auto und rannte weg. Paul schaute nach vorne und sah, dass die Elefanten von links auf die Straße rannten. Trompetend rannten sie zu den Autos und kippten sie mit ihren Rüsseln um, um den Weg freizumachen. Dann rannten sie über die Straße, genau auf einen Lastwagen zu. Paul stieg schnell aus und sah, dass zwei Elefanten auf das Taxi zu rannten. Einer von ihnen hob ein Taxi mit seinem Rüssel hoch und kippte es um. Ein Mann ritt auf dem anderen Elefanten. Trompetend rannte der Elefant an Rost vorbei. Ein Mann schrie laut und schlug den Elefanten mit einem Stock auf den Rücken. Paul schaute sich sein Gesicht an. Einen kurzen Moment lang trafen sich ihre Augen. Unglaublich! Der Mann auf dem Rücken des Elefanten war Peter Ashur! Der Mann mit dem Tattoo ‚Keine Zeit zu verlieren!', wusste

hombre que iba sobre el elefante era Peter Ashur! ¡El hombre con el tatuaje "¡No hay tiempo que perder!" sabe cómo crearse problemas a sí mismo y a los demás. Gritando, dirigió al elefante hacia el camión que estaba a la derecha del muro de la prisión. Los demás elefantes le siguieron. Paul percibió un fuerte olor a alcohol en el aire. Los elefantes corrieron hacia el camión, levantaron sus trompas y las dejaron caer sobre el camión. Paul se acercó más para ver mejor. Algo se había derramado alrededor del camión. Probablemente fuera licor, porque el olor allí era muy fuerte. Los elefantes bebieron de los barriles del camión. Otros elefantes, los que venían detrás, no podían llegar a los barriles porque no había más espacio. Empezaron a golpear y aplastar a los elefantes que estaban al lado del camión. Estalló una pelea. El olor del alcohol volvía locos a los elefantes y, bramando, se golpeaban y empujaban unos a otros. Los que ya habían bebido licor ya no podían controlarse. Golpeaban y empujaban todo lo que veían. Toda esta loca masa aplastó y empujó tan fuerte el camión que éste presionó contra el muro de la cárcel hasta que se derrumbó con un estruendo. Paul vio unas cuantas celdas. Las personas que había en ellas miraban horrorizados a los elefantes locos. Ashur saltó del elefante, corrió hacia allí y gritó: "¡Papá, soy yo, Peter! ¡Salta hacia aquí!" En ese momento un gran elefante empujó a otro y éste cayó al lado de Ashur. Ashur quiso esquivarlo, pero cayó al suelo y el elefante le aplastó la mano. Ashur aulló de dolor. Un hombre

wie man sich selbst und andere in Schwierigkeiten bringt. Mit seinem Geschrei führte er den Elefanten zu dem Lastwagen, der rechts von der Gefängnismauer stand. Die anderen Elefanten folgen ihm. Paul roch einen starken Geruch nach Alkohol, der die Luft erfüllte. Die Elefanten rannten zu dem Lastwagen, hoben ihre Rüssel und senkten sie in den Lastwagen. Paul rannte näher, um besser sehen zu können. Etwas war um den Lastwagen herum verschüttet. Wahrscheinlich war es Alkohol, da es einen sehr starken Geruch hatte. Die Elefanten tranken aus den Fässern auf dem Lastwagen. Andere Elefanten, die von hinten angelaufen kamen, konnten die Fässer nicht erreichen, weil es keinen Platz mehr gab. Sie fingen an, die Elefanten, die in der Nähe des Lastwagens waren, zu schlagen und zu zerquetschen. Ein Feuer brach aus. Der Geruch von Alkohol machte die Elefanten wahnsinnig und trompetend schlugen und stießen sie sich gegenseitig. Die Elefanten, die bereits Alkohol getrunken hatten, konnten sich nicht länger kontrollieren. Sie schlugen und stießen alles, was sich in Sichtweite befand. Die ganze verrückte Masse quetschte und stieß den Lastwagen so fest, dass er gegen die Gefängnismauer gedrückt wurde und mit einem lauten Geräusch zerbrach. Paul sah einige der Gefängniszellen. Die Menschen blickten mit Entsetzen auf die verrückten Elefanten. Ashur sprang von dem Elefant, rannte hin und schrie: „Papa, ich bin's, Peter! Spring hier her!" In diesem Moment stieß ein großer Elefant einen anderen und dieser stürzte neben Ashur. Ashur wollte zurückspringen, aber er fiel zu Boden und der Elefant zerquetschte seine Hand. Ashur schrie vor Schmerzen. Ein Mann sprang aus seiner Gefängniszelle im zweiten Stock und landete genau zwischen den Elefanten. Er

saltó de su celda en el segundo piso y aterrizó justo entre los elefantes. Durante uno o dos segundos desapareció, y Paul pensó que los elefantes lo habían matado. Pero después se levantó del suelo y corrió hacia Ashur. "Hijo mío," gritó, agarró a Ashur y lo arrastró lejos de los elefantes. Otras personas empezaron a saltar de las celdas de la cárcel al suelo. Unas cuantas fueron inmediatamente heridas por los elefantes, pero muchas otras pudieron escapar. Paul corrió hacia Ashur y le ayudó a su padre a apartarlo. Arrastraron a Ashur hasta uno de los coches vacíos y se metieron dentro. Paul se puso al volante y encendió el motor. Los guardas de la prisión empezaron a salir a través de la verja. Comenzaron a disparar a la gente que escapaba de la cárcel y a los elefantes. Paul pisó el acelerador y el coche se puso en marcha. Condujo por el arcén hasta el lugar en que acababa el atasco. Después volvió a la carretera y circuló por ella a gran velocidad. Miró para Ashur. Tenía los ojos cerrados. El brazo herido estaba presionado contra su cuerpo. Su anciano padre le acariciaba la cabeza y repetía: "Hijo mío... hijo mío... "

Ashur abrió los ojos y miró a su alrededor. Una vez más se encontró con la mirada de Paul.
"Doscientos mil no es dinero suficiente para correr entre elefantes borrachos y llevar un avión al norte de África," protestó Paul, "¡Déme la mitad del dinero!" pidió.
"Es usted un buen tipo, Paul. Por eso voy a añadir otros cincuenta mil, así tendrá doscientos cincuenta mil,"

verschwand eine oder zwei Sekunden lang und Paul dachte, dass die Elefanten ihn getötet hätten. Aber dann stand er auf und rannte zu Ashur. „Mein Sohn", schrie er, packte Ashur und zog ihn von den Elefanten weg. Andere Leute begannen, aus ihren Gefängniszellen auf den Boden zu springen. Einige von ihnen wurden sofort von den Elefanten verletzt. Aber viele konnten fliehen. Paul rannte zu Ashur und half dessen Vater Ashur wegzuziehen. Sie zogen Ashur zu einem der leeren Autos. Sie stiegen ein. Paul setzte sich hinter das Lenkrad und startete den Motor. Gefängniswärter kamen aus dem Gefängnistor gerannt. Sie begannen auf die Leute, die aus dem Gefängnis liefen, und auf die Elefanten zu schießen. Paul stieg aufs Gas und das Auto raste davon. Er fuhr neben der Straße entlang bis dorthin, wo der Stau endete. Er kehrte auf die Straße zurück und fuhr die Straße in hoher Geschwindigkeit entlang. Er schaute Ashur an. Seine Augen waren geschlossen. Der verletzte Arm war gegen den Körper gedrückt. Sein alter Vater streichelte seinen Kopf und wiederholte: „Mein Sohn... mein Sohn..."

Ashur öffnete die Augen und sah sich um. Einmal mehr traf sich sein Blick mit dem Blick Pauls.

„Zweihunderttausend ist nicht genug Geld um zwischen betrunkenen Elefanten zu laufen und ein Flugzeug nach Nordafrika zu fliegen", protestierte Paul. „Gib' mir doppelt so viel Geld!", forderte er.

„Du bist ein guter Typ, Paul. Deshalb werde ich fünfzigtausend drauflegen, also wirst du zweihundertfünfzigtausend bekommen", bot Ashur an.

Paul schaute ihn an. Peter Ashurs Gesicht war sehr bleich. Es war klar, dass er große

ofreció Ashur.
Paul lo miró. La cara de Peter Ashur estaba muy pálida. Estaba claro que tenía mucho dolor.
"Trescientos cincuenta mil o voy directo a la policía, Peter," insistió Paul.
"Disfruto haciendo negocios con usted," aceptó Ashur. "De acuerdo. Tenemos que recoger las maletas con el dinero en un aparcamiento. El avión sale a las cinco del aeropuerto Arena 1. Deberíamos estar allí a las cuatro. Yo le indicaré," dijo. El teléfono de Paul sonó en su bolsillo. Paul lo sacó, miró la pantalla y lo apagó.
"En cualquier caso, ¿quién le aconsejó que utilizara a los elefantes?" preguntó Paul.
"El año pasado, los elefantes atacaron una fábrica de licor," dijo el padre de Ashur. "La fábrica estaba cerca de la cárcel. Bebieron mucho licor y destruyeron todo lo que encontraron. Por eso le propuse a Peter la idea de usar elefantes borrachos. Y funcionó, ¿verdad?" sonrió.
"Sí, el arma de Khan todavía funciona bien con los muros," dijo Paul, y volvió a meterse el teléfono en el bolsillo.

Schmerzen hatte.
„Dreihundertfünfzigtausend, oder wir fahren direkt zur Polizei, Peter", beharrte Paul.
„Ich mache gerne Geschäfte mit dir", stimmte Ashur zu. „Ich bin einverstanden. Wir müssen die Koffer mit dem Geld von einem Parkplatz abholen. Das Flugzeug fliegt um fünf Uhr vom Flughafen Arena 1. Wir sollten um vier Uhr dort sein. Ich werde dir den Weg zeigen", sagte er. Pauls Handy läutete in seiner Jackentasche. Er nahm es heraus, schaute auf den Bildschirm und schaltete es aus.

„Wer hat dir übrigens geraten, die Elefanten zu nutzen?", fragte Paul nach.

„Letztes Jahr haben die Elefanten eine Alkoholfabrik attackiert", sagte Ashurs Vater. „Die Fabrik war in der Nähe des Gefängnisses. Sie haben viel Alkohol getrunken und alles in Sichtweite zerstört. Deshalb habe ich Peter vorgeschlagen, betrunkene Elefanten zu verwenden. Und es hat funktioniert, nicht wahr?", er lächelte.

„Ja, die Waffe der Khans funktioniert immer noch gut gegen Mauern", sagte Paul und steckte das Handy zurück in seine Jackentasche.

C

Repaso de nuevo vocabulario

1

- ¿Podrías decirme si hoy es sábado o domingo?

- Creo que hoy es sábado. No estoy seguro.

Wiederholung des neuen Vokabulars

1

- Könnten Sie mir sagen, ob heute Samstag oder Sonntag ist?

- Ich glaube, heute ist Samstag. Ich bin mir nicht sicher.

- ¿Sabes qué hora es?

- Lo comprobaré en mi teléfono. Las seis menos cinco.

- Gracias. En cualquier caso, ¿hace frío fuera?

- No hace frío pero hace viento. Probablemente más tarde haga frío.

2

- Mira, este hombre está corriendo por el aparcamiento como un loco. Seguramente no encuentra su coche.

- Acaba de robar un banco. Y también le robaron su coche.

3

- Señor, ¿por qué está tan pálido? ¿Le duele algo? ¿Se encuentra mal?

- Me duele que este hombre pueda comprarse un coche nuevo.

4

- Dice que tiene problemas con la ley.

- ¿De veras? ¿A qué se dedica?

- Lame culos de sapo ilegalmente.

- ¿Va eso contra la ley?

- Sí, va contra la ley.

5

- ¡Mira! ¡Hay un atasco en la carretera!

- ¿Qué ocurrió?

- Un conductor borracho conducía a alta velocidad e hirió a varias personas que estaban en la parada del bus.

- ¡Deberían matar a los conductores borrachos!

- ¡Yo también lo creo!

- Wissen Sie wie spät es ist?

- Ich werde auf meinem Telefon nachsehen. Es ist fünf vor sechs.

- Danke. Übrigens, ist es draußen kalt?

- Es ist nicht kalt, aber windig. Später wird es wahrscheinlich kalt werden.

2

- Schau, dieser Mann rennt wie ein Verrückter auf dem Parkplatz herum. Er kann wahrscheinlich sein Auto nicht finden.

- Er hat gerade eine Bank ausgeraubt. Und sein Auto wurde auch gestohlen.

3

- Warum sind Sie so blass? Haben Sie Schmerzen? Fühlen Sie sich krank?

- Es tut mir weh, zu sehen, wie dieser Mann sich ein neues Auto kauft.

4

- Sie sagen, dass er Schwierigkeiten mit dem Gesetz hat.

- Wirklich? Was macht er?

- Er leckt illegal Hintern von Kröten ab.

- Verstößt das gegen das Gesetz?

- Ja, das verstößt gegen das Gesetz.

5

- Schau! Da ist ein Stau auf der Straße.

- Was ist passiert?

- Ein betrunkener Fahrer ist auf den Randstein gefahren und hat mehrere Leute an der Bushaltestelle verletzt.

- Betrunkene Fahrer sollten getötet werden!

- Das finde ich auch!

6

- La policía liberó la carretera. Ahora ya no hay atasco y podemos circular.

- ¿Y dónde está el conductor borracho que hirió a la gente que estaba en la parada del bus?

- Los familiares de los heridos, locos de rabia, querían matarlo. Por eso la policía se lo llevó a la cárcel.

- Espero que no salga nunca de allí. Es un asqueroso rufián.

7

- El Ministro de Defensa compra un montón de armas cada año.

- Las armas son necesarias para la defensa nacional.

- Sí, pero creo que debería dar la mitad del dinero a los hospitales.

6

- Die Polizei hat die Straße geräumt. Es gibt keinen Stau mehr und wir können fahren.

- Und wo ist der betrunkene Fahrer, der die Leute an der Bushaltestelle verletzt hat?

- Familienmitglieder der Verletzten, verrückt vor Leid, wollen ihn hinrichten. Deshalb hat ihn die Polizei ins Gefängnis gebracht.

- Ich hoffe, er kommt dort nie heraus. Er ist ein widerlicher Schurke.

7

- Das Verteidigungsministerium kauft jedes Jahr viele Waffen.

- Die Waffen sind wichtig für die nationale Verteidigung.

- Ja, aber ich glaube, dass Spitäler die Hälfte des Geldes bekommen sollten.

17

Billete de ida
Ohne Rückfahrt

A

Palabras

adelantó - flog vorbei
aeronave - Flugzeug, das
agradable - schön
ala - Flügel, der
añadió - fügte hinzu
ancha - breit
aparato – Gerät, das
apareció - tauchte auf

aparte - auseinander
árabe - Araber, der
arena - Sand, der
asiento - Sitz, der
asustado - verängstigt
atentamente - konzentriert
aterrizar - landen
ida – Hinfahrt, die

básica - grundlegend
billete - Fahrkarte, die
blanca - weiß
bomba - Bombe, die
brazo - Arm, der
caja - Kiste, die
calor - Hitze, die
chaqueta - Jacke, die
chatarra - Schrott, der
choque - zerquetschen
combate - Kampf, der
compuesto de misiles – Raketenlager, das
consultor - Berater, der
continuando - weitermachend
copiloto - Kopilot, der
cuarenta - vierzig
darse cuenta - merken
despegar - abheben
diamante - Diamant, der
diferente - andere, anderer, anderes
dio - gab
dio un golpecito - klopfte
dirigir - Kurs angeben
disparar - schießen
documento – Dokument, das
durante - während
economía - Wirtschaft, die
elevó - hob
embarazada - schwanger

emoción - Gefühl, das
equipo - Ausrüstung, die
estúpidas - dumm
europeo - europäisch
evitar - vermeiden
experimentado - erfahren
genio - Flaschengeist, der
gesticular - gestikulieren
hangar - Hangar, der
herida - Verletzung, die
hombro - Schulter, die
hora - Stunde, die
importa – ist wichtig
internacional - international
interrumpió - unterbrach
ir a la moda – modisch aussehen
kilómetro - Kilometer, der
listo - bereit
mapa – Karte, die
más alto - höher
más bajo - niedriger
menos - weniger
miedo – Angst, die
mirada – Blick, der
misil – Rakete, die
misil antimisil – Abwehrrakete, die
navegador - Navigator, der
normalmente - normalerweise
oh - oh
ojo – Auge, das

ola - Welle, die

permiso - Erlaubnis, die

pista - Startbahn

poco - wenig

poseso - Verrückte, der

rió - lachte

ropa - Kleidungsstücke, die

rugido - Dröhnen, das

seguir - folgt

soñado - geträumt

subir - einsteigen

superficie - Oberfläche, die

susto – Schrecken, der

tocó - berührte

tren de aterrizaje - Landevorrichtung, die

tristemente - traurig

trozo - Stück, das

uniforme - Uniform, die

B

Billete de ida

El aeropuerto Arena 1 estaba fuera de la ciudad. Paul Rost condujo hasta la verja. Un guarda de seguridad se acercó y les pidió un permiso de entrada. Ashur le enseñó un documento y el guarda los dejó pasar.

"Necesitamos ir al hangar número 21," dijo Ashur. Ahora el brazo le dolía menos. Condujeron hasta el hangar número 21 y salieron del coche.

"Esperen aquí," ordenó Ashur. Sacó dos maletas del coche y entró en el hangar.

Un minuto después salió y les dijo a Rost y a su padre que lo siguieran.

"Son gente muy peligrosa. No les haga preguntas, ¿de acuerdo?" pidió a Rost. Rost no contestó.

Entraron en el hangar. Allí estaba un avión Douglas DC-3. Había tres personas de pie al lado del avión. Una

Ohne Rückfahrt

Der Flughafen Arena 1 lag außerhalb der Stadt. Paul Rost fuhr bis zum Tor. Ein Sicherheitsbeamter näherte sich und fragte nach einer Einfahrtserlaubnis. Ashur zeigte ihm ein Dokument und der Beamte ließ sie in den Flughafen.

„Wir brauchen Hangar 21", sagte Ashur. Sein Arm schmerzte bereits weniger. Sie fuhren zu Hanger 21 und stiegen aus dem Auto aus.

„Wartet hier", befahl Ashur. Er nahm zwei Koffer aus dem Auto und ging in den Hangar. Eine Minute später kam er heraus und sagte zu Rost und seinem Vater, dass sie ihm folgen sollten.

„Das sind sehr gefährliche Leute. Stellt ihnen keine Fragen, in Ordnung?", bat er Rost. Rost antwortete nicht.

Sie gingen in den Hangar. Dort stand ein Flugzeug vom Typ Douglas DC-3. Drei Personen standen in der Nähe des

de ellas le dijo al padre de Ahur que se apartara y fuera hacia las cajas que estaban al lado del avión. Después miró a Rost y a Ashur. El hombre tenía alrededor de cuarenta años. Parecía árabe.

"Estos son consultores en..." empezó Ashur, pero el árabe le interrumpió: "Consultores en economía internacional." Los tres hombres sonrieron. "Mire este mapa," continuó, "el avión debería aterrizar en este punto de la carretera. ¿Podrá hacerlo?" mostró a Rost el mapa. Paul Rost lo miró.

"Si la carretera es lo suficientemente ancha, entonces no creo que haya problema," dijo Rost. Miró a los otros dos hombres. Parecían europeos. Ambos tenían más de cincuenta años. Uno de ellos señaló el mapa y dijo, "¿No cree que haya problema? Primero mire estos compuestos de misiles. ¿Cómo va a sortearlos?"

"Mantendré la aeronave a una altura de diez metros," dijo Rost, mirando atentamente el mapa.

"Esta viejo trozo de chatarra volará solamente a doscientos cincuenta kilómetros por hora. A esa velocidad y una altitud de diez metros - ése es el sueño de todos soldados de tierra que tengan un lanzamisiles entre las manos," el árabe señaló a Rost con el dedo, "Ashur dijo que usted era un piloto de combate experimentado. Pero no sabe cosas básicas. ¿Por qué está aquí?" el hombre empezó a gesticular mucho y Paul se dio cuenta de que tenía una pistola debajo de la chaqueta. "¿A quién has traído, Ashur? Dijiste que era

Flugzeugs. Einer von ihnen sagte zu Ashurs Vater, dass er sich weiter entfernen sollte und zu den Kisten in der Nähe des Flugzeuges gehen sollte. Dann sah er Rost und Ashur an. Der Mann war etwa vierzig Jahre alt. Er sah arabisch aus.

„Das sind Berater...", begann Ashur, aber der Araber unterbrach ihn. „Internationale Wirtschaftsberater." Alle drei Männer lächelten. „Sehen Sie sich diese Karte an", fuhr er fort. „Das Flugzeug sollte an diesem Ort auf einer Straße landen. Können Sie das?", er zeigte Rost die Karte. Paul Rost sah sich die Karte an.

„Wenn die Straße breit genug ist, glaube ich nicht, dass es irgendwelche Probleme geben wird", sagte Rost. Er schaute die anderen beiden Männer an. Sie sahen europäisch aus. Beiden waren älter als fünfzig Jahre. Einer von ihnen zeigte auf die Karte und sagte „Es wird keine Probleme geben? Sehen Sie sich erst diese Raketenlager an. Wie werden Sie sie umgehen?"

„Ich werde das Flugzeug in einer Flughöhe von zehn Metern halten", sagte Rost und schaute konzentriert auf die Karte. „Dieser alte Rosthaufen wird nur zweihundertfünfzig Kilometer pro Stunde fliegen. Bei dieser Geschwindigkeit und einer Höhe von zehn Metern - das ist der Traum eines jeden Soldaten, der über Boden-Luft-Raketen verfügt", der Araber hielt Rost seinen Finger ins Gesicht. „Ashur sagte, Sie seien ein erfahrener Kampfpilot. Aber Sie wissen die grundlegenden Dinge nicht. Warum sind Sie hierher gekommen?", der Mann begann aufgeregt zu gestikulieren und Paul bemerkte, dass er eine Waffe unter seiner Jacke hatte. „Wen hast du hierhergebracht, Ashur? Du hast gesagt, er sei ein Kampfpilot."

piloto de combate."

Ashur quiso decir algo, pero otra persona empezó a hablar.

"¿Qué tipo de avión llevaba?" dijo.

"Primero un caza. Después, tras haberme herido, me destinaron a aviones de carga. Llevé aviones mientras me disparaban desde tierra. Y normalmente a una altura de diez a treinta metros. Los soldados de tierra pueden derribar un avión incluso a una altitud de cinco mil metros y a velocidades de mil quinientos kilómetros por hora. Pero cuanto más bajo vuelas, menos misiles te lanzan. Si hay suficientes misiles antimisil los misiles no son tan peligrosos." Rost miró hacia el avión, "Este DC-3 es tan viejo que podría partirse en el aire. Así que las bombas serán lo de menos," sonrió. Uno de los hombres sonrió también. El árabe intercambió miradas con él. A continuación dio unos golpecitos a Rost en el hombro, "De acuerdo, chico. Estás en el negocio. Me llamo Aladdin. Sabes, a veces me preguntan dónde tengo al genio. ¡Y yo les respondo que mi genio está en esta cosa!" el árabe sacó su pistola y la presionó contra la cara de Rost, "Así que es mejor que hagas lo que yo te diga y no preguntes cosas estúpidas. Después tú y Ashur veréis el cielo de diamantes," sonrió Aladdin, "Sube al avión y comprueba el equipo. Saldremos en dos horas," añadió.

Rost entró en el avión. Había unos treinta hombres a bordo. También había unas cuantas cajas. Entró en la cabina. Peter Ashur ocupó el asiento del copiloto. Su padre se sentó en el asiento

Ashur wollte etwas sagen, aber jemand anderer begann zu sprechen.

„Was für ein Flugzeug sind Sie geflogen?", sagte er.

„Zuerst ein Kampfflugzeug. Dann, nach der Verletzung, wurde ich zu Transportflugzeugen versetzt. Ich flog die Flugzeuge durch den Beschuss vom Boden. Und normalerweise in einer Höhe von zehn bis dreißig Metern. Soldaten am Boden können sogar Flugzeuge in einer Höhe von fünftausend Metern und mit einer Geschwindigkeit von fünfzehntausend Stundenkilometern abschießen. Aber je niedriger man fliegt, desto weniger Raketen schießen sie ab. Wenn wir genug Abfangraketen haben, sind die Raketen nicht so gefährlich", Rost schaute auf das Flugzeug.

„Diese DC-3 ist so alt, dass sie in der Luft auseinanderfallen könnte. Dann machen auch die Raketen keinen Unterschied mehr", er lächelte. Einer der Männer lächelte. Der Araber tauschte Blicke mit ihm. Dann klopfte er Rost auf die Schulter: „Ok, wir sind im Geschäft. Mein Name ist Aladdin. Weißt du, manchmal werde ich gefragt, wo mein Flaschengeist ist. Dann antworte ich, dass mein Flaschengeist dieses Ding hier ist!", der Araber zog seine Waffe und hielt sie in Rosts Gesicht. „Also, es ist besser zu tun, was ich sage und keine dummen Fragen zu stellen. Dann werden Ashur und du den Himmel voller Diamanten sehen." Aladdin lächelte. „Geht in das Flugzeug und überprüft die Geräte. Das Flugzeug muss in zwei Stunden abfliegen", fügt er hinzu.

Rost stieg ins Flugzeug. Es waren etwa dreißig Männer an Board. Es gab auch einige Kisten. Er ging in das Cockpit. Peter Ashur setzte sich auf den Platz des Kopiloten. Sein

del navegador. Paul empezó a comprobar el equipo. El avión era tan viejo que algunos de los aparatos no funcionaban. Algunos ni siquiera estaban. Aladdin entró en la cabina.

"¡Oh, tenemos un gran navegador!" dio unos golpecitos al padre de Ashur en el hombro, "¿Qué hay en tus maletas?" le preguntó a Ashur.

"Nada... solo alguna ropa. Robé una tienda de ropa... para mujeres embarazadas," dijo Ashur.

"¿Quieres ir a la moda? Ya veo," sonrió Aladdin, "¿Cómo va eso, piloto?" se volvió a Rost, "¿Puedes llevar este viejo trozo de chatarra a Libia?" dijo.

"¿A Libia? Estoy seguro de que podría, pero me sorprendería que no se rompiera durante el aterrizaje," dijo Paul.

"Que se rompa durante el aterrizaje. Este avión solo hará el viaje de ida," dijo el árabe, y rió como un poseso. Cuando el árabe salió de la cabina, Paul Rost intercambió miradas con Ashur.

"Tenemos unos empleadores muy agradables, Peter," dijo Paul.

"Pagan bien. Lo demás no importa," dijo Ashur y miró hacia fuera. Dos hombres con uniformes de policía entraron en el hangar. El árabe y los otros dos "consultores" se acercaron a ellos y empezaron a hablar sobre algo emocionadamente, A continuación los "consultores" sacaron sus pistolas y obligaron a los policías a tumbarse en el suelo. Les cogieron las armas y los esposaron. Aladdin subió rápidamente al avión y entró en la cabina.

Vater setzte sich auf den Sitz des Navigators. Paul begann die Geräte zu überprüfen. Das Flugzeug war so alt, dass einige der Geräte nicht mehr funktionierten. Einige fehlten ganz. Aladdin kam in das Cockpit.

„Oh, wir haben einen großartigen Navigator", er klopfte Ashurs Vater auf die Schulter. „Was ist in euren Koffern?", fragte er Ashur.

„Nichts... nur Kleidung. Ich habe einen Bekleidungsladen ausgeraubt... für schwangere Frauen", sagte Ashur.

„Du willst modisch aussehen? Ich verstehe", sagte Aladdin mit einem Lächeln. „Wie geht's dem Piloten?", er wandte sich an Rost. „Kannst du diesen Schrotthaufen nach Libyen fliegen?", sagte er.

„Nach Libyen? Ich bin mir sicher, dass ich das könnte, aber ich wäre überrascht, wenn das Ding bei der Landung nicht auseinanderfallen würde", sagte Paul.

„Lass' es bei der Landung auseinanderfallen. Dieses Flugzeug fliegt nur in eine Richtung", sagte der Araber und lachte wie ein Verrückter. Als der Araber das Cockpit verließ, tauschten Paul Rost und Ashur Blicke.

„Wir haben großartige Arbeitgeber, Peter", sagte Paul.

„Sie zahlen gutes Geld. Der Rest ist mir egal", sagte Ashur und sah nach draußen. Zwei Männer in Polizeiuniformen kamen in den Hangar. Der Araber und die anderen beiden „Berater" gingen zu ihnen und begannen aufgeregt mit ihnen zu sprechen. Dann zogen die „Berater" ihre Waffen und zwangen die Polizisten sich auf den Boden zu legen. Sie nahmen die Waffen der Polizisten und legten ihnen Handschellen an. Aladdin stieg schnell ins Flugzeug und kam

"Nos vamos ahora mismo," dijo en voz alta, "¡Rápido, vámonos!"

"Pero el avión aún no está listo. No he comprobado los motores," contestó Paul.

"¡Ya los comprobarás en el aire! ¡Despega, rápido!" gritó el árabe.

"De acuerdo, despeguemos," aceptó Rost, encendiendo los motores. El hangar se llenó de humo y ruido.

"¡Abrid las puertas!" gritó Aladdin. Varias personas bajaron del avión y abrieron las puertas del hangar. Después volvieron a subir al avión y cerraron la compuerta. El avión salió del hangar, giró hacia la pista y empezó a coger velocidad. Varios coches de policía llegaron al hangar. Después dieron la vuelta y siguieron al avión por la pista.

"¡Despega! ¡Despega!" grtió Aladdin. Frente a ellos apareció otro avión. Estaba despegando desde la misma pista, pero en otra dirección. Rost elevó el avión ligeramente del suelo, giró y empezó a cambiar la dirección para evitar un choque. La otra aeronave también giró y, cambiando de dirección, los adelantó con un rugido. La gente que estaba en la playa escuchó el estruendo y vio que el ala del avión casi rozaba el mar mientras giraba, intentando volar más alto. Rost vio el miedo reflejado en las caras de Ashur y su padre.

"Todo va bien. Seguimos despegando. Compruebe el tren de aterrizaje," le dijo a Ashur. Con un rugido, el aeroplano se elevó más y más alto. Paul miró tristementa hacia la playa. Allí, las olas azules rompían en la blanca arena. A

ins Cockpit.

„Wir fliegen jetzt gleich los", sagte er laut. „Schnell, lasst uns abfliegen!"

„Aber das Flugzeug ist noch nicht startbereit. Ich habe die Motoren noch nicht überprüft", antwortete Paul.

„Du kannst sie in der Luft überprüfen! Schnell, heb' ab!", schrie der Araber.

„In Ordnung, wir heben ab", stimmt Rost zu und startete die Motoren. Der Hangar füllte sich mit Rauch und Dröhnen.

„Öffnet das Tor!", schrie Aladdin. Einige Leute stiegen aus dem Flugzeug aus und öffneten das Tor des Hangars. Dann stiegen sie wieder ein und schlossen die Luke. Das Flugzeug fuhr aus dem Hangar, drehte sich zur Startbahn und begann Geschwindigkeit aufzunehmen. Einige Polizeiautos kamen am Hangar an. Dann wendeten sie und verfolgten das Flugzeug auf der Startbahn.

„Heb' ab! Heb' ab!", schrie Aladdin. Vor ihnen taucht ein anderes Flugzeug auf. Es startete von derselben Startbahn, aber in die andere Richtung. Rost hob das Flugzeug leicht vom Boden, wendete und begann die Richtung zu ändern, um eine Kollision zu vermeiden. Das andere Flugzeug wendete auch, änderte seine Richtung, und flog mit einem Dröhnen an ihnen vorbei. Die Leute am Strand hörten das Dröhnen und sahen, dass der Flugzeugflügel beinahe das Meer berührte, als es wendete und versuchte, höher zu fliegen. Rost sah die verängstigten Gesichter von Ashur und dessen Vater.

„Alles ist ok. Wir setzen den Abflug fort. Überprüf' die Landevorrichtung", sagte er zu Ashur. Mit einem Dröhnen flog das Flugzeug höher und höher. Paul blickte traurig auf den Strand zurück. Dort brachen sich die blauen Wellen am weißen Sand. Dann

continuación miró a Ashur y a su padre, que parecían asustados. Estas no eran las vacaciones con las que había soñado. Aladdin entró en la cabina.

"Déjame dirigir, piloto," sonrió, "¡Sube cinco mil pies y derechos a Libia!"

schaute er zu Ashur und dessen Vater, die beide verängstigt aussahen. Das war nicht der Urlaub, von dem er geträumt hatte. Aladdin kam in das Cockpit.

„Lass' mich den Kurs angeben, Pilot", sagte er lächelnd. „Gehe auf tausendfünfhundert Meter und flieg' direkt nach Libyen!"

C

Repaso de nuevo vocabulario

1

- ¿Puedes decirme si hoy es domingo o lunes?

- Creo que hoy es domingo. No estoy seguro.

- ¿Sabes qué hora es?

- Lo comprobaré en mi teléfono. Son las ocho y veinte.

- Gracias. En cualquier caso, ¿hace calor fuera?

- No hace calor pero hace viento. Probablemente más tarde haga fresco.

2

- ¿Qué son estos hangares?

- Hay aviones dentro.

- ¿Civiles o militares?

- En general, aviones militares, pero algunos son de carga.

- ¡Mira! ¡Un avión está despegando y haciendo un giro en el aire!

3

- Quiero hacer un cambio en mi vida.

Wiederholung des neuen Vokabulars

1

- Könnten Sie mir sagen, ob heute Sonntag oder Montag ist?

- Ich glaube, heute ist Sonntag. Ich bin mir nicht sicher.

- Wissen Sie wie spät es ist?

- Ich werde auf meinem Telefon nachsehen. Es ist zwanzig Minuten nach acht.

- Danke. Übrigens, ist es draußen heiß?

- Es ist nicht heiß, aber windig. Später wird es wahrscheinlich kalt werden.

2

- Was sind das für Hangars?

- Im Inneren sind Flugzeuge.

- Zivile oder militärische?

- Generell militärische, aber einige sind Transportflugzeuge.

- Schau! Ein Flugzeug hebt ab und wendet in der Luft!

3

- Ich möchte etwas in meinem Leben ändern.

- ¿Por qué?

- No me gusta mi vida. Estoy cansado.

- ¿Qué quieres decir exactamente? ¿Tu trabajo? ¿Tu vida personal?

- Quiero cambiarlo todo.

- Si lo cambias todo pero no mejora, ¿entonces qué?

- No lo sé.

- Tienes que ir a un consultor de problemas personales.

4

- Hace un tiempo soñé que iba al océano Índico.

- ¿Se hizo tu sueño realidad?

- Sí. Ahora vivo en India. Pero no quiero vivir más aquí.

- ¿Y qué quieres?

- Quiero irme a casa y empezar mi propio negocio.

- ¿Tienes dinero suficiente para empezar un negocio?

- Sí. Un poquito.

5

- Dígame, por favor, ¿por dónde se va a la estación?

- Gire a la derecha por detrás de este edificio y camine recto por la calle. Encontrará la estación a cien metros.

6

- ¿Dónde está el director del banco?

- Salió fuera.

- Pero yo estaba al lado de la puerta y no lo vi.

- Warum?

- Ich mag mein Leben nicht. Ich bin müde.

- Was meinst du genau? Deine Arbeit? Dein Privatleben?

- Ich mag alles verändern.

- Wenn du alles änderst, aber nichts besser wird, was machst du dann?

- Ich weiß es nicht.

- Du solltest zu einem Lebensberater gehen.

4

- Vor einiger Zeit habe ich davon geträumt an den indischen Ozean zu fahren.

- Ist dein Traum wahr geworden?

- Ja. Ich lebe jetzt in Indien. Aber ich mag hier nicht mehr leben.

- Und was willst du?

- Ich möchte nach Hause zurückgehen und meine eigene Firma gründen.

- Hast du genug Geld, um eine Firma zu gründen?

- Ja. Ich habe ein wenig Geld.

5

- Sagen Sie mir bitte, welchen Weg ich nehmen muss, um zum Bahnhof zu gelangen?

- Gehen Sie rechts an diesem Gebäude vorbei und dann gerade die Straße entlang. Der Bahnhof ist dann etwa hundert Meter entfernt.

6

- Wo ist der Bankmanager?

- Er ist nach draußen gegangen.

- Aber ich war in der Nähe der Tür und habe ihn nicht gesehen.

- Salió por la ventana.

- ¿Suele entrar y salir por la ventana?

- No. Normalmente utiliza la puerta.

7

- Tenemos un equipo internacional en el trabajo.

- ¿De veras? ¿De dónde son tus compañeros?

- Son de Europa, América, África, y Asia.

8

- ¿Qué ocurriría si el ala de un avión toca el ala de otro avión?

- Ambas aeronaves chocarían.

9

- ¿Qué chaqueta me pongo hoy? Quiero ir a la moda.

- Siempre vas a la moda con chaqueta. Puedes ponerte cualquiera excepto la roja

10

- Dígame, por favor, ¿está el mar lejos de aquí?

- Está a quinientos kilómetros.

- ¡Qué playa tan grande! ¿Cómo se llama?

- Desierto del Sáhara.

11

- ¿Qué es esta cosa del avión?

- Es el tren de aterrizaje. El avión va por la pista sobre el tren de aterrizaje. Siga y busque su asiento, pasajero.

- Ya veo. ¿Y qué es esta cosa?

- Er ist durch das Fenster geklettert.

- Kommt und geht er normalerweise durch das Fenster?

- Nein. Normalerweise benutzt er die Tür.

7

- Ich arbeite in einem internationalen Team.

- Wirklich? Woher kommen deine Kollegen?

- Sie kommen aus Europa, Amerika, Afrika und Asien.

8

- Was würde passieren, wenn der Flügel eines Flugzeugs den Flügel eines anderen berühren würde?

- Beide Flugzeuge würden abstürzen.

9

- Welche Jacke soll ich heute anziehen? Ich möchte modisch aussehen.

- Du siehst mit einer Jacke immer modisch aus. Du kannst alle Jacken anziehen, bis auf die rote.

10

- Können Sie mir bitte sagen, ob das Meer weit entfernt von hier ist?

- Es ist fünfhundert Kilometer entfernt.

- Was für ein breiter Strand. Wie heißt er?

- Die Wüste Sahara.

11

- Was ist das für ein Ding auf dem Flugzeug?

- Das ist die Vorrichtung für die Landung. Das Flugzeug fährt auf der Landevorrichtung die Landebahn entlang. Gehen Sie weiter und finden Sie Ihren Sitzplatz, Passagier.

- Ich verstehe. Und was ist das für ein Ding?

- Esos son los intrumentos. El piloto utiliza los instrumentos durante el vuelo.

- Está claro. ¿Y qué es eso?

- Es un navegador. Informa al piloto de las localizaciones del aeropuerto y el avión y por dónde tiene que volar. Tome asiento, pasajero. Aquí está su asiento.

- Está claro. Gracias. Cuando era pequeño yo también quería ser navegador.

- ¿Por qué navegador?

- ¡Es una palabra tan bonita - navegador!

- ¿Y a qué se dedica?

- Soy ingeniero militar. Construyo misiles que derriban aviones militares.

- ¿Así que su profesión también está relacionada con los aviones?

- Sí. Podría decirse que ahora mato navegadores. ¿Y sabe qué? ¡También lo encuentro interesante!

- Si es un ingeniero de bombas, ¿cómo es que no sabe lo que es un tren de aterrizaje?

- Por supuesto que sé lo que es un tren de aterrizaje, pero… ¿ha visto usted mi sapito verde?

- Das sind die Instrumente. Die Piloten benutzen die Instrumente während des Fluges.

- Das ist klar. Und wer ist das, in der Uniform?

- Das ist der Navigator. Er sagt dem Piloten die Lage der Flughäfen und des Flugzeugs, und wohin er fliegen muss. Setzen Sie sich, Passagier. Hier ist Ihr Sitzplatz.

- Das ist klar. Danke. Als ich klein war, wollte ich auch Navigator werden.

- Warum ein Navigator?

- Das ist so ein schönes Wort - Navigator!

- Und was sind Sie geworden?

- Ich bin Militäringenieur geworden. Ich stelle Raketen her, die Militärflugzeuge abschießen.

- Also hat Ihr Beruf auch mit Flugzeugen zu tun?

- Ja. Man könnte sagen, dass ich jetzt Navigatoren umbringe. Und wissen Sie was? Ich finde das auch interessant!

- Wenn Sie ein Raketeningenieur sind, warum wissen Sie dann nicht, was die Landevorrichtung ist?

- Natürlich weiß ich, was die Landevorrichtung ist, aber… Haben Sie meine kleine grüne Kröte gesehen?

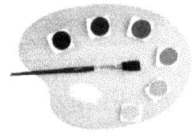

18

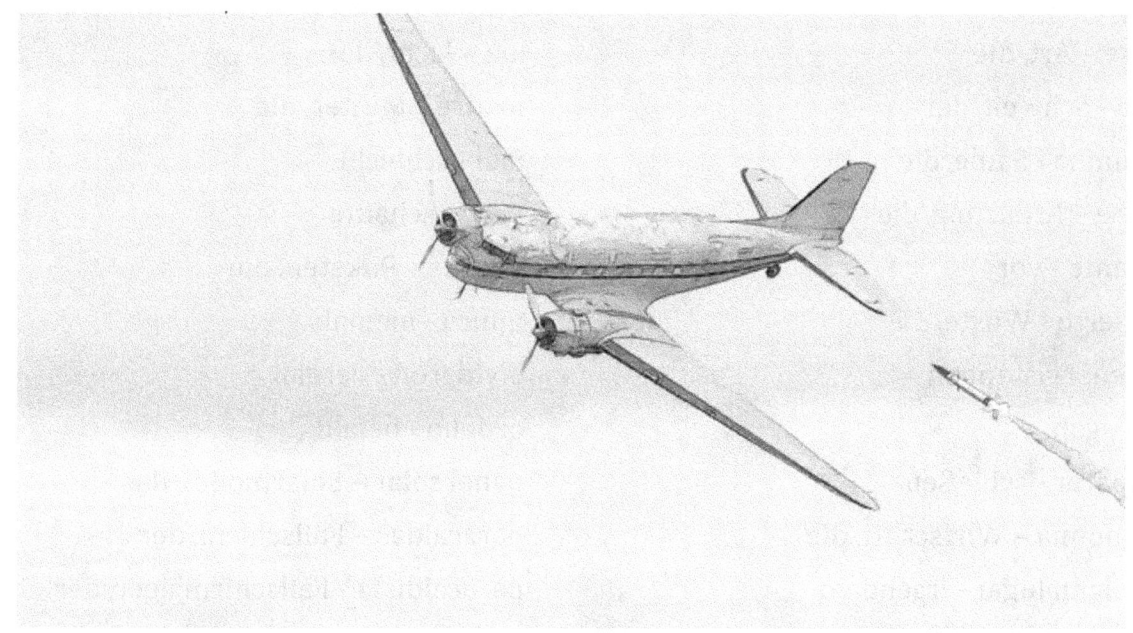

Un cielo de diamantes
Der Himmel voll Diamanten

 **A**

Palabras

abrazó - umarmte
acercó – näherte sich
alegremente - glücklich
amarilla - gelb
aparecer - tauchen auf
apresuradamente - schnell
arena – Sand, der
darse cuenta - bemerken
bajo - niedrig

beber - trinken
besó - küsste
boca - Mund, der
buscó - suchte
cabina - Cockpit, das
calor – Hitze, die
cambió - änderte
camellos – Kamele, die
campamento - Lager, das

cara – Gesicht, das
cargar - laden
carro – Karren, der
casi - beinahe
cerca - nahe
clase – Art, die
cola - Schweif, der
columna - Säule, die
cruce – Kreuzung, die
delante - vor
desierto - Wüste, die
detener - stoppen
dio - gab
disparar - schießen
economía – Wirtschaft, die
en algún lugar - irgendwo
encantar - bezaubern
esperar - warten
exactamente - genau
explotó - explodierte
extenderse – sich erstrecken
femenina - weiblich
fuego – Feuer, das
funcionar - funktionieren
horizonte - Horizont, der
interior - Innere(s)
lanzar - abschießen
lanzó - abgefeuert

levantar - aufstehen
llevaban – trugen
llevar puesto - anhaben
lloró - weinte
lugar – Ort, der
luz – Licht, das
madre – Mutter, die
mal - schlecht
miró - schaute
misiles – Raketen, die
nunca - niemals
olvidaron - vergaß
ordenó - befahl
panel solar – Solarmodul, das
paracaídas – Fallschirm, der
paracaidista - Fallschirmjäger, der
planear - planen
polvo - Staub, der
preparar - vorbereiten
solar - Solar-
sujetar - halten
tienda - Zelt, das
todos - alle
vehículos - Fahrzeuge, die
vengarse - Rache, die
viajar - reisen
visible - sichtbar

Un cielo de diamantes

En algún lugar del desierto había un pequeño campamento. Unos cuantos camellos estaban bebiendo agua. Había también una tienda de campaña pequeña. Junto a ella, un hombre estaba sentado cerca del fuego. De repente escucharon un rugido. El hombre miró en esa dirección. Un avión lo sobrevoló a muy poca altura con un horrible estruendo. Los camellos echaron a correr en distintas direcciones. Un hombre salió de la tienda y se acercó al fuego.

"¿Qué clase de avión es ése?" preguntó.

"¡Es muy grande!" gritó otro.

"¿Dónde está el misil?" gritó el hombre desde la tienda. El otro abrió una de las cajas que había en el suelo, sacó un misil y se lo entregó. El hombre que había salido de la tienda se lo colocó sobre el hombro, cerró un ojo y disparó. Pero disparó mal. La bomba salió por el otro lado y fue a dar contra las cajas del suelo. Una gran explosión provocó que una enorme columna de fuego y humo inundara el aire.

Aladdin se preparaba para disparar el misil antimisil. Se colocó frente a una gran compuerta abierta en la parte trasera del avión. Cuando vio la explosión, miró hacia Ashur, quien estaba a su lado con el mismo tipo de misil.

"¡Le ha dado! ¡Le ha dado!" gritó y rió. En ese momento despegó otro misil y

Der Himmel voll Diamanten

Irgendwo in der Wüste war ein kleines Lager. Einige Kamele tranken Wasser. Ein kleines Zelt stand in der Nähe. Neben dem Zelt saß ein Mann, in der Nähe des Feuers. Plötzlich hörten sie ein Dröhnen. Der Mann schaute in die Richtung des Dröhnens. Ein Flugzeug flog mit einem schrecklichen Dröhnen sehr niedrig vorbei. Die Kamele rannten in verschiedene Richtungen. Ein Mann rannte aus dem Zelt in der Nähe des Feuers.

„Was für eine Art Flugzeug ist das?", fragte er.

„Es ist sehr groß!", schrie ein anderer.

„Wo ist die Rakete?", schrie der Mann aus dem Zelt. Der andere öffnete eine der Kisten auf dem Boden, nahm eine Rakete und gab sie ihm. Der Mann, der aus dem Zelt gerannt war, legte sie auf seine Schulter, schloss ein Auge und feuerte sie ab. Aber er hatte sie falsch abgefeuert. Die Rakete kam auf der falschen Seite heraus und traf die Kisten auf dem Boden. Eine große Explosion setzte eine riesige Feuer- und Rauchsäule in die Luft frei.

Aladdin bereitete sich vor, die Rakete mit einer thermischen Abfangrakete abzuschießen. Er stand in einer großen offenen Luke im Heckteil des Flugzeugs. Als er die Explosion am Boden sah, schaute er Ashur an, der neben ihm stand und auch eine Abfangrakete hielt.

„Er hat getroffen! Er hat getroffen", schrie er und lachte. In diesem Moment flog eine andere Rakete los und traf beinahe das

casi le da al avión, pero Ashur rápidamente lanzó un misil antimisil y el misil golpeó lo golpeó y explotó. La explosión tiró al árabe de espaldas, pero se levantó con rapidez y preparó otro misil térmico. Vieron otros dos misiles. Aladdin y Ashur lanzaron misiles antimisil y los misiles volvieron a explotar. Otra persona se acercó a la compuerta con un misil antimisil y empezó a ayudarles.

En la cabina, Rost miró por la ventanilla.

"Si ve un compuesto de misil dígamelo inmediatamente," le gritó al padre de Ashur. El anciano también miró por la ventanilla. En aquel momento, Aladdin entró apresuradamente en la cabina.

"¡Es hora de soltar los paracaidistas! ¡Ascienda cuatrocientos metros!" ordenó.

Paul Rost se giró y vio que las personas que estaban en el avión se estaban colocando los paracaídas y cogiendo armas de las cajas.

"¡Voy a elevarme cuatrocientos!" dijo, y el avión empezó a ascender.

El árabe miró por la ventanilla y ordenó a los paracaidistas que saltaran. Los paracaidistas empezaron a saltar del avión. Pero de nuevo estaban lanzándoles misiles desde tierra. Ashur continuaba lanzando los misiles antimisil sin detenerse. Todos los paracaidistas saltaron. Solo se quedaron en el avión los "consultores de economía internacional" y Aladdin. Llevaban puestos paracaídas.

"¡Gracias por tu trabajo!" le gritó el árabe a Ashur, "¡Aquí está tu dinero!" sacó su pistola y empezó a disparar.

Flugzeug. Aber Ashur feuerte schnell eine thermische Abfangrakete ab, die Rakete traf die Abfangrakete und explodierte. Die Explosion warf den Araber zu Boden, aber er stand schnell wieder auf und bereitete eine weitere Abfangrakete vor. Zwei weitere Raketen wurden abgeschossen. Aladdin und Ashur schossen Abfangraketen ab und die Raketen explodierten wieder. Eine andere Person kam mit einer thermischen Abfangrakete in die Luke und begann ihnen zu helfen.

Im Cockpit schaute Rost aus dem Fenster.

„Wenn du ein Raketenlager siehst, sag' mir sofort Bescheid", schrie er Ashurs Vater zu. Der alte Mann begann auch aus dem Fenster zu schauen. In diesem Moment kam Aladdin schnell in das Cockpit.

„Es ist Zeit, die Fallschirmjäger hinauszulassen! Flieg' in eine Höhe von vierhundert Meter!", befahl er.

Paul Rost drehte sich um und sah, dass einige Leute im Flugzeug Fallschirme anlegten und Waffen aus den Kisten nahmen.

„Ich steige auf vierhundert Meter!", sagte er und begann das Flugzeug hochzuziehen.

Der Araber sah aus dem Fenster und kommandierte den Fallschirmjägern zu springen. Die Fallschirmjäger begannen aus dem Flugzeug zu springen. Aber die Bodenraketen wurden erneut abgefeuert. Ashur schoss ohne Pause Abfangraketen ab. Alle Fallschirmjäger sprangen hinaus. Nur die „internationalen Wirtschaftsberater" und Aladdin waren noch im Flugzeug. Sie hatten Fallschirme angelegt.

„Danke für deine Arbeit!", schrie der Araber zu Ashur. „Und hier ist dein Geld!" Er hob seine Waffe und begann zu schießen. Ashur

Ashur se las arregló para esconderse detrás de una caja. El árabe aulló y saltó del avión. Los "consultores" saltaron tras él. Ashur miró por la compuerta abierta, pero apareció otra bomba y de nuevo volvió a coger los misiles antimisil y empezó a lanzarlas. Su padre salió de la cabina y corrió hacia él.

"¿Qué ha ocurrido, Peter? ¿Dónde están todos? ¿Quién estaba disparando?" preguntó.

"Fue Aladdin. Quería pagarme por mi trabajo, pero no acertó," dijo Peter Ashur, "¡Coge los misiles antimisil y lánzalos! ¡Deprisa!"

Su padre empezó a lanzar los misiles antimisil. Ashur corrió a la cabina.

"Paul, ¡tiene que aterrizar o volar más alto! ¡Están disparándonos muchos misiles!" gritó.

"¡Vamos a aterrizar!" dijo Paul.

"¡Hola, Ashur!" dijo una voz femenina.

Ashur y Rost se giraron y vieron a Lisa Pandora. Estaba de pie tras ellos, apuntándolos con una pistola.

"¡Siéntate, Ashur!" gritó Pandora. Ashur se sentó. Ella le apuntó a la cara con la pistola. Estaba claro que tenía muchas ganas de vengarse.

"Hola. Te veo muy bien, Lisa," sonrió Ashur.

"John Vega te dice hola," dijo Pandora.

"Vega... Me alegro de que..." empezó Ashur, pero Pandora lo interrumpió.

"Paul, siento haber actuado así. Ashur me obligó a hacerlo," apuntó con la pistola a Ashur.

schaffte es, sich hinter einer Kiste zu verstecken. Der Araber schrie und sprang aus dem Flugzeug. Die „Berater" sprangen hinter ihm her. Ashur blickte auf die offene Luke. Aber eine andere Rakete tauchte auf und er schnappte die Abfangraketen und begann sie abzufeuern. Sein Vater rannte aus dem Cockpit zu ihm.

„Was ist passiert, Peter? Wo sind alle? Wer hat geschossen?", fragte er.

„Das war Aladdin. Er wollte mich für meine Arbeit bezahlen, aber er hat nicht getroffen", sagte Peter Ashur. „Nimm' die Abfangraketen und schieß' sie ab! Schnell!"

Sein Vater begann die Abfangraketen abzuschießen. Ashur rannte in das Cockpit.

„Paul, du musst das Flugzeug landen oder höher fliegen! Sie schießen sehr viele Raketen auf uns!", schrie er.

„Wir landen!", sagte Paul.

„Hallo, Ashur!", sie hörten eine Frauenstimme.

Ashur und Rost drehten sich um und sahen Lisa Pandora. Sie stand hinter ihnen und hielt eine Waffe in der Hand.

„Setz' dich, Ashur!", schrie Pandora. Ashur setzte sich. Sie richtete die Waffe auf sein Gesicht. Es war offensichtlich, dass sie sich wirklich rächen wollte.

„Hallo. Du siehst toll aus, Lisa", sagte Ashur lächelnd.

„John Vega lässt grüßen", sagte Pandora.

„Vega... Ich bin froh, dass er...", begann Ashur, aber Pandora unterbrach ihn.

„Paul, es tut mir leid, dass ich so gehandelt habe. Ashur hat mich dazu gezwungen", sie richtete die Waffe auf Ashur.

"¿Yo?" dijo Ashur, sorprendido.

"Ashur lo planeó todo," continuó Lisa, "el robo al banco y nuestro viaje juntos. Hasta quiso llevarse sus muebles para vigilarlo más de cerca. Después dijo que usted era el hombre perfecto para el trabajo."

"¿Qué muebles? Paul, ¡no la crea!" pidió Ashur.

En aquel momento, un misil golpeó la cola del avión.

"¡Papá!" gritó Ashur, y salió corriendo de la cabina.

En algún lugar del desierto, una carretera atravesaba la arena. Se cruzaba con otra carretera. En el cruce había un semáforo. Los vehículos apenas circulaban por esa carretera, pero el semáforo siempre funcionaba. Dado que funcionaba con paneles solares, solo lo hacía durante el día. Un carro tirado por un camello estaba detenido en el cruce. En el carro había una familia. El padre, la madre y cuatro niños miraban hacia el semáforo con interés. La luz estaba verde, pero el padre, quien manejaba las riendas del camello, no sabía exactamente qué luz daba permiso para avanzar. Así que esperó a que cambiara. En ese momento escucharon un terrible estruendo.

Por el lado izquierdo, un gran avión aterrizó en la otra carretera. Le salía humo de la cola y del ala izquierda. El avión fue por la carretera hasta el cruce y se detuvo. Le faltaba la cola y la parte superior de la cabina. Se veían algunas personas en el interior de la cabina. Estaban sentados y miraban hacia el

„Ich?", sagte Ashur überrascht.

„Ashur hat alles geplant", setzte Lisa fort. „Der Banküberfall und unsere gemeinsame Reise. Er hat sogar deine Möbel aufgeladen, um dich besser kennenzulernen. Dann meinte er, du wärst der richtige Mann für diesen Job."

„Welche Möbel? Paul, glaub' ihr nicht!", bat Ashur.

In diesem Moment traf eine Rakete den Heckteil des Flugzeugs.

„Papa!", schrie Ashur und rannte aus dem Cockpit.

Irgendwo in der Wüste führte einer Straße durch den Sand. Sie kreuzte sich mit einer anderen Straße. An dieser Kreuzung gab es eine Ampel. Es fuhren selten Fahrzeuge auf dieser Straße. Aber die Ampel funktionierte immer. Da sie mit einem Solarmodul betrieben wurde, funktionierte sie nur untertags. Ein Karren, der von einem Kamel gezogen wurde, stand an der Kreuzung. Eine Familie saß in dem Karren. Ein Vater, eine Mutter und vier Kinder schauten neugierig auf die Ampel. Das Licht zeigte Grün, aber der Vater, der die Zügel des Kamels hielt, wusste nicht genau bei welchem Licht er fahren durfte. Also wartete er darauf, dass sich das Licht änderte. In diesem Moment hörten sie ein schreckliches Dröhnen.

Links auf der anderen Straße landete ein großes Flugzeug. Rauch stieg von seinem Heckteil und von seinem linken Flügel auf. Das Flugzeug fuhr die Straße entlang bis zur Kreuzung und stoppte. Der Heckteil des Flugzeugs und das Dach des Cockpits fehlten. Man konnte einige Menschen im Cockpit sehen. Sie saßen und sahen den Karren mit großen Augen an. Die Ampel

carro con los ojos muy abiertos. La luz del semáforo cambió a rojo, pero el padre no se enteró. Miraba al avión con la boca abierta de par en par. La mujer le gritó algo. Entonces él miró para el semáforo, vio la luz roja y le gritó al camello. El camello empezó a avanzar lentamente hacia delante. Toda la familia miró cuando la gente del avión empezó a saltar al suelo.

El carro se alejó. Ashur, su padre, Pandora y Paul Rost saltaron al suelo desde el avión y miraron a su alrededor. Todo lo que había era arena amarilla. El desierto se extendía hasta el horizonte. Ambas carreteras estaban completamente desiertas. Solamente el carro con la familia se alejaba lentamente del cruce.

"¡Papá, ahora eres libre!" dijo Ashur alegremente, abrazando a su padre.

"He estado cinco años esperando este momento. Gracias, hijo mío," lloró el anciano, y besó a su hijo.

"Creo que es hora de irse," dijo Ashur, y corrió hacia el avión. Sacó las maletas. Lisa miró para Ashur.

"Veo que se olvidaron de pagarle, Peter. Sus empleadores saltaron del avión tan rápido que se olvidaron de darle el dinero," dijo Paul a Peter.

"Uno nunca sabe qué esperar de esos..." Ashur buscó una palabra.

"... consultores," propuso Rost, "Yo hice mi trabajo. Tiene que pagarme trescientos cincuenta mil dólares."

De repente, el avión explotó. La gente se arrojó al suelo con sorpresa. Varias bengalas salieron despedidas del avión

änderte sich für den Karren auf Rot, aber der Vater bemerkte das nicht. Er starrte das Flugzeug mit offenem Mund an. Die Frau schrie ihm etwas zu. Dann schaute er auf die Ampel, sah das rote Licht, und schrie das Kamel an. Das Kamel begann sich langsam vorwärts zu bewegen. Die ganze Familie sah zu, wie die Leute begannen aus dem Flugzeug auf den Boden zu klettern.

Der Karren fuhr davon. Ashur, sein Vater, Pandora und Paul Rost kletterten aus dem Flugzeug und sahen sich um. Überall um sie herum war gelber Sand. Die gelbe sandgefüllte Wüste erstreckte sich bis zum Horizont. Beide Straßen waren komplett verlassen. Nur der Karren mit der Familie entfernte sich langsam von der Kreuzung.

„Papa, jetzt bist du frei!", sagte Ashur glücklich und umarmte seinen Vater.

„Ich habe fünf Jahre lang auf diesen Moment gewartet. Danke, mein Sohn", der alte Mann weinte und küsste seinen Sohn.

„Ich glaube, es ist Zeit zu gehen", sagte Ashur und rannte zum Flugzeug. Er nahm die Koffer aus dem Flugzeug. Lisa beobachtete Ashur genau.

„Ich habe gemerkt, dass sie vergessen haben, dich zu bezahlen, Peter. Deine Arbeitgeber sind so schnell aus dem Flugzeug gesprungen, dass sie vergessen haben, dir das Geld zu geben", sagte Paul zu Peter.

„Man weiß nie, was man erwarten kann von diesen...", Ashur suchte nach dem passenden Wort.

„... Beratern", schlug Rost vor. „Ich habe meinen Job erledigt. Du musst mir dreihundertfünfzigtausend Dollar zahlen."

„Ich würde dich gerne zahlen, Paul, aber...", Ashur sah Pandora an und danach Rost.

y descendieron lentamente hacia el suelo.

"Un cielo hecho de diamantes," dijo Paul con lentitud, "Como prometió Aladdin."

El padre de Ashur levantó la mano hacia la carretera. En la lejanía, en medio del amarillo desierto, se levantaba una columna de arena y polvo.

"¿Quién podrá ser?" dijo Ashur nerviosamente. Pero nadie respondió.

Un minuto después pudieron ver no solo la columna de arena y polvo, sino escuchar ruido de motores. Varios coches se acercaban a ellos a toda velocidad a través de la arena.

Auf einmal explodierte das Flugzeug. Die Leute kauerten sich vor Überraschung nieder. Einige Flammen schossen aus dem Flugzeug und sanken langsam zu Boden.

„Ein Himmel voller Diamanten", sagte Paul langsam. „Wie es Aladdin versprochen hatte."

Ashurs Vater hob seine Hand in Richtung der Straße. Weit weg, über dem gelben Sand, stieg eine Säule von Sand und Staub auf.

„Wer könnte das sein?", sagte Ashur nervös. Aber keiner antwortete.

Eine Minute später konnten sie die Säule aus Sand und Staub nicht länger sehen, aber dafür hörten sie das Dröhnen von Motoren. Einige Autos fuhren quer durch den Sand schnell auf sie zu.

C

Repaso de nuevo vocabulario

1

- ¿Podrías decirme si hoy es martes o lunes?

- Creo que hoy es lunes. No estoy seguro.

- ¿Sabes qué hora es?

- Lo comprobaré en mi teléfono. Son las ocho y media.

- Gracias. En cualquier caso, ¿está lloviendo fuera?

- No está lloviendo, pero hace viento y está nuboso. Probablemente lloverá pronto.

2

- Vendedor, ¿tiene baterías para el

Wiederholung des neuen Vokabulars

1

- Könnten Sie mir sagen, ob heute Dienstag oder Montag ist?

- Ich glaube, heute ist Montag. Ich bin mir nicht sicher.

- Wissen Sie wie spät es ist?

- Ich werde auf meinem Telefon nachsehen. Es ist acht Uhr dreißig.

- Danke. Übrigens, regnet es draußen?

- Es regnet nicht, aber es ist windig und bewölkt. Später wird es wahrscheinlich regnen.

2

- Verkäufer, haben sie Handyakkus?

teléfono?

- ¿Qué tipo de teléfono tiene?

- Tengo un Samsung.

- No hay baterías para Samsung, pero tenemos unas para Motorola. ¿Las quiere?

- ¿Funcionarán con un Samsung?

- No lo sé.

- Entonces no las quiero.

- ¿Prefiere baterías para Sony, Nokia o Viewsonic?

- ¿Y funcionarán para un Samsung?

- No lo sé. Debería comprarlas y probar.

- No, gracias.

3

- Vendedor, podría por favor decirme, ¿estos tejanos son de hombre o de mujer?

- Son tejanos de mujer. ¿De qué tipo los necesita?

- Necesito tejanos de hombre.

- Estos son tejanos de mujer, pero parecen de hombre. ¡Pruébeselos!

- No, gracias.

4

- Ayer no fui a trabajar.

- ¿Por qué?

- Llamé a mi empleador y le dije que estaba muy enfermo. Entonces me fui a un bar a beber licor. Estuve allí todo el día. Por la noche, mi empleador entró de repente y ¡me vio allí!

- Was für ein Handy haben Sie?

- Ich habe ein Samsung.

- Wir haben keine Samsung Akkus, aber wir haben welche für Motorola. Wollen Sie sie haben?

- Funktionieren sie mit einem Samsung?

- Das weiß ich nicht.

- Dann will ich sie nicht.

- Vielleicht hätten Sie gerne Akkus für Sony, Nokia oder Viewsonic?

- Und funkionieren sie mit einem Samsung?

- Das weiß ich nicht. Sie sollten sie kaufen und ausprobieren.

- Nein, danke.

3

- Verkäufer, könnten sie mir bitte sagen, ob diese Jeans für Männer oder für Frauen sind?

- Das sind Jeans für Frauen. Was für eine Art brauchen Sie?

- Ich brauche Jeans für Männer.

- Das sind Jeans für Frauen, aber sie sehen genauso aus wie Jeans für Männer. Probieren Sie sie an!

- Nein, danke.

4

- Gestern bin ich nicht arbeiten gegangen.

- Warum?

- Ich habe meinen Arbeitgeber angerufen und gesagt, dass ich sehr krank bin. Dann bin ich in eine Bar gegangen und habe viel Alkohol getrunken. Ich bin dort den ganzen Tag gesessen. Am Nachmittag kam auf einmal mein Arbeitgeber herein und hat mich gesehen!

- ¿Y qué le dijiste?

- Lo abracé y le di las gracias por venir a visitarme en un momento difícil.

- ¿Sí? ¿Y él qué dijo?

- Me pidió perdón por no haberme traído flores.

- ¡Qué buen empleador! ¿Qué estás leyendo?

- Es un periódico. Estoy buscando trabajo. Me echaron.

5

- ¿Podría por favor decirme cómo llegar al centro de la ciudad?

- Suba estas escaleras. A la izquierda verá un bonito edificio amarillo. Es un hotel. Al lado del hotel hay una calle, pero no debe ir por allí.

- Ya veo.

- A la derecha verá un edificio viejo. Es muy antiguo. ¡Simplemente un trozo de chatarra! Pero tampoco vaya por allí.

- Está claro. ¿Por dónde debería ir?

- ¿A dónde tiene que ir? Dígamelo otra vez.

- Ahora ya sé a dónde tengo que ir. Gracias.

6

- ¡Los carros son un horrible medio de transporte!

- Sí. Los aviones son mucho mejores que los carros.

- Es cierto. Y los aviones son mucho

- Und was hast du ihm gesagt?

- Ich habe ihn umarmt und mich dafür bedankt, dass er mich in so einer schwierigen Zeit besuchen kommt.

- Ja? Und was hat er gesagt?

- Er hat sich dafür entschuldigt, dass er keine Blumen mitgebracht hat.

- Was für ein toller Arbeitgeber! Was liest du gerade?

- Das ist eine Zeitung. Ich suche einen neuen Job. Ich wurde gefeuert.

5

- Könnten Sie mir bitte sagen, wie ich in das Stadtzentrum komme?

- Gehen Sie diese Treppen hinauf. Links werden Sie ein schönes gelbes Gebäude sehen. Das ist ein Hotel. In der Nähe des Hotels gibt es eine Straße, aber Sie sollte nicht dorthin gehen.

- Ich verstehe.

- Rechts werden Sie ein altes Gebäude sehen. Es ist sehr alt. Einfach ein Haufen Müll! Aber gehen Sie auch dort nicht hin.

- Das ist klar. Und wohin soll ich gehen?

- Und wohin wollen Sie gehen? Sagen Sie es mir noch einmal.

- Jetzt weiß ich schon wohin ich gehen muss. Danke.

6

- Ein Karren ist ein schreckliches Fortbewegungsmittel.

- Ja. Ein Flugzeug ist viel besser als ein Karren.

- Das ist wahr. Und ein Flugzeug ist viel schneller als ein Karren.

- Ja, ja. Aber ein Karren ist leiser als ein

más rápidos que los carros.

- Sí, sí. Pero los carros son más silenciosos que los aviones.

- Exacto.

- Y los carros no necesitan pistas para despegar.

- Está claro. ¡Pero lo más importante es que no nos obligan a nosotros los camellos a tirar de los aviones!

- Exacto.

Flugzeug.

- Genau.

- Und ein Karren braucht keine Startbahn um abzuheben.

- Das ist klar. Aber das wichtigste ist, dass sie uns Kamele keine Flugzeuge ziehen lassen!

- Genau.

19

Ashur cambia de profesión

Ashur macht einen Karrierewechsel

A

Palabras

antílope - Antilope, die	fronteras – Grenzen, die
arrancó - losfahren	gritar - schreien
atado - gefesselt	herido - Verwundete, der
atar - fesseln	huir - fliehen
automática - automatisch	llorar - schreien
bolsas – Taschen, die	medicinas - Medikamente, die
corazón - Herz, das	médico - medizinisch
enfermera - Krankenschwester, die	médicos – Ärzte, die
entre - zwischen	necesitar - brauchen
estrelló - abgestürzt	paciente - Patient, der
examinar - untersuchen	partieron – fuhren davon

peligro - Gefahr, die	ser un peligro - eine Gefahr darstellen
peor - schlimmer	shock - Schock, der
perdonar - vergeben	suplicó - flehte
perecieron – wurden getötet	términos - Begriffe, die
rápido - schnell	tiroteo - Schießerei, die
rebaño - Herde, die	trajo - brachten
recepción - Empfang, der	vendar - bandagieren
recibidor - Flur, der	zoólogo - Zoologe, der

 B

Ashur cambia de profesión

Ashur empezó a buscar un lugar donde esconder sus maletas.

"¡Ayúdenme! Necesitamos esconder las maletas," suplicó. Pero nadie se movió. Era obvio que los coches llegarían al avión en menos de un minuto. Paul Rost miró su teléfono. No había cobertura. Dos coches se acercaron a ellos. Otro fue hacia el carro con la familia. Varios hombres con pistolas automáticas saltaron de los coches y corrieron hacia el carro. La mujer y los niños empezaron a gritar. El padre corrió hacia ellos. Uno de los hombres le disparó y el hombre cayó al suelo. La mujer y los niños continuaron gritando y llorando. Los hombres ataron las manos a Ashur, a su padre y a Rost y los metieron en el coche. Paul Rost miró tristemente hacia el avión. Las cosas iban cada vez peor. Ahora tenían un gran problema. Y el teléfono no funcionaba. Miró al hombre herido. Estaba herido en la pierna y no podía

Ashur macht einen Karrierewechsel

Ashur fing an einen Ort zu suchen, um seine Koffer zu verstecken.

„Helft mir! Wir müssen die Koffer verstecken", flehte er. Aber keiner bewegte sich. Es war offensichtlich, dass die Autos in weniger als einer Minute beim Flugzeug ankommen würden. Paul Rost sah sein Handy an. Es gab keinen Empfang. Zwei Autos fuhren zu ihnen. Ein anderes Auto fuhr dem Karren mit der Familie nach. Einige Männer mit Maschinenpistolen sprangen von dem Auto und rannten zum Karren. Sie fragten den Mann etwas und zwangen ihn danach in das Auto zu steigen. Die Frau und die Kinder begannen zu schreien. Der Vater rannte auf sie zu. Einer der Männer schoss ihn an und er fiel zu Boden. Die Frau und die Kinder schrien immer noch und weinten. Die Männer fesselten Ashur, seinen Vater, und Rost und steckten sie in ein Auto. Paul Rost blickte traurig auf das Flugzeug zurück. Die Dinge wurden immer schlimmer. Jetzt waren sie in wirklich großen Schwierigkeiten. Und das

levantarse. Dos hombres lo ataron y lo metieron en el coche.

"¿Quién es el piloto de este avión?" preguntó uno de los hombres a Paul Rost.

"Somos médicos. Podemos ayudarles. ¿Hay algún herido?" dijo Lisa Pandora en voz alta.

"Le estoy preguntando quién es el piloto," gritó el hombre, y levantó su pistola automática.

"El avión se estrelló y explotó. Murieron todos los que iban a bordo," respondió Pandora por Paul Rost.

"¿Quién es usted? ¿Qué está haciendo aquí?" preguntó otro hombre.

"Somos médicos de la organización Médicos Sin Fronteras. Debemos ayudar a los heridos. Nuestro coche estaba parado en el semáforo cuando de repente el avión se estrelló. El avión cayó sobre nuestro coche. Nuestro conductor y otras cinco personas perecieron en la explosión. Yo y otros dos médicos pudimos huir del coche justo a tiempo," Pandora señaló a Rost y al padre de Ashur, "Y este paciente también consiguió huir," Lisa señaló a Peter Ashur. "¿Tienen algún herido?" preguntó.

"No parece un paciente," dijo el hombre que llevaba la pistola automática.

"Es zoólogo. Una bomba mató delante de él a un rebaño de antílopes al que había estado estudiando durante dos años," dijo Pandora, mirando a Ashur, "Ahora a menudo cae al suelo gritando 'mis antílopes'," miró a Ashur de nuevo. Ashur se sentó en el suelo y gritó. "¡Mis

Handy funktioniert nicht. Er sah zum verwundeten Mann. Er war am Bein verletzt und konnte nicht aufstehen. Zwei Männer fesselten ihn und steckten ihn in ein Auto.

„Wer ist der Pilot des Flugzeugs?", fragte einer der Männer Paul Rost.

„Wir sind Ärzte. Wir können Ihnen helfen. Haben Sie Verletzte?", sagte Lisa Pandora laut.

„Ich frage Sie, wer ist der Pilot?", schrie der Mann und hob sein Maschinengewehr.

„Das Flugzeug ist abgestürzt und explodiert. Alle im Flugzeug wurde getötet", antwortete Pandora für Paul Rost.

„Wer seid Ihr? Was macht Ihr hier?", fragte ein anderer Mann.

„Wir sind Ärzte der Organisation Ärzte ohne Grenzen. Wir helfen Verletzten. Unser Auto blieb an der Ampel stehen, als auf einmal das Flugzeug abstürzte. Das Flugzeug fiel genau auf unser Auto. Unser Fahrer und fünf Ärzte wurden bei der Explosion getötet. Ich und zwei andere Ärzte rannten gerade rechtzeitig von dem Auto weg", Pandora zeigte auf Rost und Ashurs Vater. „Und dieser Patient hat es auch geschafft, wegzurennen", Lisa zeigte auf Ashur. „Haben Sie Verwundete?", fügte sie hinzu.

„Er sieht nicht aus wie ein Patient", merkte der Mann mit dem Maschinengewehr an.

„Er ist ein Zoologe. Eine Bombe tötete genau vor ihm eine Herde Antilopen, die er zwei Jahre lang studiert hatte", sagte Pandora und blickte Ashur an. „Jetzt fällt er oft zu Boden und schreit ‚meine Antilopen'", sie blickte erneut auf Ashur. Ashur setzte sich auf den Boden und schrie: „Meine Antilopen!"

antílopes!"

"Tenemos que llevarlo al hospital o podría morir de un shock," continuó Pandora, "También necesitamos atarle las manos porque es un peligro para sí mismo y para los demás," concluyó.

El hombre de la pistola miró para el avión, después para el carro: "Vendrán con nosotros a nuestro campamento. Tenemos muchos heridos que necesitan cuidados urgentemente," miró hacia Ashur, "No necesitamos zoólogos. No vendrá con nosotros," añadió el hombre.

"¡Oh mis antílopes! ¡Oh mis antílopes!" dijo Ashur rápidamente, "Necesito a mi médico," agarró la mano de su padre y su padre se sentó junto a él, "¡Oh mis antílopes! ¡Oh mis maletas!," Ashur señaló las bolsas.

"No," gritó Pandora, "Hay medicinas y equipos en esas maletas. ¡Debemos llevarlas con nosotros!" pidió. El hombre de la pistola automática cogió las bolsas y las puso en el coche.

"¡Oh mis antílopes!" gritó Ashur entrando en el coche, "¡Necesito ir urgentemente al hospital!"

Pero los hombres lo sacaron del coche y lo arrojaron al suelo. Ashur miró a Pandora a los ojos. Pero Pandora se giró y miró a Paul Rost. A continuación subió al coche, se sentó junto al hombre herido y empezó a vendarle la pierna. Todos subieron a los coches y partieron.

Media hora más tarde, los coches se detuvieron y empezaron los tiros. Hubo gritos. Todos se tiraron al suelo del coche. Menos de un minuto después el coche arrancó de nuevo y en otros cinco

„Wir müssen ihn in ein Spital bringen, oder er könnte an dem Schock sterben", fuhr Pandora fort. „Wir müssen auch seine Arme fesseln, denn er stellt eine Gefahr für sich selbst und für andere dar", sagte sie abschließend.

Der Mann mit der Waffe schaute zum Flugzeug, dann zum Karren: „Ihr kommt mit uns zu unserem Lager. Wir haben viele Verletzte. Sie brauchen dringend Versorgung." Er sah Ashur an: „Wir brauchen keine Zoologen. Er wird nicht mit uns mitkommen", fügte der Mann hinzu.

„Oh, meine Antilopen! Oh, meine Antilopen!", sagte Ashur schnell. „Ich brauche meinen Arzt", er ergriff die Hand seines Vaters und sein Vater setzte sich neben ihn. „Oh, meine Antilopen! Oh, meine Koffer", Ashur zeigte auf die Taschen.

„Nein", schrie Pandora. „In den Koffern sind Medikamente und Ausrüstung. Wir müssen sie mitnehmen!", forderte sie. Der Mann mit dem Maschinengewehr nahm die Taschen und steckte sie ins Auto.

„Oh, meine Antilopen!", schrie Ashur und kletterte ins Auto. „Ich muss dringend ins Spital!"

Aber die Männer zogen ihn weg vom Auto und warfen ihn auf den Boden. Ashur schaute Pandora in die Augen. Aber Pandora drehte sich weg und schaute zu Paul Rost. Dann stieg sie zu dem verwundeten Mann ins Auto und begann sein Bein zu bandagieren. Alle Leute stiegen in die Autos und fuhren davon.

Etwa eine halbe Stunde später blieb das Auto stehen und eine Schießerei begann. Es gab laute Schreie.

Jeder legte sich auf den Boden der Autos. Weniger als eine Minute später fuhr das

minutos llegaron a la ciudad. Los coches se detuvieron junto a un edificio pequeño. Paul Rost y Lisa Pandora fueron guiados al interior. Era un hospital.

"¡Eh, doctor! ¡Venga aquí! ¡Rápido!" gritó el hombre de la pistola, "Aquí hay muchos heridos. Debe ayudarles."

"Hay medicinas y equipos en las maletas," dijo Pandora, "Por favor, tráigalas aquí."

Metieron las maletas y las colocaron en la sala. Lisa Pandora comenzó a examinar a los pacientes. Dijo algo a la enfermera, usando distintos términos médicos. Paul la miró sorprendido. Ella sonrió.

"Tengo la carrera de medicina, Paul," tomó una mano de él entre las suyas, "¿Todavía no me ha perdonado? Mi corazón me dice que aún piensa en mí. ¡Por favor, perdóneme! Siento mucho lo que hice. Me encantó pasar tiempo con usted," Lisa le apretó la mano y miró a Paul a los ojos.

"¡Doctor! ¡Rápido! ¡Tenemos muchos heridos!" gritó la enfermera, y Lisa la siguió al recibidor. Antes de irse, miró tristemente a los ojos de Paul. Paul Rost también miró para Lisa, y después por la ventana. En la calle empezó de nuevo el tiroteo. Unos cuantos heridos entraron en la sala desde el recibidor. Lisa y la enfermera comenzaron a examinarlos. Paul les ayudó lo mejor que pudo. De repente, Lisa gritó, "¿Dónde están las maletas?"

Paul miró hacia arriba y vio que las maletas no estaban en la sala. Miró por la ventana y vio que uno de los hombres

Auto wieder los und fünf Minuten später fuhren sie in die Stadt. Die Autos stoppten in der Nähe eines kleinen Gebäudes. Paul Rost und Lisa Pandora wurden in das Gebäude geführt. Es war ein Spital.

„Hey, Arzt! Komm' her! Schnell!", schrie der Mann mit der Waffe. „Hier gibt es viele Verwundete. Du musst ihnen helfen."

„In den Koffern sind Medikamente und Ausrüstung", sagte Pandora. „Bitte bring' sie her."

Sie brachten die Koffer und stellten sie ins Zimmer. Lisa Pandora begann die Patienten zu untersuchen. Sie sagte etwas zu einer Krankenschwester und benutzte verschiedene medizinische Begriffe. Paul sah sie überrascht an. Sie lächelte.

„Ich habe eine medizinische Ausbildung, Paul", sie legte ihre Hände auf seine. „Hast du mir noch nicht vergeben? Mein Herz sagt mir, dass du immer noch an mich denkst. Bitte vergib' mir! Was ich getan habe, tut mir sehr leid. Ich habe sehr gerne Zeit mit dir verbracht", Lisa drückte seine Hand und schaute Paul in die Augen.

„Arzt! Schnell! Wir haben viele Verwundete!", schrie die Krankenschwester und Lisa folgte ihr auf den Flur. Bevor sie ging, schaute sie Paul traurig in die Augen. Paul Rost schaut Lisa auch an, und danach aus dem Fenster. Auf der Straße brach wieder eine Schießerei aus. Einige Verwundete kamen aus dem Flur in das Zimmer. Lisa und die Krankenschwester begannen sie zu untersuchen. Paul versuchte so gut zu helfen wie es ging. Plötzlich schrie Lisa: „Wo sind die Koffer?"

Paul schaute auf und sah, dass die Koffer nicht im Zimmer waren. Er schaute aus dem Fenster und sah, dass einer der

heridos salía corriendo a la calle con las maletas, las arrojó dentro de uno de los coches y entró en él rápidamente. Antes de subir al coche miró hacia ellos y sonrió. Era, por supuesto, Ashur.

"¡Robó las medicinas y los equipos!" gritó Pandora. Quiso salir corriendo de la sala, pero Paul la agarró por el brazo.

"¡Por favor, Lisa, no lo haga! ¡Quédese aquí! ¡Deje que Ashur se lleve el dinero!" pidió.

"¡Nunca! ¡Paul, cariño, ayúdame a recuperar el dinero!" pidió.

"No vayas, Lisa. Por favor, quédate aquí..." suplicó Paul Rost, pero Lisa salió corriendo. Corrió fuera, subió a uno de los coches y salió detrás de Ashur.

Verwundeten mit den Koffern auf die Straße rannte, sie in eines der Autos warf und schnell einstieg. Bevor er einstieg, warf er noch einen Blick auf die Koffer und lächelte. Es war, natürlich, Ashur.

„Er hat die Medikamente und die Ausrüstung gestohlen!", schrie Pandora. Sie wollte aus dem Zimmer rennen, aber Paul hielt sie am Arm fest.

„Bitte, Lisa, nicht! Bleib' hier! Lass' Ashur das Geld nehmen!", bat er.

„Niemals! Paul, Liebling, hilf' mir das Geld zurückzubekommen!", bat sie.

„Geh' nicht, Lisa. Bitte, bleib' hier...", bat Paul Rost, aber Lisa rannte davon. Sie rannte nach draußen, stieg in eines der Autos und folgte Ashur.

 C

Repaso de nuevo vocabulario

1

- ¿Puedes decirme si hoy es martes o miércoles?

- Creo que es martes. No estoy seguro.

- ¿Sabes qué hora es?

- Lo comprobaré en mi teléfono. Son las diez menos cinco.

- Gracias. En cualquier caso, ¿hace viento fuera?

- No hace viento, pero está nublado. Probablemente haga fresco pronto.

2

- ¿Puede un médico curar a un enfermo

Wiederholung des neuen Vokabulars

1

- Könnten Sie mir sagen, ob heute Dienstag oder Mittwoch ist?

- Ich glaube, heute ist Dienstag. Ich bin mir nicht sicher.

- Wissen Sie wie spät es ist?

- Ich werde auf meinem Telefon nachsehen. Es ist fünf vor zehn.

- Danke. Übrigens, ist es draußen windig?

- Es ist nicht windig, aber es ist bewölkt. Es wird wahrscheinlich bald kalt werden.

2

- Kann ein Arzt einen Patienten nur durch

con solo mirarlo?

- ¡Tonterías! Por supuesto que no puede.

- ¡Sí que puede! Ayer no quise ir al colegio. Le dije al médico que me duele la cola. ¡El médico me miró de tal manera que fui al colegio inmediatamente!

- ¡Pero si no tienes cola!

- Tú porque lo sabes. ¿Pero cómo lo adivinó el médico?

3

- Ahora me arrepiento de no haber estudiado más en el colegio. Si hubiera estudiado más, ahora sería director.

- ¡Pues yo no me arrepiento! Si hubiera estudiado más, estaría trabajando fuera al frío en lugar de estar sentado en el apartamento de otra persona tomando café!

- De acuerdo, ya robé todo lo que valía la pena. Termina de tomarte el café. El propietario podría llegar en cualquier momento.

4

- ¿Quién disparó, hijo?

- Yo, papá.

- ¿Por qué?

- Quería hacer un experimento.

- ¿Qué clase de experimento?

- Quería darle al pájaro que estaba al lado de nuestro camello.

- ¿Le diste?

- Sí.

- ¿Al pájaro?

- No, al camello.

---

einen Blick heilen?

- Unsinn! Das kann er natürlich nicht.

- Ja, das kann er! Gestern wollte ich nicht in die Schule gehen. Ich habe dem Arzt gesagt, dass mein Schweif weh tut. Der Arzt hat mich mit so einem Blick angesehen, dass ich sofort in die Schule gegangen bin.

- Aber du hast keinen Schweif!

- Du weißt das. Aber woher wusste der Arzt das?

3

- Jetzt bereue ich es, dass ich in der Schule nicht gut aufgepasst habe. Hätte ich mehr gelernt, wäre ich jetzt ein Manager.

- Und ich bereue das nicht! Hätte ich mehr gelernt, würde ich jetzt draußen in der Kälte arbeiten, anstatt in der Wohnung von jemand anderem zu sitzen und Kaffee zu trinken!

- In Ordnung, ich habe schon alle die guten Sachen gestohlen. Trink' deinen Kaffee aus und lass' uns gehen. Der Besitzer könnte jeden Moment zurück sein.

4

- Wer hat den Schuss abgegeben, Sohn?

- Ich habe geschossen, Papa.

- Warum?

- Ich wollte ein Experiment durchführen.

- Was für eine Art von Experiment?

- Ich wollte den Vogel treffen, der neben unserem Kamel gesessen ist.

- Hast du getroffen?

- Ja.

- Den Vogel?

- Nein, das Kamel.

- ¿Qué vas a hacer ahora, hijo mío?

- Ahora voy a atenderlo, papá.

- No. ¡No más experimentos! Yo atenderé al camello y ¡tú tirarás del carro!

5

- ¿Qué es más rápido: un antílope o un camello?

- S tienen una persona detrás, el antílope correrá más rápido.

- ¿Y si además hay un tigre al lado de la persona?

- ¡Entonces el hombre correrá más rápido que el camello y el antílope juntos!

- Was sollen wir jetzt machen, mein Sohn?

- Jetzt werde ich es behandeln, Papa.

- Nein. Keine Experimente mehr! Ich werde das Kamel behandeln und du wirst unseren Wagen ziehen!

5

- Was ist schneller: eine Antilope oder ein Kamel?

- Wenn ein Mensch hinter ihnen ist, wird die Antilope schneller rennen.

- Und wenn auch ein Tiger neben dem Menschen ist?

- Dann wird der Mensch schneller rennen als beide, als das Kamel und als die Antilope!

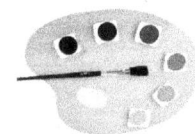

20

A un tiro de piedra del destino

Ein Steinwurf des Schicksals

A

Palabras

a partes iguales - zu gleichen Teilen
abandonó - verließ
abrigos – Mäntel, die
acuerdo - Vereinbarung, die
apagar - ausschalten
apoyar - unterstützen
aprender - lernen
armarios - Schränke, die
asistente - Assistent, der

avanzar - vorwärtsgehen
cabeza - Kopf, der
capitalismo - Kapitalismus, der
capturar - einnehmen
cierto - wahr
con talento - talentiert
condenación - Verurteilung, die
conspiración – Verschwörung, die
convertirse - werden

cubrió - bedeckte	medio - Mitte, die
de otra forma - anders	meses – Monate, die
democrático - demokratisch	ministro - Minister, der
despacio - langsam	momento - Moment, der
destino - Schicksal, das	mostrar - zeigen
diablo - Teufel, der	mujeres – Frauen, die
dictadura - Diktatur, die	normal - normal
estado - Land, das	nuevo - neu
excepto - bis auf	ocupar - einnehmen
fuerzas – Mächte, die	oportunidades - Möglichkeiten, die
gabinete - Kabinett, das	palanca - Gang, der
ganar - gewinnen	perdedores - Verlierer, die
gobernantes – Herrscher, die	petróleo - Öl, das
gobernar - regieren	piedra - Stein, der
gobierno - Regierung, die	planear - planen
guerra - Krieg, der	poder - Macht, die
información – Information, die	posiblemente - möglicherweise
Islam - Islam, der	presidente - Präsident, der
jefe - Chef, der	primer ministro - Premierminister, der
juego - Spiel, das	provincia - Provinz, die
juguetes - Spielzeug, das	puesto - Posten, der
lenta - langsam	receptor - Hörer, der
luchar - kämpfen	religión - Religion, die
madre - Mutter, die	repartir - aufteilen
maestro - Lehrer, der	resistir - Widerstand leisten
malvadas - böse	revolución - Revolution, die
más rápido - schneller	rey - König, der
matar - töten	sanidad - Gesundheitswesen, das
mecánicamente - mechanisch	satélite - Satellit, der
medalla - Medaille, die	señalando - zeigend

señaló - zeigte

seriamente - ernst

sintió - fühlte

sonando - klingelnd

sufrimiento - Leiden, das

último – letzte, letzter, letztes

vecino - benachbart

velocidad - Geschwindigkeit, die

vendados - verbunden

vivo - lebendig

zapatos - Schuhe, die

B

A un tiro de piedra del destino

Lisa fue tras Peter Ashur. En la calle se produjo un tiroteo. Paul se levantó y miró por la ventana. Todo lo sucedido parecía un sueño. De repente se dio cuenta de que se había quedado solo en medio de África. El tiempo se había detenido y él se detuvo con él. La gente a su alrededor, tumbada, lo miraba. Los médicos los estaban atendiendo, pero él no percibía a nadie. Repentinamente se preguntó qué estaba haciendo allí, en un pequeño pueblo en medio del Sáhara. En ese momento la puerta se abrió y entró un hombre. Todos lo miraron inmediatamente. Muammar Gaddafi caminó despacio hacia el centro de la habitación. Tenía la cabeza y el brazo vendados. Aunque su cara mostraba sufrimiento, no le prestaba atención. En su mirada había autoridad y poder. El hombre que había gobernado el país durante más de cuarenta años todavía estaba preparado para luchar. Miró a las personas de la sala y señaló a su asistente con la mano. Su asistente se acercó a él y abrió una caja que llevaba en las manos. Gaddafi sacó una medalla y se la puso a uno de

Ein Steinwurf des Schicksals

Lisa fuhr Peter Ashur nach. Eine Schießerei ging auf der Straße los. Paul stand und schaute aus dem Fenster. Alles, das passierte, schien ein Traum zu sein. Auf einmal fühlte er, dass er Mitten in Afrika allein gelassen wurde. Die Zeit hatte angehalten und er stand still. Die Leute um ihn lagen und schauten ihn an. Ärzte halfen ihm, aber er bemerkte niemanden. Er fragte sich auf einmal, was er hier machte, in einer kleinen Stadt mitten in der Sahara. In diesem Moment öffnete sich die Tür und ein Mann kam herein. Jeder schaute ihn sofort an. Muammar Gaddafi ging langsam in die Mitte des Raumes. Er trug einen Verband um seinen Kopf und seinen Arm. Sein Gesicht zeigte Leiden, aber er achtete nicht darauf. In seinem Blick lagen Autorität und Macht. Der Mann, der das Land seit mehr als vierzig Jahren regierte, war immer noch bereit zu kämpfen. Er blickte die Menschen im Zimmer an und deutete mit seiner Hand seinem Assistenten. Sein Assistent kam zu ihm und öffnete die Kiste, die er in seinen Händen hielt. Gaddafi nahm eine Medaille heraus und verlieh sie einem der Ärzte.

„Es gibt eine Verschwörung, um die

los médicos.

"Hay una conspiración para ganar control sobre el petróleo libio y ocupar nuestra tierra," dijo, mirando a los médicos, "Las mujeres deberían prepararse para la guerra en sus propios hogares. Deben aprender a colocar bombas en armarios, bolsas, zapatos, juguetes de niños." Cogió otra medalla y se la puso a otro doctor, "Gaddafi no es un presidente normal que simplemente se iría - él es el líder de la revolución. Soy un líder internacional, el maestro de las normas del mundo árabe, y el rey de los reyes de África." Muammar Gaddafi sacó una pistola y la elevó por encima de su cabeza. Se acercó a Paul Rost: "El diablo está en el capitalismo, en la dictadura. Esas son fuerzas malvadas, intentando arrastrar a los hombres bajo su control." En ese momento, el teléfono de Rost sonó. Rost sacó el teléfono mecánicamente, pero Gaddafi se lo quitó de las manos y continuó hablando en el receptor: "No existe un solo estado democrático en el mundo excepto Libia. Y solo hay una religión - el Islam. Todos los que piensen otra cosa - simplemente son unos perdedores," Gaddafi devolvió el teléfono a Rost y separó la pistola. Sacó una medalla de la caja y se la puso a Paul. Gaddafi caminó hasta el centro de la sala: "Durante cuatro meses - ¡cuatro meses! - habéis estado bombardeando nuestro país y matando libios, y todos tienen demasiado miedo para pronunciar una sola palabra de condenación," se cubrió la cara con las manos y permaneció así durante unos segundos. A continuación bajó las manos y caminó hacia la puerta. Antes

Kontrolle über libysches Öl zu gewinnen und das libysche Land einzunehmen", sagte er und blickte auf die Ärzte. „Frauen sollten sich auf den Krieg in ihren Häusern vorbereiten. Frauen müssen lernen, Bomben in Schränken, Taschen, Schuhen und in Kinderspielzeug zu verstecken." Er nahm eine weitere Medaille und verlieh sie einem anderen Arzt. „Gaddafi ist kein gewöhnlicher Präsident, der einfach gehen könnte - er ist der Revolutionsführer. Ich bin ein internationaler Führer, der Lehrer aller Herrschenden in der arabischen Welt, und der König der afrikanischen Könige." Muammar Gaddafi nahm eine Waffe und hob sie über seinen Kopf. Er ging zu Paul Rost: „Der Kapitalismus, die Diktatur, darin versteckt sich der Teufel. Das sind alles böse Mächte, die versuchen, Männer unter ihre Kontrolle zu bekommen." In diesem Moment läutete Rosts Handy. Rost nahm das Handy mechanisch heraus, aber Gaddafi nahm es ihm weg und sprach in den Hörer:

„Es gibt keinen einzigen demokratischen Staat in der Welt bis auf Libyen. Und es gibt nur eine einzige Religion - den Islam. Alle, die etwas anderes glauben - sind einfach nur Verlierer", Gaddafi gab Rost das Handy zurück und steckte die Waffe weg. Er nahm eine Medaille aus der Kiste und verlieh sie Paul. Gaddafi ging in die Mitte des Zimmers: „Vier Monate - vier Monate! - Ihr habt unser Land bombardiert und Libyer getötet, und jeder hat Angst auch nur ein verurteilendes Wort zu sprechen", er bedeckte sein Gesicht mit seinen Händen und stand einige Sekunden lang so da. Dann senke er seine Hände und ging zur Tür. Bevor er ging, sah er die Menschen im Zimmer an: „Wenn der Tod ein Mann ist, dann müssen wir bis zum Ende Widerstand leisten, aber wenn es eine Frau ist, dann sollten wir im letzten Moment

de irse miró a las personas de la sala: "Si la muerte es un hombre, entonces debemos resistir hasta el fin, pero si es una mujer, deberíamos rendirnos ante ella en el último momento," dijo Muammar Gaddafi, y abandonó la sala. En ese momento hubo una explosión y Rost cayó al suelo. Después se levantó lentamente y salió del edificio. El edificio había sido gravemente dañado por la explosión. Caminó lentamente por la calle. De vez en cuando, pasaban personas corriendo a su lado sin mirarlo. Alguien estaba disparando una pistola automática cerca de él. Escuchó algún tipo de sonido, pero no pudo entender qué era. A veces el humo cubría la calle y no podía ver nada. El sonido se acercaba. Después giró la cabeza y vio que un coche se había detenido a su lado. Lisa Pandora le gritó algo a través de la ventanilla. Pero todo parecía moverse a cámara lenta, y no pudo comprender qué decía. Lisa salió lentamente del coche y corrió hacia a él. Lo empujó y ambos cayeron al suelo. A partir de ese momento todo sucedió muy rápido. Lisa le gritaba algo, las pistolas disparaban cerca, el teléfono sonaba sin cesar en su bolsillo.

"¡Corre, Paul, corre! ¡Más rápido!" pidió Lisa, lo agarró por el brazo y lo arrastró hasta el coche. Paul corrió tras ella y entró en el coche. El coche bajó la calle a toda velocidad. El teléfono sonaba sin parar.

"Paul, ¡tu teléfono está sonando!" dijo Pandora.

Paul sacó el teléfono y contestó. Era Andrew.

"¡Paul! ¿Dónde estás? ¡Oigo disparos!

aufgeben", sagte Muammar Gaddafi und verließ das Zimmer. In diesem Moment gab es eine Explosion und Rost fiel zu Boden. Dann stand er langsam auf und verließ das Gebäude. Das Gebäude war durch die Explosion stark beschädigt. Er ging langsam die Straße entlang. Von Zeit zu Zeit rannten Leute die Straße entlang, ohne ihn anzuschauen. In der Nähe feuerte jemand ein Maschinengewehr. Er hörte ein Geräusch, aber er wusste nicht genau, was es war. Rauch bedeckte die Straße und er konnte nichts sehen. Das Geräusch war irgendwo in der Nähe. Dann drehte er seinen Kopf und sah, dass ein Auto neben ihm stehen blieb. Lisa Pandora schrie ihm etwas durch das Fenster zu. Aber alles schien wie in Zeitlupe und er konnte nicht verstehen, was sie sagte. Lisa kam langsam aus dem Auto und rannte auf ihn zu. Sie stieß ihn und beide fielen zu Boden. Ab diesem Zeitpunkt geschah alles sehr schnell. Lisa schrie etwas, Maschinengewehre wurden in der Nähe abgefeuert, das Handy in seiner Jackentasche läutete ohne Unterbrechung.

„Renn', Paul, renn'! Schneller!", bat Lisa, packte ihn am Arm und zog ihn zum Auto. Paul rannte ihr nach und stieg ins Auto. Das Auto raste die Straße hinunter. Das Handy läutete ohne Unterbrechung.

„Paul, dein Handy läutet!", sagte Pandora.

Paul nahm das Handy und antwortete. Es war Andrew.

„Paul! Wo bist du? Ich höre Schussgeräusche! Geht es dir gut?", schrie Andrew am anderen Ende.

„Ja, ich lebe", sagte Paul.

„Danke für die Informationen über das Flugzeug. Es war Mob. Sie wollten eine von

"¿Estás bien?" gritó Andrew al otro lado.

"Sí, estoy vivo," dijo Paul.

"Gracias por la información sobre el avión. Era la mafia. Querían capturar una de las provincias libias. Casi todos fueron asesinados nada más aterrizar. ¿Me oyes, Paul?" continuó Andrew.

"Sí, te oigo," dijo Paul.

"No apagues el teléfono. Podemos verte por satélite. Pronto nuestros chicos te traerán a casa. ¿Me oyes?" gritó Andrew.

"Sí," respondió Paul, y en ese momento vio a Ashur y a su padre en el suelo. Ashur estaba gravemente herido. Su padre estaba atendiéndolo. Paul se metió el teléfono en el bolsillo.

"Dispararon al coche de Ashur. Los saqué de allí. Si no, los habrían matado," Lisa miró a Paul, "¿Quién llamó?"

"Mi madre. Me preguntó cuándo voy a ir a cenar," respondió Rost.

Lisa puso su mano en la de Paul.

"Me gusta que puedas bromear incluso ahora," sonrió.

Su coche circulaba a toda velocidad por la arena. Dejaron atrás el pueblo.

"¿A dónde vamos?" preguntó Paul.

"No me importa a dónde. Solo quiero estar contigo," dijo Pandora, "Ahora vamos hacia la provincia vecina. Hice un acuerdo con Ashur. Nos repartiremos el dinero a partes iguales, y a mí me nombrarán primer ministro," dijo Pandora.

Paul la miró. No estaba sorprendido por lo que había dicho. Simplemente no

Libyens Provinzen einnehmen. Fast alle von ihnen wurden gleich nach der Landung getötet. Kannst du mich hören, Paul?", setzte Andrew fort.

„Ja, ich höre dich", sagte Paul.

„Schalte dein Handy nicht aus. Wir können dich via Satellit sehen. Unsere Jungs werden dich bald nach Hause bringen. Kannst du mich hören?", schrie Andrew.

„Ja", antwortete Paul, und in diesem Moment bemerkte er Ashur und seinen Vater auf dem Boden. Ashur war schwer verletzt. Sein Vater half ihm. Paul steckte das Handy in seine Jackentasche.

„Sie haben Ashurs Auto beschossen. Ich habe sie herausgeholt. Sonst wären sie getötet worden", Lisa sah Paul an. „Wer hat angerufen?"

„Meine Mutter. Sie hat gefragt, wann ich einmal zum Abendessen komme", antwortete Rost.

Lisa legte ihre Hand auf seine.

„Ich mag es, dass du sogar jetzt Witze machen kannst", sagte sie lächelnd.

Ihr Auto raste in hoher Geschwindigkeit über den Sand. Sie ließen die Stadt hinter sich.

„Wohin fahren wir?", fragte Paul.

„Mir ist egal, wohin wir fahren. Ich möchte nur bei dir sein", sagte Pandora. „Jetzt fahren wir gerade in die benachbarte Provinz. Ich habe eine Vereinbarung mit Ashur getroffen. Wir teilen das Geld zu gleichen Teilen auf und ich werde zur Premierministerin ernannt werden", sagte Pandora.

Paul schaute sie an. Was sie sagte, überraschte ihn nicht. Er konnte nur nicht

podia comprender de qué estaba hablando.

"Ashur tiene unos cuantos amigos en esta provincia. Están liderando la revolución aquí," continuó Pandora, "Quieren que Ashur sea el presidente del nuevo país."

Paul estaba seguro de que nada podría ya sorprenderlo. Pero esta noticia lo sorprendió enormemente.

"¿Ashur va a ser el presidente del nuevo país?" dijo.

"Sí, Ashur va a ser el presidente del nuevo país," le dijo ella. "¡Ahora Libia ofrece muchas oportunidades a la gente con talento!"

"Probablemente lo hirieron de gravedad si quiere ser presidente," dijo Rost.

"Sí, Ashur será presidente," dijo Lisa, cambiando la palanca de marchas, "¡Y yo seré primer ministro!" añadió.

"¿Puedo ser yo el ministro de sanidad de tu gabinete?" sonrió Rost, señalando su bata de médico.

"Posiblemente. Ya veremos," dijo Lisa. Pero vio la sonrisa en los ojos de él y dijo, "A veces estamos mucho más cerca de nuestros sueños de lo que pensamos."

"¿Cuándo te diste cuenta de que tu sueño era convertirte en primer ministro? Creo que no debió de ser hace más de una hora," dijo Rost.

"No es tan sencillo, Paul," lo miró ella seriamente, "Este tipo de cosas hay que planearlas con tiempo. Lo supe cuando comimos pizza en mi casa. Incluso lo sabía ya tres meses antes de eso. John

verstehen, wovon sie sprach.

„Ashur hat einige Freunde in dieser Provinz. Sie führen die Revolution in dieser Provinz", setzte Pandora fort. „Sie wollen, dass Ashur der Präsident des neuen Landes wird."

Paul war sich sicher gewesen, dass ihn nichts überraschen könnte. Aber diese Neuigkeiten überraschten ihn sehr.

„Ashur wird der Präsident des neuen Landes?", sagte er.

„Ja, Ashur wird der Präsident des neuen Landes werden", sagte sie zu ihm. „Libyen hat jetzt viele Möglichkeiten für talentierte Leute!"

„Er wurde wahrscheinlich schwer verletzt, wenn er Präsident werden will", merkte Rost an.

„Ja, Ashur wird der Präsident werden", sagte Lisa und schaltete in einen anderen Gang. „Und ich werde die Premierministerin!", fügte sie hinzu.

„Kann ich der Gesundheitsminister in eurem Kabinett werden?", sagte Rost lächelnd und zeigte auf seinen Arztmantel.

„Möglicherweise. Wir werden sehen", sagte Lisa. Aber sie bemerkte das Strahlen in seinen Augen und sagte: „Manchmal sind wir unseren Träumen viel näher als wir denken."

„Wann hast du gemerkt, dass es dein Traum ist, Premierministerin zu werden? Ich glaube, das war vor weniger als einer Stunde", sagte Rost.

„Es ist nicht so einfach, Paul", sie schaute ihn ernst an. „Diese Art von Dingen werden im Voraus geplant. Ich wusste davon, als wir Pizza in meinem Haus aßen. Und so gar schon drei Monate davor. John Vega, Peter

Vega, Peter Ashur y yo lo planeamos juntos. Cogimos el dinero del banco para pagar a los soldados. Los soldados tienen que apoyarnos en nuestro nuevo estado. Hay mucho dinero en juego, Paul. Aquí hay mucho petróleo. Y este petróleo ya no tiene un jefe poderoso," dijo.

"Tú, Ashur, y Vega estabais bien preparados. ¿Y cuál será el puesto de Vega en tu gobierno en el nuevo país?" preguntó Paul. Pandora miró a Paul, pero no respondió.

Ashur und ich haben es gemeinsam geplant. Wir nahmen das Geld aus der Bank um die Soldaten zu bezahlen. Die Soldaten müssen uns in unserem neuen Staat unterstützen. Es ist ein großes Spiel mit einer Menge Geld, Paul. Hier gibt es sehr viel Öl. Und dieses Öl hat keinen starken Herren mehr", sagte sie.

„Du, Ashur und Vega, ihr wart alle gut vorbereitet. Und was wird John Vegas Posten in eurer Regierung in diesem neuen Land?", fragte Paul. Lisa schaute Paul an, aber antwortete nichts.

C

Repaso de nuevo vocabulario

1

- ¿Podrías decirme si hoy es jueves o viernes?

- Creo que hoy es miércoles. No estoy seguro.

- ¿Sabes qué hora es?

- Lo comprobaré en mi teléfono. Son casi las tres menos cuarto.

- Gracias. En cualquier caso, ¿hace calor fuera?

- Hace calor pero está nuboso. Espero que pronto haga fresco.

2

- ¡Nuestro estado no necesita un dictador!

- No soy un dictador. ¡Soy el líder de la revolución!

- Pero que emos un líder diferente. Y no

Wiederholung des neuen Vokabulars

1

- Könnten Sie mir sagen, ob heute Mittwoch oder Donnerstag ist?

- Ich glaube, heute ist Mittwoch. Ich bin mir nicht sicher.

- Wissen Sie wie spät es ist?

- Ich werde auf meinem Telefon nachsehen. Es ist fast fünfzehn Minuten vor drei.

- Danke. Übrigens, ist es draußen heiß?

- Draußen ist es heiß, aber bewölkt. Ich hoffe, es wird bald kalt werden.

2

- Unser Staat braucht keinen Diktator!

- Ich bin kein Diktator. Ich bin der Führer der Revolution!

- Aber wir wollen einen anderen Führer. Und nicht nur einen, sondern zehn oder zwanzig.

solo uno, sino diez o veinte.

- No comprendes que el gobierno debe ser fuerte. Diez líderes lucharían los unos contra los otros.

- ¡Queremos una democracia!

- ¡La democracia mata todo lo que merece la pena! La democracia - ¡es el diablo!

- ¡Queremos libertad para hacer negocios!

- Negocios - eso es capitalismo. El capitalismo - ¡es el sistema del diablo! Mira, ¡tenemos sanidad y educación gratuitas! ¿Quieres pagar por la sanidad y la educación?

- ¡Queremos buena sanidad y educación!

- Tenemos muy buena sanidad y educación. ¡Yo soy un líder internacional! ¡Soy el rey de los reyes! Ordeno que arresten a todos los perdedores que quieran capitalismo y democracia.

3

- Tengo la oportunidad de obtener un puesto en el Ministerio de Sanidad.

- No sabía que hubieras estudiado la carrera de medicina.

- No he estudiado la carrera de medicina. Tengo amigos en el Ministerio de Sanidad.

4

- Papá, ¿dónde están mis juguetes?

- No lo sé. Mira debajo de la mesa.

- Mamá, ¿dónde están mis juguetes?

- No lo sé. Mira en el cuarto de baño.

- Ihr versteht nicht, dass die Führung stark sein muss. Zehn Führer werden einander bekämpfen.

- Wir wollen Demokratie!

- Demokratie töten alles Gute! Demokratie - ist der Teufel!

- Wir wollen Geschäftsfreiheit!

- Geschäft - das ist Kapitalismus. Kapitalismus - das ist das System des Teufels! Schaut, wir haben ein freies Gesundheits- und Schulwesen! Wollt ihr für die Gesundheitsversorgung und die Schule zahlen?

- Wir wollen gute Gesundheitsversorgung und gute Schulen!

- Wir haben sehr gute Gesundheitsversorgung und sehr gute Schulen. Ich bin ein internationaler Führer! Ich bin der König der Könige! Ich befehle, alle Verlierer festzunehmen, die Kapitalismus und Demokratie wollen.

3

- Ich habe die Möglichkeit einen Posten im Gesundheitsministerium zu bekommen.

- Ich wusste nicht, dass du einen medizinischen Abschluss hast.

- Ich habe keinen medizinischen Abschluss. Ich habe Freunde im Gesundheitsministerium.

4

- Papa, wo ist mein Spielzeug?

- Ich weiß es nicht. Schau' unter dem Tisch.

- Mama, wo ist mein Spielzeug?

- Ich weiß es nicht. Schau' im Badezimmer.

- ¡Los he encontrado! Los soldados están luchando debajo de la mesa, y los aviones están bombardeando en el cuarto de baño.

5

- ¿Te gusta tener poder sobre otros?
- No, no me gusta en absoluto. En cualquier caso, ¿has cumplido todas mis órdenes?

6

- Deje que los soldados salgan a la costa.
- Pero nuestros aviones están bombardeando allí, Sr. General.
- Entonces déjelos tomar el campo de aviación.
- Pero el campo de aviación ya es nuestro desde hace tiempo.
- ¡Entonces deje que los soldados avancen, luchen y maten a todos los que vean! La guerra es la guerra.
- Sí, Sr. General.

7

- En Rusia, en el siglo veinte, se confiscaron todas las propiedades de los ricos. Después las repartieron a partes iguales entre los pobres.
- ¿Era una democracia?
- No, era comunismo. Después mataron a todos los ricos o los enviaron a prisión.
- ¿Era una dictadura?
- Sí, era comunismo de guerra. Después volaron las iglesias y barrieron la religión.
- Eso fue injusto.
- Sí, fue mortal para el estado y para las personas.

- Ich habe es gefunden! Die Soldaten kämpfen unter dem Tisch und die Flugzeuge bombardieren das Badezimmer.

5

- Magst du es, Macht über andere zu haben?
- Nein, ich mag das gar nicht. Übrigens, hast du meine Anordnungen schon ausgeführt?

6

- Lass' die Soldaten an der Meeresküste hinaus.
- Aber unsere Flugzeuge bombardieren dort, Herr General.
- Dann lass' sie das Flugfeld einnehmen.
- Aber das Flugfeld gehört uns schon seit langer Zeit.
- Dann lass' die Soldaten vorwärts marschieren, und jeden in Sichtweite bekämpfen und töten! Krieg ist Krieg.
- Ja, Herr General.

7

- In Russland, im zwanzigsten Jahrhundert, haben sie alle Besitztümer der Reichen beschlagnahmt. Dann haben sie sie zu gleichen Teilen unter den Armen aufgeteilt.
- War das eine Demokratie?
- Nein, das war Kommunismus. Danach wurden alle Reichen getötet oder ins Gefängnis geworfen.
- War das eine Diktatur?
- Ja, es war Kriegskommunismus. Danach haben sie Kirchen in die Luft gejagt und die Religion ausgelöscht.
- Das war ungerecht.
- Ja, das war für den Staat und die Menschen tödlich.

8

- ¡Nuestro presidente hizo un pacto con el diablo!

- ¿Por qué crees eso?

- Porque coge todo lo que quiere.

- No, ¡hizo un pacto con el primer ministro!

8

- Unser Präsident hat einen Pakt mit dem Teufel geschlossen!

- Warum denkst du das?

- Weil er alles bekommt, was er will.

- Nein, er hat einen Pakt mit dem Premierminister geschlossen!

21

Una sola oportunidad
Nur eine Chance

 A

Palabras

agradecido - dankbar	compensación - Prämie, die
aquellos - diese	cuerda - Seil, das
asunto - Beziehung, die	cuota - Fahrpreis, der
atemorizarse – Angst bekommen	de madera - aus Holz
ávidamente - gierig	derribar - stürzen
banderas - Fahne, die	docenas - Dutzend, das
borde - Rand, der	dos pisos - zweistöckig
botar - springen	echando – ließ herabfallen
cintura - Hüfte, die	energía - Energie, die
color - Farbe, die	enseguida - bald einmal

175

enterradas - eingegraben
entre - inmitten
enviar - schicken
esperanza – Hoffnung, die
esperar - hoffen
estar luchando - kämpfend
este - Osten, der
ganador - Gewinner, der
gobernar - regieren
gritar - schreien
grupo - Gruppe, die
habló - sprach
idioma - Sprache, die
inferior – untere, unterer, unteres
intentó - versuchte
loción - Creme, die
loción bronceadora – Sonnencreme, die
merecer - verdienen
miedo - Angst, die
mientras - während
monumento - Monument, das
moverse – sich bewegen

multar - bestrafen
multitud - Menge, die
nativo - einheimisch
niño - Kind, das
pagó - bezahlt
panfleto - Flugblatt, das
parecerse – sich ähneln
piel - Haut, die
plataforma - Podium, das
plaza - Platz, der
polizón - blinde Passagier, der
reconocieron - erkannte
rescatar - retten
rompían - zerrissen
saludaban - winkte
saludar - begrüßen
se puso - wurde
temerosamente - ängstlich
tiene - halten
vendados - verbunden
viajó - reiste

 **B**

Una sola oportunidad

Paul Rost y Lisa Pandora atravesaron el Sáhara a gran velocidad. El herido Peter Ashur iba tumbado en la parte posterior del coche, con su padre sentado a su lado. El padre de Ashur se puso muy

Nur eine Chance

Paul Rost und Lisa Pandora fuhren mit hoher Geschwindigkeit durch die Sahara. Der verletzte Peter Ashur lag auf dem Rücksitz und sein Vater saß neben ihm. Ashurs Vater wurde sehr nervös, als er

nervioso cuando oyó lo que planeaba hacer su hijo.

"No deberías hacer esto, hijo," dijo, mirando a su hijo, "Este juego es demasiado grande y demasiado peligroso. Ya engañaste a John Vega y a Lisa, y no te lo van a perdonar."

"Le daré a Pandora mucho más de lo que le he quitado. ¡Y Vega es un idiota y se lo merece!" dijo Ashur, y después se levantó y se sentó junto a su padre, "Mis amigos ya lo han preparado todo. ¡Todo lo que necesitan ahora es a mí y mi experiencia en asuntos internacionales!" Ashur vio que la sonrisa en los ojos de Rost se desplazaba rápidamente hacia sus pies "Sí, mi experiencia. Y no debería reírse, Paul," señaló a Paul con el dedo, "Cuando sea el ganador, ¡no rechazará el dinero y compensaciones que podría darle a usted y a todos mis amigos! Por eso tiene que ayudarme ahora, ¡cuando tanto necesito su ayuda y la de mis amigos! ¡Es nuestra única oportunidad! ¡Paul, tiene que entenderlo!"

Paul Rost miró muy serio a Ashur, pero no dijo nada.

"¿Qué es eso?" preguntó Pandora. Paul miró hacia fuera y vio algo en el suelo. Se estaba moviendo. Al acercarse, se dieron cuenta de lo que era. Había las cabezas de dos personas enterradas en el suelo. No podían salir. Debían de tener las manos atadas.

"¡Ashur! ¡Peter, ayúdenme!" gritó una de las cabezas, y todos reconocieron a Aladdin. El otro hombre era uno de los consultores. Tenía los ojos cerrados y no se movía.

Rost se acercó a ellos, pero Ashur gritó:

hört, was sein Sohn gerade plante.

„Du solltest das nicht machen, Sohn", sagte er und schaute seinen Sohn an. „Dieses Spiel ist zu groß und zu gefährlich. Du hast bereits John Vega und Lisa betrogen und sie werden dir nicht vergeben."

„Ich werde Pandora viel mehr geben, als ich ihr genommen habe. Und Vega ist ein Idiot und verdient, was er bekommen hat!", sagte Ashur, richtete sich auf und setzte sich neben seinen Vater. „Meine Freunde haben bereits alles vorbereitet. Alles was sie jetzt brauchen bin ich und meine Erfahrung in internationalen Beziehungen!"

Ashur sah das Lächeln Rost und seinen schnellen Blick auf seine Füße, „Ja, meine Erfahrungen. Und du solltest nicht lächeln, Paul", er zeigte mit seinem Finger auf Paul. „Wenn ich gewinne, wirst du das Geld und die Prämien nicht ablehnen, die ich dir und allen meinen Freunden geben könnte! Deshalb musst du mir jetzt helfen, ich brauche deine Hilfe und die Hilfe meiner Freunde so sehr! Es ist unsere einzige Chance! Paul, du musst das verstehen!"

Paul Rost sah Ashur sehr ernst an, aber er sagte nichts.

„Was ist das?", fragte Pandora. Paul sah hinaus und sah etwas auf dem Boden. Es bewegte sich. Als sie näher kamen, wurde ihnen klar, was es war. Es waren die Köpfe von zwei Menschen, die in den Boden eingegraben waren. Die Menschen konnten nicht heraus. Ihre Hände waren wahrscheinlich gefesselt.

„Ashur! Peter, hilf mir!", schrie einer der Köpfe und alle erkannten Aladdin wieder. Der andere Mann war einer der Berater. Seine Augen waren geschlossen und er bewegte sich nicht.

"¡No, Paul, no les ayude! ¡Se merecen lo que les han hecho!" A continuación intercambió miradas con Pandora. Pandora salió del coche y sacó una pistola.

"Peter, tenemos que rescatarlos," dijo el padre de Ashur a su hijo.

"¡De acuerdo, pero no ahora mismo! ¡No tenemos tiempo! ¡Avisaremos a la gente del pueblo y serán arrestados!" dijo Ashur a su padre.

Rost se sentó al lado de Aladdin y dijo en voz baja: "¿Cómo está, consultor? Parece que alguien se enfadó mucho con usted, dado que lo enterró aquí. ¿Quiere gobernar el país y ver el cielo de diamantes?" Aladdin los miró temerosamente, "En cualquier caso, no ha pagado la cuota del viaje y ha viajado hasta Libia como polizón," dijo, echando un poco de arena sobre la cabeza de Aladdin, "Ahora tendremos que multarle," miró a Pandora, "Lisa, ¿cómo multamos a este polizón?"

"¿Quién tiene el poder sobre la provincia?" le preguntó Pandora a Aladdin, apuntándolo con la pistola.

"Un hombre llamado Mermet tiene el poder sobre el norte y el este," dijo Aladdin.

"¿Cuánta gente tiene?" continuó Ashur.

"No lo sé. ¡Ayúdeme, Peter!" pidió Aladdin.

"Por supuesto, Aladdin. Usted me ayudó a mí y yo le ayudaré a usted. Enseguida le enviaré a una chica con agua mineral y loción bronceadora," dijo Ashur, "Y agradezca que no lo esté multando por viajar a Libia sin billete," dijo, y mostró a

Rost ging zu ihnen, aber Ashur schrie: „Nein, Paul, hilf ihnen nicht! Sie verdienen, was sie bekommen haben!" Dann wechselte er Blicke mit Pandora. Pandora stieg aus dem Auto aus und zog ihre Waffe.

„Ashur, wir müssen sie retten", sagte Ashurs Vater zu seinem Sohn.

„In Ordnung, aber nicht jetzt! Wir haben keine Zeit! Wir werden es den Leuten in der Stadt erzählen und sie werden sie verhaften!", sagte Ashur zu seinem Vater.

Rost setzte sich neben Aladdin und sagte leise: „Wie geht es Ihnen, Berater? Jemand ist wahrscheinlich sehr böse auf Sie, sonst wären Sie hier nicht eingegraben worden. Wollen Sie das Land regieren und den Himmel voller Diamanten sehen?"

Aladdin sah sie voller Angst an.

„Sie haben den Fahrpreis für die Reise übrigens nicht bezahlt und sind als blinder Passagier ohne Ticket nach Libyen gereist", sagte er und ließ ein wenig Sand auf Aladdins Kopf herabfallen. „Jetzt müssen wir dich bestrafen, blinder Passagier", er sah Pandora an. „Lisa, wie bestrafen wir diesen blinden Passagier?"

„Wer hat die Macht in dieser Provinz?", fragte Pandora Aladdin und richtete die Waffe auf ihn.

„Ein Mann namens Mermet hat die Macht im Norden und Osten", sagte Aladdin.
„Wie viele Leute hat er?", fragte Ashur weiter.
„Ich weiß es nicht. Hilf mir, Ashur!", bat Aladdin.
„Natürlich, Aladdin. Du hast mir geholfen und ich werde dir helfen. Ich werde dir bald eine Frau mit Mineralwasser und Sonnencreme vorbeischicken", sagte Ashur. „Du kannst dankbar sein, dass ich dich nicht

Aladdin la ametralladora. "¡Espero que vea el cielo de diamantes muy pronto!"

Rost y Pandora regresaron al coche y arrancaron. Llevaban unos veinte kilómetros cuando los aviones los sobrevolaron. En ese momento vieron una multitud de personas. En medio del desierto del Sáhara se erguía un pequeño edificio de dos pisos y unas pocas docenas de casitas alrededor. Una gran multitud se hallaba en la plaza delante del edificio de dos pisos. Muchos de ellos gritaban y portaban banderas. En medio de la plaza había una plataforma. Unas cuantas personas gritaban desde arriba, y la gente repetía lo que gritaban. Muchos estaban cubiertos de sangre y algunos vendados, otros vestían uniformes militares. A la izquierda había un monumento y varias personas intentaban derribarlo con una cuerda. Varios intentaron meterse en medio y estalló una pelea. Las mujeres y los niños corrían y gritaban entre aquellos que estaban luchando. Los que estaban en la plataforma empezaron a tirar panfletos. Algunos los cogían ávidamente, mientras que otros los rompían. Una mujer de negro agarró a su niño y, con miedo, escapó corriendo de la plaza. Pandora detuvo el coche cuando vio que algunas personas venían corriendo y gritando hacia ellos. Ella preparó la pistola, pero Ashur le puso la mano en el hombro.

"Son amigos, Lisa. Se alegran mucho de vernos," dijo Ashur y salió del coche. Levantó las manos, saludando a la gente, y caminó hacia ellos mostrando su sonrisa. Paul Rost salió del coche y recogió un panfleto. En él aparecía la cara de Peter Ashur y la de otra persona, y en la parte inferior había un pequeño

dafür bestrafe, ohne Ticket nach Libyen gereist zu sein", sagte er und zeigte Aladdin das Maschinengewehr. „Ich hoffe, du wirst den Himmel bald voller Diamanten sehen!" Rost und Pandora stiegen wieder ins Auto und fuhren weiter. Sie hatten zirka zwanzig Kilometer zurückgelegt, als Flugzeuge über ihren Köpfen vorbeiflogen. In diesem Moment sahen sie eine Menschenmenge. Mitten in der Wüste Sahara stand ein kleines zweistöckiges Gebäude und um das Gebäude herum mehrere dutzend kleine Häuser. Auf dem Platz vor dem zweistöckigen Gebäude gab es eine große Menschenmenge. Viele Menschen schrien und hielten Fahnen hoch. Mitten auf dem Platz gab es ein Podium. Einige Leute auf dem Podium schrien etwas und die Menge wiederholte es. Viele der Menschen waren voll Blut und einige hatten Verbände. Einige trugen Militäruniformen. Links stand ein Monument, einige Leute banden ein Seil daran und versuchten es zu stürzen. Einige Leute versuchten das zu verhindern und ein Feuer brach aus. Inmitten der Kämpfenden rannten und schrien Frauen und Kinder. Die Leute auf dem Podium begannen Flugblätter herunterzuwerfen. Einige griffen gierig danach, andere zerrissen sie. Eine schwarz gekleidete Frau packte ihr Kind und rannte ängstlich vom Platz. Pandora hielt das Auto an, als sie sah, dass einige Leute auf sie zu gerannt kamen und schrien. Sie bereitete die Waffe vor, aber Ashur legte seine Hand auf ihre Schulter.

"Lisa, das sind Freunde. Sie sind sehr glücklich uns zu sehen", sagte Ashur und stieg aus. Er hob seine Hand um die Leute zu begrüßen und ging lächelnd auf sie zu. Paul Rost stieg aus und hob eines der Flugblätter auf. Darauf war Peter Ashurs

texto escrito en el idioma local. La gente corrió hacia Ashur, lo levantaron y lo llevaron a través de la multitud. La gente gritaba y saludaba con la mano. Llevaron a Ashur hasta la plataforma y él empezó a gritar algo a la multitud en su idioma nativo. La multitud repetía las palabras de Ashur. Paul entonces se dio cuenta de que el color del pelo y la piel de Ashur se parecía al de los locales. Ashur empezó a botar al ritmo de sus propias palabras. Y la multitud empezó a botar al ritmo de Ashur. De pie entre la gente que gritaba, Rost sintió la fuerte energía que emanaba de la multitud. Durante un segundo se sintió atemorizado, y empezó a buscar a Pandora. Ashur gritó y saltó una vez más y la plataforma de madera se rompió bajo sus pies. Se cayó hasta la cintura dentro de la plataforma, pero las demás personas tiraron de él inmediatamente y lo pusieron de pie. Pandora estaba al borde de la plaza y hablaba con un grupo de hombres. Los hombres estaban armados y Rost se dio cuenta inmediatamente de quiénes eran. Pandora y otras varias personas del grupo entraron en el edificio. Paul Rost miró a su alrededor y los siguió.

Gesicht und das einer anderen Person, und darunter stand ein kurzer Text in der Landessprache. Leute rannten zu Ashur, hoben ihn hoch und trugen ihn durch die Menge. Leute schrien und winkten. Sie trugen Ashur auf das Podium und er begann der Menge etwas in der Landessprache zuzurufen. Die Menge wiederholte Ashurs Worte. Paul bemerkte nun, dass Ashur und die Einheimischen eine ähnliche Haarfarbe und Hautfarbe hatten. Ashur begann zum Rhythmus seiner eigenen Worte zu springen. Und die Menge begann in Ashurs Rhythmus zu springen. Rost stand inmitten der schreienden Leute und fühlte plötzlich die starke Energie, die von der Menge kam. Er bekam kurz Angst und begann Pandora in der Menge zu suchen. Ashur schrie und sprang noch einmal, und das Holzpodium zerbrach unter seinen Füßen. Er fiel bis zu seiner Hüfte in das Podium, aber andere Leute zogen ihn sofort heraus und halfen ihm aufzustehen. Pandora stand an einem Ende des Platzes und sprach mit einer Gruppe von Männern. Die Männer waren bewaffnet und Rost erkannte sie sofort. Pandora und einige andere Leute aus der Gruppe gingen in das Gebäude. Paul Rost sah sich um und folgte ihnen.

Repaso de nuevo vocabulario

1

- ¿Podrías decirme si hoy es jueves o viernes?

- Creo que es jueves. No estoy seguro.

Wiederholung des neuen Vokabulars

1

- Können Sie mir sagen, ob heute Donnerstag oder Freitag ist?

- Ich glaube, heute ist Donnerstag. Ich bin mir nicht sicher.

- ¿Sabes qué hora es?

- Lo comprobaré en mi teléfono. Exactamente las tres.

- Gracias. Por cierto, ¿hace frío fuera?

- Está nevando y hace viento. Pero espero que pronto haga calor.

2

- ¿Cuál es la multa por viajar sin billete en autobús?

- La multa por viajar sin billete en el autobús es de diez dólares.

3

- ¿Cuánta gente vive en esta casa de madera de dos pisos?

- Alrededor de treinta personas viven aquí. Es la única casa de dos pisos que hay en el pueblo.

4

- ¿Por qué está peleando esta gente?

- Son el conductor del bus y un pasajero. El conductor quiere multar al pasajero por no llevar billete.

- ¿Por qué no paga la multa el polizón?

- Porque es codicioso.

- ¿Dónde está la policía?

- No hay policía en este pequeño pueblo.

5

- Señor, ¿me ayudaría a ponerme loción bronceadora?

- ¿Dónde?

- Aquí y aquí.

- Claro que sí. ¿Está bien?

- Wissen Sie wie spät es ist?

- Ich werde auf meinem Telefon nachsehen. Es ist genau drei Uhr.

- Danke. Übrigens, ist es draußen kalt?

- Draußen schneit es und es ist windig. Aber ich hoffe, dass es bald warm werden wird.

2

- Was ist die Strafe, wenn man ohne Ticket mit dem Bus reist?

- Die Strafe für eine Busfahrt ohne Ticket ist zehn Dollar.

3

- Wie viele Bewohner gibt es in diesem zweistöckigen Haus aus Holz?

- Es leben etwa dreißig Leute dort. Es ist das einzige zweistöckige Haus in dieser Stadt.

4

- Warum kämpfen diese Leute?

- Das sind ein Busfahrer und ein Passagier. Der Fahrer möchte den Passagier bestrafen, weil er ohne Ticket gereist ist.

- Warum zahlt der blinde Passagier die Strafe nicht?

- Weil er geizig ist.

- Wo ist die Polizei?

- In dieser kleinen Stadt gibt es keine Polizei.

5

- Können Sie mir bitte helfen die Sonnencreme aufzutragen?

- Wo?

- Hier und hier?

- Sehr gerne. Ist es gut so?

- Ja, das ist gut. Nur die Creme ist sehr kalt.

- Sí, está bien. Solo que la loción está muy fría. ¡Oh! Señora, ¿por qué me está lanzando pizza?

- ¡Porque es mi marido! ¡Cariño, ven aquí!

6

- ¿Qué es este monumento?

- Este monumento es de Lenin, el líder de la revolución comunista en Rusia.

- Pero ya no hay comunismo en Rusia.

- Es que esto no es Rusia. Es Cuba.

7

- ¿Por qué te enfadaste, querida?

- ¿Y por qué la tocaste?

- Solamente le ayudé a echarse loción bronceadora.

- ¡Pero si le echaste helado en vez de loción!

8

- Un montón de gente agitaba banderas en la plaza.

- ¿Qué tipo de banderas? ¿Banderas del partido comunista o del demócrata?

- Banderas de un club de fútbol.

9

- Cariño, ¿no te enfadarás conmigo?

- ¿Qué pasa, querido?

- He estado fumando en el coche.

- No estoy enfadada, querido.

- Y la policía me multó por encender una fogata en la ciudad.

- ¿Cuánto?

Oh! Warum bewerfen Sie mich mit Pizza?

- Weil das mein Ehemann ist, der Sie eincremt! Schatz, komm her!

6

- Was ist das für ein Monument?

- Dieses Monument ist Lenin gewidmet, dem Führer der kommunistischen Revolution in Russland.

- Aber es gibt in Russland keinen Kommunismus mehr.

- Aber das ist nicht Russland. Das ist Kuba.

7

- Warum bist du wütend auf mich, Liebste?

- Warum hast du sie berührt?

- Ich habe ihr nur geholfen, Sonnencreme aufzutragen.

- Aber du hast Eiscreme statt Sonnencreme aufgetragen!

8

- Eine Menge Leute auf dem Platz schwenkten Fahnen.

- Welche Art von Fahnen? Fahnen der kommunistischen oder der demokratischen Partei?

- Die Fahnen eines Fußballvereins.

9

- Schatz, wirst du wütend auf mich sein?

- Was ist los, Liebster?

- Ich habe im Auto geraucht.

- Ich bin nicht wütend, Liebster.

- Und ich wurde von der Polizei gestraft, weil ich in der Stadt ein Lagerfeuer angezündet habe.

- Veinticinco dólares.

- Qué tontería.

- Claro que es una tontería, querida. De todas formas querías comprar un coche nuevo.

10

- ¿Cuál es tu idioma nativo?

- Mi idioma nativo es el inglés.

- ¿Cuál es tu ciudad de origen?

- Mi ciudad de origen es Carlsbad.

- ¿Carlsbad de Alemania?

- No, Carlsbad, E.E.U.U.

11

- Tengo miedo, querida.

- ¿De qué tienes miedo, amor?

- Tengo miedo de pensar cuánta comida como cada día.

12

- ¡Vamos a botar al ritmo!

- ¡Vamos!

- ¿Guay?

- ¡Guay!

- ¡Oh, se ha roto la cama!

- No te preocupes. Es la cama de mis padres. ¡Ahora vamos a la de mi hermano!

13

- ¿Quién está hablando en la plataforma?

- Es la mujer del presidente.

- ¿Dónde está el presidente?

- También está en la plataforma. Está al

- Wie teuer?

- Fünfundzwanzig Dollar.

- Das ist Unsinn.

- Natürlich ist das Unsinn, Liebste. Du wolltest sowieso ein neues Auto kaufen.

10

- Was ist deine Muttersprache?

- Meine Muttersprache ist Englisch.

- Was ist deine Heimatstadt?

- Meine Heimatstadt ist Carlsbad.

- Karlsbad in Deutschland?

- Nein, Carlsbad in den Vereinigten Staaten.

11

- Ich habe Angst, Liebster.

- Warum hast du Angst, meine Liebste?

- Ich habe Angst daran zu denken, wie viel ich jeden Tag esse.

12

- Lass uns zum Rhythmus springen!

- Lass es uns machen!

- Cool?

- Cool!

- Oh, das Bett ist gebrochen!

- Keine Sorge. Das ist das Bett meines Vaters und meiner Mutter. Lass uns jetzt zum Bett meines Bruders gehen!

13

- Wer spricht gerade auf dem Podium?

- Das ist die Frau des Präsidenten.

- Wo ist der Präsident?

- Er ist auch auf dem Podium. Er steht neben

lado de su mujer. ¿Ves a ese tipo bajito?

- ¿Hablará el presidente?

- Por supuesto. Si es capaz de llegar al micrófono.

14

- ¡Cuando tomo este té, siento toda esa energía en mi lengua!

- Eso es porque eché Coca-Cola en vez de agua en la tetera por error. Lo siento.

15

- Señorita, déme la oportunidad de conocerla.

- De acuerdo, le daré una sola oportunidad. Simplemente no la rechace después, ¿vale?

- Ahora no estoy seguro.

- No digas no al amor, cielo.

- ¡Ayuda!

seiner Frau. Siehst du den kleinen Typ?

- Wird der Präsident auch selbst reden?

- Natürlich. Wenn er das Mikrophon erreicht.

14

- Wenn ich diesen Tee trinke, fühle ich so viel Energie auf meiner Zunge!

- Das ist weil ich unabsichtlich Coca-Cola anstatt Wasser in den Teekessel geschüttet habe. Es tut mir leid.

15

- Geben Sie mir bitte eine Chance Sie kennen zu lernen.

- In Ordnung. Ich gebe Ihnen eine einzige Chance. Aber lehnen Sie sie später nicht ab, in Ordnung?

- Jetzt bin ich mir nicht mehr sicher.

- Sagen Sie nicht Nein zur Liebe, mein Schatz.

- Hilfe!

22

La vida no perdona los errores
Das Leben verzeiht keine Fehler

A

Palabras

abandonar - verlassen
absolutamente - völlig
acercándose – sich nähern
afeitado - rasiert
agarrar - klammern
agitado - aufgeregt
aldea - Dorf, das
ametrallador – Maschinengewehr, das
apasionadamente - leidenschaftlich
apasionado - leidenschaftlich

armado - bewaffnet
atemorizante - beängstigend
besar - küssen
bloqueó - versperrte den Weg
bombardear - bombardieren
bombardeó - bombardierte
ceremoniosamente - feierlich
ciudadano - Bürger, der
cobarde - Feigling, der
columna - Säule

comisión - Kommission, die
conexión - Verbindung, die
cuartel - Hauptquartier, das
cumple - erfüllen
decisivo - entscheidend
delgado - dünn
dentro de - innerhalb
desastre - Katastrophe, die
desempleados - arbeitslos
despertó - weckte
diminuto - klein
duna - Düne, die
elecciones - Wahlen, die
en - in
encendió – zündete an
entregar - übergeben
entregó - reichte
Europa - Europa
finalmente - endlich
firmar - unterschreiben
frialdad - Kälte, die
futuro - zukünftig
garantizar - garantieren
gesticuló - gestikulierte
gritar – schreien
guardaespaldas - Bodyguard, der
helicóptero - Helikopter, der
historia - Geschichte, die
hoguera - Lagerfeuer, das
importancia - Bedeutung, die

informó - informierte
libertad - Freiheit, die
limpiamente - sauber
momento - Moment, der
nación - Nation, die
nacional - national
no hay más que – es gibt nichts außer
nunca - jemals
par - Paar, das
pobres - arm
por - durch
promesa - Versprechen, das
puerto - Hafen, der
punto - Punkt, der
quedó - blieb
rápidamente - schnell
rápido - schnell
rechazó - weigerte sich
recibir - erhalten
reconocer - erkennen
régimen - Regime, das
rodeado - umgeben
rodeó - kreiste
salarios - Gehalt, das
salvar - retten
se extiende - sich erstrecken
supone – nimmt an
señora – Frau (Fr.), die
símbolo - Symbol, das
suavemente - leise

sucias - schmutzig

superestrella - Superstar, der

sur - Süden, der

susurró - flüsterte

tirando - ziehend

tradicional - traditionell

unión - Union, die

vasto - riesig

vigilar - überwachen

La vida no perdona los errores

Paul Rost entró en el edificio. Un hombre con una ametralladora le bloqueó la entrada, pero Lisa Pandora lo vio. Dijo algo a una de las personas y ordenó al ametrallador que dejara pasar a Rost. Rost se acercó a la habitación donde había entrado Lisa, abrió un poco la puerta y vio que Pandora estaba entregando el dinero y firmando unos papeles. Vio a Paul y sonrió nerviosamente: "Paul, espérame en el recibidor," dijo. Las personas que estaban con ella miraron a Rost y él sintió la frialdad atemorizante de sus ojos.

Por la tarde, la gente encendió hogueras en la plaza. Estaban sentados alrededor de las hogueras mientras en la plataforma las personas hablaban unas detrás de otras. Todos hablaban sobre Peter Ashur como líder del nuevo país. Decían que habría escuelas y hospitales gratuitos, que los salarios serían tan buenos como en Europa, y que las personas pobres y los desempleados recibirían dinero del estado.

Rost estaba en el borde de la plaza cuando Lisa se acercó por detrás y lo

Das Leben verzeiht keine Fehler

Paul Rost ging in das Gebäude. Ein Mann mit einem Maschinengewehr versperrte ihm den Weg, aber Lisa Pandora sah ihn. Sie sagte etwas zu einem der Männer und er kommandierte dem Bewaffneten Rost hereinzulassen. Rost ging bis zu dem Zimmer, das Lisa Pandora betreten hatte. Die Tür öffnete sich leicht und Rost sah, dass Pandora das Geld übergab und einige Papiere unterzeichnete. Sie sah Paul und lächelte nervös. „Paul, warte im Flur auf mich", sagte sie. Die anderen Leute sahen Rost an und er fühlte eine beängstigende Kälte in ihren Augen.

Am Abend zündeten die Leute am Platz Lagerfeuer an. Sie saßen um die Feuer, während auf dem Podium nacheinander Leute sprachen. Sie alle sprachen über Peter Ashur, dem Führer ihres neuen Landes. Sie sagten, dass es kostenlose Schulen und Spitäler geben würde, dass die Gehälter so gut wie in Europa sein würden, und dass die armen und arbeitslosen Menschen Geld vom Staat erhalten würden.

Rost stand am Ende des Platzes, als Lisa von hinten auf ihn zukam und ihn umarmte.

„Paul", flüsterte sie leise. „Wir sind in der Sahara, aber mir ist kalt. Lass uns in das

abrazó.

"Pa-ul," susurró suavemente, "Estamos en el Sáhara, pero tengo frío. Vayamos a la casa. He preparado una cama para ti," fueron hacia una casita que estaba en el extremo del pueblo, "¿Sabías que a nuestro alrededor no hay ciudades ni aldeas en doscientos kilómetros? Y hacia el sur el Sáhara se extiende otros mil quinientos kilómetros. Y a nuestro alrededor no hay más que dunas de arena. Y no hay nada de agua. Dame un poco de agua," dijo. Paul Rost miró a su alrededor buscando la botella de agua, pero Lisa tomó su cara entre las manos y la volvió hacia ella, "No, no mires. Dame de beber, Paul." Él quiso volver a mirar, pero ella no le dejó, "No, no mires. Dame de beber, dame... " susurró apasionadamente. Él la besó, y ella le devolvió un beso apasionado. La luna y las hogueras iluminaban el pueblo, que era como un punto diminuto en el vasto océano de arena.

Por la mañana Lisa tocó la cara de Paul con la mano y lo despertó.

"Hola," susurró ella.

"Hola," susurró él. Ella le mostró un pequeño anillo. Después le besó la mano y le puso el anillo en el dedo.

"¿Qué es eso?" preguntó sorprendido.

"Es un símbolo de lo que hay ahora entre nosotros. Nunca te lo saques, ¿de acuerdo?" susurró ella.

"De acuerdo," susurró él. En aquel momento hubo gritos y tiros. John Vega entró en la habitación con una ametralladora, "Señora primer ministro, su ministro quiere su salario," John

Haus gehen. Ich habe ein Bett für dich vorbereitet", sie gingen zu einem kleinen Haus am Ende der Stadt. „Weißt du, dass es in einem Umkreis von zweihundert Kilometern keine Städte und keine Dörfer gibt? Und die Sahara erstreckt sich fünfzehnhundert Kilometer in den Süden. Um uns ist nichts außer Sanddünen. Und es gibt überhaupt kein Wasser. Gib mir ein bisschen Wasser", sagte sie. Paul Rost sah sich nach einer Wasserflasche um, aber Lisa nahm sein Gesicht in ihre Hände und drehte es zu ihr. „Nein, schau nicht. Gib mir zu trinken, Paul." Er wollte sich wieder umsehen, aber sie ließ ihn nicht. „Nein, schau nicht. Gib mir zu trinken, gib mir...", flüsterte sie leidenschaftlich. Er küsste sie und sie gab ihm auch einen leidenschaftlichen Kuss. Der Mond und die Lagerfeuer erhellten die Stadt, die nur ein kleiner Punkt im riesigen Ozean aus Sand war.

Am Morgen berührte Lisa Pauls Gesicht mit ihrer Hand und weckte ihn auf.

„Hi", flüsterte sie.

„Hi", flüsterte er zurück. Sie zeigte ihm einen kleinen Ring. Dann küsste sie seine Hand und steckte den Ring an seinen Finger.

„Was ist das?", fragte er überrascht.

„Das ist ein Symbol für das, was uns nun verbindet. Nimm ihn nie ab, in Ordnung?", flüsterte sie.

„In Ordnung", flüsterte er. In diesem Augenblick gab es Schreie und Schüsse. John Vega kam mit einer Maschinenpistole ins Zimmer. „Frau Premierminister, Ihr Minister möchte sein Gehalt haben", es war schwer John Vega wiederzuerkennen. Er war sehr dünn. Seine Augen waren weit offen. „Ihr Minister möchte Sie auch feuern, Lisa

Vega era difícil de reconocer. Estaba muy delgado. Sus ojos estaban totalmente abiertos, como los de un loco, "¡su ministro también quiere echarla, Lisa Pandora! ¡Porque no cumple sus promesas!" continuó gritando. John Vega apuntó con su pistola a Pandora, pero dos tiros lo detuvieron y se cayó. Tras él estaba un hombre del equipo de Lisa Pandora.

"Gracias, Said," dijo Pandora, y salió de la cama, "Hoy es un día decisivo, Paul. No me dejes, ¿de acuerdo?" dijo.

Ashur entró en la habitación, y con él entraron otras cuatro personas con pistolas y se quedaron junto a la puerta. Rost se dio cuenta de que eran los guardaespaldas de Ashur.

"Hoy nos visitará la Comisión de la Unión Europea," dijo Ashur, "Señora Pandora, usted, como futuro primer ministro, tiene que demostrar a la comisión que garantizamos elecciones absolutamente democráticas para toda nuestra nación." Peter Ashur entregó ceremoniosamente a Pandora algunos documentos. A Rost le sorprendía el hecho de que Ashur actuase como un presidente real. Estaba bien vestido y afeitado. Llevaba el traje nacional de los locales. Rost tocó su barba y miró sus ropas sucias. Ashur se acercó a Rost.

"El día más importante ha llegado, Sr. Rost. Hoy comenzamos la historia de un nuevo estado democrático," Ashur levantó las manos para mostrar la importancia del momento y salió de la habitación. El padre de Ashur se quedó allí. Se arrojó a los pies de Paul Rost y gritó: "¡Paul, salve a mi hijo! ¡Se va a meter en grandes problemas! ¡Usted es Pandora! Weil Sie ihre Versprechen nicht erfüllen!", er schoss weiter. John Vega richtete seine Waffe auf Pandora, aber zwei Schüsse stoppten ihn und er fiel zu Boden. Hinter ihm stand ein Mann aus Lisa Pandoras Team.

„Danke, Said", sagte Pandora und stand aus dem Bett auf. „Heute ist ein entscheidender Tag, Paul. Verlass mich nicht, in Ordnung?", sagte sie.

Ashur betrat das Zimmer, zusammen mit ihm kamen vier andere Personen mit Waffen und stellten sich neben die Tür. Rost wurde klar, dass es Ashurs Bodyguards waren.

„Heute wird uns die Europäische Kommission besuchen", sagte Ashur. „Frau Pandora, Sie, als zukünftige Premierministerin, müssen der Kommission zeigen, dass wir in unserer jungen Nation völlig demokratische Wahlen garantieren." Peter Ashur reichte Pandora feierlich einige Unterlagen. Rost war überrascht von der Tatsache, dass Ashur sich wie ein echter Präsident verhielt. Er war gut angezogen und rasiert. Er trug die traditionelle Landeskleidung der Einheimischen. Rost berührte seine eigenen Stoppeln und sah auf seine dreckige Kleidung. Ashur kam zu Rost.

„Der bedeutendste Tag ist gekommen, Herr Rost. Heute beginnen wir die Geschichte eines neuen demokratischen Staates", Ashur hob seine Hände um zu zeigen, wie bedeutend dieser Moment war, und verließ das Zimmer. Seine Bodyguards und Lisa folgten ihm hinaus. Peter Ashurs Vater blieb im Zimmer. Er warf sich vor Paul Rosts Füße und schrie: „Paul, rette meinen Sohn! Er wird große Schwierigkeiten bekommen! Du bist der einzige hier, der nicht verrückt nach dem Geld geworden ist!"

el único que no se ha vuelto loco por el dinero!"

"¿Pero qué puedo hacer ahora?" se justificó Paul, tirando del anciano para levantarlo, "Se supone que nuestra gente me va a sacar de aquí, y él podría venirse también. Pero, ¿quiere?"

"¡Arréstelo, Paul!" suplicó el anciano, y le mostró a Paul un par de esposas, "¡Aquí tiene las esposas!"

"Ahora es imposible, ya que está rodeado de muchos hombres armados," dijo Paul, mirando por la ventana.

"Oh, qué desastre, qué desastre..." repitió el anciano, agarrándose la cabeza con las manos.

En la plaza había todavía más gente. Todos gritaban y estaban muy agitados.

"¡Por la noche bombardearon los puertos marítimos!" gritó Ashur desde la plataforma, "¡El antiguo régimen no quiere darnos la libertad! Hoy nos visitará la Comisión de la Unión Europea; ¡vigilará las elecciones democráticas de nuestro nuevo país!"

Un avión volvió a sobrevolar el pueblo y en ese momento el teléfono de Rost sonó en su bolsillo.

"Sí," dijo Rost.

"Paul, ¡es peligroso estar ahí ahora! ¡Nuestros cuarteles han sido informados de que pronto van a bombardear! Nuestros chicos te sacarán de ahí en helicóptero en cualquier momento," gritó Andrew por teléfono, "¡Estate preparado para salir corriendo!"

"¿Qué pasará con todas esas personas?"

„Aber was kann ich jetzt machen?", rechtfertigte sich Paul und zog den alten Mann hoch. „Unsere Leute werden kommen um mich hier herauszuholen und er könnte mitkommen. Aber wird er gehen wollen?"

„Nimm ihn fest, Paul!", schrie der alte Mann und zeigte Rost ein Paar Handschellen. „Hier sind die Handschellen!"

„Das ist jetzt sehr schwer, wenn er von so vielen bewaffneten Männern umgeben ist", sagte Paul und sah aus dem Fenster.

„Oh, was für eine Katastrophe, was für eine Katastrophe...", wiederholte der alte Mann und nahm seinen Kopf in seine Hände.

Auf dem Platz waren sogar noch mehr Menschen. Alle schrien und waren sehr aufgeregt.

„In der Nacht haben sie die Häfen bombardiert!", schrie Ashur vom Podium aus. „Das alte Regime will uns die Freiheit nicht geben! Heute wird uns die Europäische Kommission besuchen; sie wird die demokratischen Wahlen in unserem neuen Land überwachen!"

Ein Flugzeug flog erneut über die Stadt und in diesem Augenblick läutete Rosts Handy in seiner Tasche.

„Ja", sagte Rost.

„Paul, es ist gefährlich jetzt dort zu sein! Unser Hauptquartier wurde informiert, dass die Stadt bald bombardiert wird! Unsere Leute werden dich jeden Augenblick mit einem Hubschrauber herausholen", schrie Andrew durch den Hörer. „Mach dich bereit sofort aufzubrechen!"

„Was wird mit all diesen Leuten passieren?", fragte Paul und schaute zu den Frauen und Kindern in der Menge.

preguntó Paul, mirando a las mujeres y los niños de la multitud.

"¡No sé, Paul! ¡Nadie lo sabe!" respondió Andrew.

En aquel momento se perdió la conexión y Paul vio unos cuantos puntos en el cielo, a la derecha. Se acercaban rápidamente a la ciudad. Entonces, un helicóptero con una bandera azul a un lado voló por detrás de las dunas y aterrizó junto a la plaza. Nadie salió de él ni nadie entró. Rost corrió hacia él y abrió la puerta. Había dos hombres armados dentro.

"¿Paul Rost?" preguntó uno de ellos, "¡Entre, rápido! ¡Solo tenemos un minuto! ¡Van a empezar a bombardear este lugar ahora mismo!"

"¡Necesito llevar a más personas conmigo!" gritó Paul.

"¡Es solo usted! ¡Rápido!" insistieron los del helicóptero.

"¡Son de nuestro país! ¡No pueden dejar a ciudadanos nuestros aquí ahora! ¡Será rápido!" gritó Paul, y corrió hacia la plaza, hasta la plataforma. Lisa Pandora y Peter Ashur rechazaron volar.

"¡No somos cobardes! ¡Lucharemos!" protestó Ashur desde la plataforma.

"¡Suba al helicóptero, rápido!" gritó Paul al padre de Ashur.

"¡No lo abandonaré! ¡Es mi hijo! Debo morir con él," contestó el anciano.

Pandora miró hacia los puntos en el cielo. Ahora estaban cerca y se podía ver que eran grandes aviones militares.

"¡Paul!" gritó, corrió hacia él y le agarró el brazo. Juntos corrieron hacia el

„Ich weiß es nicht, Paul! Niemand weiß es!", antwortete Andrew.

In diesem Augenblick ging die Verbindung verloren und Paul sah einige Punkte rechts am Himmel. Sie näherten sich rasch der Stadt. In diesem Augenblick flog ein Helikopter mit einer blauen Fahne an der Seite über die Dünen und landete in der Nähe des Platzes. Niemand kam heraus und niemand stieg ein. Rost rannte zum Helikopter und öffnete die Tür. Zwei bewaffnete Männer saßen im Helikopter.

„Paul Rost?", fragte einer von ihnen. „Steigen Sie schnell ein! Wir haben nur eine Minute Zeit! Sie werden jetzt gleich beginnen diesen Ort zu bombardieren!"

„Ich muss mehr Leute mitnehmen!", schrie Paul.

„Nur Sie! Schnell!", beharrten die Männer im Helikopter.

„Sie sind alle aus unserem Land! Sie können unsere Bürger nicht hier zurücklassen! Es wird schnell gehen!", schrie Paul und rannte auf den Platz und in Richtung des Podiums. Lisa Pandora und Peter Ashur weigerten sich zu fliegen.

„Wir sind keine Feiglinge! Wir werden kämpfen!", protestierte Ashur auf dem Podium.

„Steig schnell in den Helikopter!", schrie Paul Ashurs Vater zu.

„Ich werde ihn nicht verlassen! Er ist mein Sohn! Ich muss mit ihm sterben", antwortete der alte Mann.

Pandora sah die Punkte am Himmel. Sie waren jetzt nahe und man konnte sehen, dass es große Militärflugzeuge waren.

„Paul!", schrie sie, rannte zu ihm und packte

helicóptero y entraron. El helicóptero se izó y rodeó la ciudad volando. Las primeras bombas empezaron a caer sobre la ciudad. Cuando el helicóptero sobrevoló la plaza, Rost vio que Ashur estaba de pie sobre la plataforma y gritaba algo a las personas de la plaza. Las primeras bombas cayeron sobre la plaza y la gente corrió en diferentes direcciones. Pero él no se marchó. Era su momento de gloria. Ashur elevó las manos sobre la cabeza y gesticuló apasionadamente. ¡Era una superestrella! ¡Su sueño se había finalmente convertido en realidad! Estaba preparado para morir, pero no quería dejar marchar su sueño sin luchar. Fue lo último que vio Rost desde el helicóptero. El pueblo desapareció en el humo de las explosiones. Y pronto solamente una columna de humo en el horizonte señaló el lugar en que se hallaba.

seinen Arm. Zusammen rannten sie zum Helikopter und stiegen ein. Der Helikopter hob ab und kreiste über der Stadt. Die ersten Bomben begannen auf die Stadt zu fallen. Als der Helikopter über den Platz flog, sah Rost, dass Ashur auf dem Podium stand und den Leuten auf dem Platz etwas zurief. Die erste Bombe fiel auf den Platz und die Leute rannten in verschiedene Richtungen. Aber Ashur rannte nicht davon. Es war sein großer Moment. Ashur hob die Hände über seinen Kopf und gestikulierte leidenschaftlich. Er war ein Superstar! Sein Traum wurde endlich wahr! Er war bereit zu sterben, aber er wollte seinen Traum nicht ohne einen Kampf aufgeben. Das war das letzte, was Rost vom Helikopter aus sehen konnte. Die Stadt verschwand im Rauch der Explosionen. Und bald zeigte nur noch eine Rauchsäule am Horizont den Ort an, an dem die Stadt war.

Repaso de nuevo vocabulario

1

- ¿Podrías decirme si hoy todavía estamos en enero o si ya es febrero?

- Creo que hoy todavía es enero. No estoy seguro.

- ¿Podrías decirme qué hora es?

- Déjame mirar el teléfono. Exactamente las cinco.

- Gracias. Por cierto, ¿está lloviendo?

- No está lloviendo, sino nevando, y

Wiederholung des neuen Vokabulars

1

- Können Sie mir sagen, ob heute noch Januar oder schon Februar ist?

- Ich glaube, dass heute noch Januar ist. Ich bin mir nicht sicher.

- Können Sie mir sagen, wie spät es ist?

- Lassen Sie mich auf meinem Telefon nachsehen. Es ist genau fünf Uhr.

- Danke. Übrigens, regnet es draußen?

- Draußen regnet es nicht, aber es schneit

hace mucho frío.

2

- En este país hay mucha gente pobre y desempleada.

- ¿Recibe la gente desempleada apoyo financiero del estado?

- Sí, el estado apoya a la gente pobre dándoles dinero. Pero pagan muy poca cantidad.

- ¿Les da el estado comida y ropa gratis?

- Sí, les da un poco a los inválidos y a las familias con muchos hijos pequeños.

3

- ¿Dónde trabaja tu futuro marido?

- Mi futuro marido trabaja en una prisión de mujeres, mamá. Y antes trabajó como director de banco.

- ¿Por qué cambió de trabajo y se fue a una prisión, particularmente a una prisión de mujeres?

- Robó dinero del banco, y su ex-mujer dijo que había sido ella, así que la metieron en la cárcel. Ahora él la ve casi todos los días.

- ¿Y a ti no te importa eso?

- No. Primero porque estoy gastando el dinero por el que ella está cumpliendo condena, y segundo porque pronto robaremos un montón de comida de la prisión.

- Me temo que su próxima mujer se comerá la comida que tú planeas robar.

4

- Papá, ¿qué es mejor, un helicóptero o un avión?

---

und es ist sehr kalt.

2

- In diesem Land gibt es viele arme und arbeitslose Menschen.

- Erhalten die arbeitslosen Menschen finanzielle Unterstützung vom Staat?

- Ja, der Staat unterstützt die armen Menschen, indem er ihnen Geld gibt. Aber sie bekommen nur einen sehr kleinen Betrag.

- Gibt der Staat ihnen kostenloses Essen und Kleidung?

- Ja, Menschen mit Behinderung und Familien mit vielen Kleinkindern bekommen ein wenig.

3

- Wo arbeitet dein zukünftiger Ehemann?

- Mein zukünftiger Ehemann arbeitet in einem Frauengefängnis, Mama. Und davor hat er als Manager in einer Bank gearbeitet.

- Warum hat er seinen Job gewechselt und ist in eine Gefängnis gegangen, warum vor allem in ein Frauengefängnis?

- Er hat aus der Bank Geld gestohlen und seine Exfrau hat gesagt, dass sie es gewesen sei. Sie haben sie ins Gefängnis gesteckt. Jetzt sieht er sie beinahe jeden Tag.

- Und diese Tatsache stört dich nicht?

- Nein. Erstens, weil ich das Geld ausgebe, für das sie im Gefängnis sitzt. Und, zweitens, weil wir bald sehr viel Essen aus dem Gefängnis stehlen werden.

- Ich befürchte, dass seine nächste Frau das Essen bekommen wird, dass du stehlen willst.

4

- Papa, was ist besser, ein Helikopter oder ein Flugzeug?

- No se pueden comparar, hijo.

- ¿Por qué no?

- El helicóptero vuela en vertical. Es como un ascensor. Los aviones vuelan en horizontal. Pueden compararse con un camello.

- Entonces ¿qué es más fácil de conducir, un avión o un camello, papá?

5

- Si me convierto en presidente, garantizo que habrá libertad y trabajo para todos los ciudadanos de este país.

- ¿Y si no te conviertes en presidente?

- ¡Entonces garantizo que todos los ciudadanos de nuestro país irán a prisión y habrá una dictadura!

- Eso es demasiado malo. De nuevo, nada cambiará.

6

- ¿Turquía está en Europa o en Asia?

- Geográficamente Turquía está en Asia, no en Europa. Pero políticamente, Turquía entraría en la Unión Europea.

- ¿Eso quiere decir que los turcos serán europeos?

- Sí, parece increíble, pero podría ocurrir.

7

- ¿Dónde son más altos los salarios, en Europa o en Asia?

- No puedes compararlos así. En los distintos países hay diferentes salarios para las diferentes profesiones.

- Das kann man nicht vergleichen, Sohn.

- Warum nicht?

- Helikopter fliegen vertikal. Wie ein Aufzug. Flugzeuge fliegen horizontal. Vergleichbar mit einem Kamel.

- Und was ist dann einfacher zu lenken, Papa, ein Flugzeug oder ein Kamel?

5

- Ich garantiere, dass es für alle Bürger unseres Landes Freiheit und Arbeit geben wird, wenn ich Präsident werde.

- Und wenn du nicht Präsident wirst?

- Dann garantiere ich, dass alle Bürger unseres Landes im Gefängnis sitzen werden und es eine Militärdiktatur geben wird!

- Das ist schade. Es wird sich wieder nichts ändern.

6

- Gehört die Türkei zu Europa oder zu Asien?

- Geographisch gehört die Türkei zu Asien, nicht zu Europa. Aber politisch könnte die Türkei der Europäischen Union beitreten.

- Bedeutet das, dass Türken Europäer werden?

- Ja, das klingt unglaublich. Aber es könnte passieren.

7

- Wo sind die Gehälter höher, in Europa oder in Asien?

- Das kannst du so nicht vergleichen. In verschiedenen Ländern gibt es verschiedene Gehälter für verschiedene Berufe.

8

- Hola. ¿Dónde está su director?
- Soy yo.
- Encantado de conocerlo. ¿Cómo está?
- ¡Muy bien! ¿En qué puedo ayudarle?
- Soy de la comisión de inspección de bancos.
- ¡Estoy enfermo!
- ¿Qué? ¿Se encuentra mal?
- Sí. ¡Llame a un médico! ¡Necesito un hospital!

9

- Sr. Presidente, la gente quiere saber la historia de su país.
- No hay problema. Déles la historia de nuestro país.
- ¿Pero qué versión debería darles, la que teníamos antes de las elecciones presidenciales o la de después?
- ¡La versión en la que yo soy una superestrella y el símbolo del estado!

10

- Sr. Presidente, los ciudadanos están agitados. ¡No hay trabajo ni comida!
- Entonces hable en la radio. ¡Déles a los ciudadanos esperanza tradicional y garantías tradicionales! Usted es el primer ministro. ¡Tiene que saber cómo hacer promesas!
- Pero la gente no quiere promesas. Quieren reformas. Hay quinientas personas en la plaza.
- ¡Entonces arréstenlas! ¡Y deje de molestarme con esas tonterías!

8

- Hallo. Wo ist der Manager?
- Das bin ich.
- Schön Sie kennenzulernen. Wie geht es Ihnen?
- Großartig! Wie kann ich Ihnen helfen?
- Ich gehöre zur Kommission für Bankinspektionen.
- Ich bin krank!
- Was? Sie sind krank?
- Ja. Rufen Sie einen Arzt! Ich muss ins Spital!

9

- Herr Präsident, die Leute wollen die Geschichte ihres Landes wissen.
- Kein Problem. Erzählen Sie ihnen die Geschichte unseres Landes.
- Aber welche Version der Geschichte soll ich Ihnen erzählen, die Version vor den Präsidentenwahlen oder die danach?
- Die Version, in der ich ein Superstar bin und das Symbol unseres Staates!

10

- Herr Präsident, die Bürger sind aufgebracht. Es gibt keine Arbeit und nichts zu essen!
- Dann sprechen Sie im Radio. Geben Sie den Bürgern die traditionelle Hoffnung und die traditionellen Versprechungen! Sie sind der Premierminister. Sie müssen wissen, wie man Versprechungen macht!
- Aber die Leute wollen keine Versprechungen. Sie wollen Reformen. Fünfzehnhundert Menschen stehen auf dem Platz.
- Dann lassen Sie sie festnehmen! Und stören Sie mich nicht mehr mit solchem Unsinn!

11

- Sr. Presidente, ¡nuestros ciudadanos están viniendo hacia aquí!

- De acuerdo, hablaré con ellos. ¿Estoy bien vestido y afeitado?

- ¡Pero están armados!

- ¡Entonces llame a mis guardaespaldas! ¿Dónde están los ministros?

- ¡Sus guardaespaldas huyeron con los ministros!

- ¡Cobardes! Entonces es hora de que yo también huya. ¿Dónde está mi helicóptero?

- ¡La multitid de la plaza incendió el helicóptero!

- Cuando venga la multitud, dígales que soy cocinero. ¿De acuerdo, primer ministro?

- Sí señor, Sr. Presidente.

12

- Primer Ministro, mire el globo, ¿la frontera está al norte o al sur?

- Un momento, Sr. Presidente.

- ¡Más rápido! La multitud nos va a alcanzar.

- El globo solo muestra nuestro país. No hay frontera, Sr. Presidente.

- ¿No es un globo terráqueo?

- No, es el Globo nacional de nuestro país. Es su invento personal, Sr. Presidente.

11

- Herr Präsident, unsere Bürger kommen gerade hierher!

- In Ordnung, ich werde mit ihnen sprechen. Bin ich gut angezogen und rasiert?

- Aber sie sind bewaffnet!

- Dann ruf meine Bodyguards! Wo sind die Minister?

- Ihre Bodyguards sind zusammen mit den Ministern weggelaufen!

- Feiglinge! Dann ist es auch für mich Zeit, wegzulaufen. Wo ist mein Helikopter?

- Die Menge auf dem Platz hat den Helikopter angezündet!

- Wenn die Menge hereinkommt, sagen Sie ihnen, dass ich ein Koch sei. In Ordnung, Premierminister?

- Ja, Herr Präsident.

12

- Premierminister, sehen Sie sich den Globus an, liegt die Grenze im Norden oder im Süden?

- Einen Moment bitte, Herr Präsident.

- Schneller. Die Menge holt uns ein.

- Der Globus zeigt nur unser Land. Es gibt keine Grenze, Herr Präsident.

- Haben Sie den Globus mit der Weltkarte?

- Nein, es ist der nationale Globus unseres Landes. Es ist Ihre persönliche Erfindung, Herr Präsident.

23

Crimen y castigo

Verbrechen und Strafe

A

Palabras

aburrido - langweilig

acabó – hat beendet

barba - Bart, der

cabeza – Kopf, der

calmó - beruhigte

chico - Junge, der

chocolate - Schokolade, die

clasificación - Klassifizierung, die

cometí – ich habe begangen

condecoraron – haben verliehen

cuerpo - Körper, der

defendió - verteidigte

eléctrico - elektrisch

en vano - umsonst

enfadada - wütend
fríamente - kalt
fruta - Obst, das
gritó - schrie
helado - Eiscreme, die
indescriptible - unbeschreiblich
justicia - Fairness, die
limpió - wischte
lluvia - Regen, der
mar Mediterráneo – Mittelmeer, das
o ... o - entweder ... oder
objetivo - Ziel, das
olvidar - vergessen
para siempre - ewig
pareja – Paar, das

poco amistosa - unfreundlich
principalmente - überwiegend
prisionero - Gefangene, der
protegió - beschützte
recibió - begrüßte
recluso - Insasse, der
relajó - entspannte
robar - stehlen
salida - Ausgang, der
según – gemäß
sentirse avergonzado – sich schämen
sorpresa - Verwunderung, die
suavemente - sanft
vainilla - Vanille, die

Crimen y castigo

El helicóptero sobrevolaba el Sáhara. Rost y Pandora iban sentados en silencio. Luego ella puso su mano sobre la de él y le sonrió. Lisa sacó una bolsa que se había llevado con ella de debajo del asiento y la abrió. Contenía dinero. Sonrió y guñó un ojo a Paul.

"Es una pequeña sorpresa para mi chico," dijo.

Paul se sacó un par de esposas del bolsillo. Se las mostró a Lisa, sonrió y le guiñó un ojo.

"¿Qué es eso?" dijo Lisa, sorprendida.

Verbrechen und Strafe

Der Helikopter flog über die Sahara. Rost und Pandora saßen schweigend im Helikopter. Dann legte sie ihre Hand auf seine und lächelte ihn an. Lisa zog eine Tasche, die sie mit in den Helikopter genommen hatte, unter dem Sitz hervor und öffnete sie. In der Tasche war Geld. Sie lächelte und zwinkerte Paul zu.

„Es ist eine kleine Überraschung für meinen Liebsten", sagte sie.

Paul nahm ein Paar Handschellen aus seiner Tasche. Er zeigte Lisa die Handschellen, lächelte sie an und zwinkerte ihr zu.

"Es una pequeña sorpresa para mi chica. Te quedarás en la cárcel unos cuantos meses, comprenderás tus errores y saldrás siendo una persona diferente," dijo Paul, y le puso a Lisa las esposas.

"¿Qué? Paul Rost, ¡eres un rufián! ¡Sácamelas inmediatamente!" gritó enfadada Lisa Pandora.

"No te preocupes. Te prometo que no te condenarán a más de un par de meses," prometió Paul.

"¡No quiero ir a la cárcel! ¡Vete tú! ¡Rufián!" gritó Lisa enfadada. Pero Paul solo rió.

"No te preocupes, te llevaré fruta y helado," calmó a Pandora.

"¡No quiero seguir conociéndote!" protestó ella.

Transcurrieron algunas semanas. Paul Rost volvió al trabajo. Lo condecoraron con una medalla. Lisa Pandora fue juzgada. Paul la defendió y solo la condenaron a cuatro meses de prisión. Pero cuando fue a visitarla a la cárcel y le llevó fruta y helado, el helado acabó sobre su cabeza y la fruta salió volando por la sala. Paul dejó la prisión cubierto de helado y fruta. Pero no estaba enfadado con Lisa y, una semana más tarde, le volvió a llevar fruta y helado. Esta vez, Lisa lo recibió con una sonrisa.

"¿Cómo estás, Paul Rost?" dijo ella, cogiéndole la mano. Paul se relajó y le sonrió.

"Todo va bien, Lisa. Te he echado de menos," dijo, cogiendo una mano

„Was ist das?", sagte Lisa überrascht.

„Das ist eine kleine Überraschung für meine Liebste. Du wirst einige Monate im Gefängnis sitzen, deine Fehler verstehen und als ein neuer Mensch herauskommen", sagte Paul und legte Lisa die Handschellen an.

„Was? Paul Rost, du bist ein Schurke! Nimm sie mir sofort wieder ab!", schrie Lisa Pandora wütend.

„Keine Sorge. Ich verspreche dir, dass du nicht mehr als ein paar Monate bekommen wirst", versprach Paul Rost.

„Ich möchte nicht ins Gefängnis! Du gehst ins Gefängnis! Schurke!", schrie Lisa wütend. Aber Paul lachte nur.

„Keine Sorge. Ich werde dir Obst und Eiscreme bringen", beruhigte er Pandora.

„Ich mag nichts mehr mit dir zu tun haben!", protestierte sie.

Einige Wochen vergingen. Paul Rost kehrte zu seiner Arbeit zurück. Ihm wurde eine Medaille verliehen. Lisa Pandora hatte eine Verhandlung. Paul verteidigte sie und sie bekam eine Gefängnisstrafe von nur vier Monaten. Aber als er sie ihm Gefängnis besuchte und ihr Obst und Eiscreme brachte, landete die Eiscreme auf seinem Kopf und das Obst flog den Flur hinunter. Paul verließ das Gefängnis voll mit Eiscreme und Obst. Aber er war nicht wütend auf Lisa und eine Woche später brachte er ihr wieder Eiscreme und Obst. Dieses Mal begrüßte Lisa ihn mit einem Lächeln.

„Wie geht es dir, Paul Rost?", sagte sie und nahm seine Hand. Paul entspannte sich und lächelte sie an.

„Alles ist in Ordnung, Lisa. Ich habe dich

suavemente entre las suyas. Ella metió la mano en su bolsa y el helado acabó de nuevo sobre su cabeza. El guarda, que estaba en la sala, protegió a Paul ante la enfadada Lisa con su cuerpo, y la fruta también terminó sobre su cabeza. El guarda cayó al suelo y Rost salió rápidamente de la habitación. Mientras caminaba por el recibidor hacia la puerta de la prisión oía los gritos de Lisa Pandora. Un guarda y el prisionero que llevaba se detuvieron y miraron a Paul sorprendidos mientras él se limpiaba el helado de la cara. Paul sonrió y les dijo: "Una loca. En lugar de helado de vainilla, lo quería de chocolate."

Finalmente volvió sin helado ni fruta. Lisa Pandora lo miraba en silencio.

"Si no rechazas las visitas, espero..." estaba intentando encontrar las palabras adecuadas, "Lisa, creo que hice lo correcto. Quiero que comprendas..." Paul gesticuló agitado, pero Lisa no dijo nada y simplemente se quedó mirándolo.

"No rechazo las visitas simplemente porque es aburrido estar en una celda," le dijo ella fríamente.

"Lisa, entiendo que estés enfadada..." empezó, pero ella lo interrumpió.

"Paul Rost, hay muchas cosas que no entiendes. Yo te las digo pero tú no escuchas, como un dálmata sordo. Tú y yo vivimos en mundos distintos. Tú y yo tenemos intereses y objetivos muy diferentes," continuó, "te di la oportunidad de empezar una vida nueva e interesante. ¿Qué hiciste? ¿Cómo me lo agradeciste, Paul Rost? Te

vermisst", sagte er und hielt ihre Hand behutsam in seinen beiden Händen. Sie steckte ihre andere Hand in seine Tasche und die Eiscreme landete wieder auf seinem Kopf. Der Gefängniswärter, der im Zimmer stand, beschützte Paul mit seinem Körper vor der wütenden Lisa und bekam das Obst auf den Kopf. Der Gefängniswärter fiel zu Boden und Rost rannte schnell aus dem Zimmer. Als er durch den Flur zum Gefängnisausgang ging, konnte er Lisa Pandoras Schreie im Flur hören. Ein Gefängniswärter und der Insasse, der von ihm geführt wurde, blieben stehen und schauten Paul verwundert zu, wie er sich die Eiscreme aus dem Gesicht wischte. Paul lächelte verlegen und sagte zu ihnen: „Verrückte Frauen. Statt Vanilleeis wollte sie Schokolade."

Er kam schließlich ohne Obst und Eiscreme. Lisa Pandora saß und schaute ihn schweigend an.

„Wenn du dich nicht weigerst, zu den Treffen zu kommen, hoffe ich, dass...", er versuchte die richtigen Worte zu finden. „Lisa, ich glaube, ich habe das Richtige getan. Ich möchte, dass du verstehst...", Paul gestikulierte aufgeregt, aber Lisa antwortete nichts und starrte ihn nur an.

„Ich weigere mich nur nicht, zu den Treffen zu kommen, weil es langweilig ist in einer Zelle zu sitzen", sagte sie kalt.

„Lisa, ich verstehe, warum du wütend bist...", begann er, aber sie unterbrach ihn.

„Paul Rost, du verstehst viele Dinge nicht. Ich erkläre es dir, aber du hörst nichts, wie ein tauber Dalmatiner. Du und ich, wir leben in verschiedenen Welten. Du und ich, wir haben sehr verschiedene Interessen und Ziele." Sie sprach weiter: „Ich habe dir eine Chance gegeben, ein neues und interessantes Leben

llevaste todo lo que tenía y me metiste en la cárcel. ¿Por qué vienes a verme ahora? No te necesito. ¡Olvídate de mí para siempre y no vuelvas por aquí!" concluyó Pandora, se levantó y se marchó. Paul de repente se sintió avergonzado. No podría entender por qué estaba así y además delante de Lisa. Después de todo, no había hecho nada malo. ¡Había hecho lo correcto! Paul se tocó la cara roja con la mano. Miró por la habitación. Algunos guardas de seguridad y varios reclusos, que también tenían visitas, dejaron de hablar y lo miraron. Después todos siguieron con sus asuntos, y Paul Rost se levantó despacio y caminó hacia la salida.

Pasaron otros dos meses. Paul no regresó a la prisión, principalmente se quedó en casa sin hacer nada. Finalmente, llegó el día en que Lisa Pandora salía de la cárcel. Paul Rost fue en su coche hasta las puertas de la prisión y se detuvo. Estaba lloviendo. En la calle no había nadie, solo otro coche estaba aparcado no lejos de la puerta de la cárcel. De él salió un hombre y miró en dirección a Rost. De pie bajo la lluvia, miraba hacia el coche de Paul Rost. Rost examinó al hombre, quien tenía barba y pelo largo. Encendió un cigarro y se sacó las gafas. ¡Era Ashur! Rost salió del coche. Ambos se quedaron bajo la lluvia, mirándose el uno al otro. En aquel momento la puerta se abrió y Lisa Pandora salió de la cárcel. Vio a Rost y a Ashur. Lisa caminó y después se detuvo en medio de los dos. A continuación encendió un cigarrillo y miró atentamente, primero a

zu beginnen. Und was hast du gemacht? Wie hast du es mir gedankt, Paul Rost? Du hast alles genommen, was ich hatte, und mich ins Gefängnis gebracht. Warum kommst du jetzt um mich zu sehen? Ich brauche dich nicht. Vergiss mich, für immer, und komm nie wieder hier her!", sagte Pandora abschließend, stand auf und ging. Paul schämte sich plötzlich. Er konnte nicht verstehen, warum es sich plötzlich schämte und vor wem. Immerhin hat er nichts Falsches getan. Er hat alles richtig gemacht! Paul berührte sein rotes Gesicht mit seiner Hand. Er sah sich im Zimmer um. Einige Gefängniswärter und einige Insassen, die auch Treffen hatten, hörten auf zu sprechen und sahen ihn an. Dann kümmerten sie sich wieder um ihre Angelegenheiten und Paul Rost stand langsam auf und ging in Richtung des Ausgangs.

Zwei weitere Monate vergingen. Paul ging nicht mehr in das Gefängnis. Er blieb überwiegend zu Hause und machte gar nichts. Schließlich kam der Tag, an dem Lisa Pandora aus dem Gefängnis entlassen wurde. Paul Rost fuhr mit seinem Auto bis zu dem Gefängnistor und blieb stehen. Es regnete. Auf der Straße waren keine Menschen. Nur ein weiteres Auto stand nicht weit von dem Gefängnistor. Ein Mann stieg aus und sah in die Richtung, in der Rost war. Er stand im Regen und sah Paul Rosts Auto an. Rost sah den Mann genau an. Der Mann trug einen Bart und hatte lange Haare. Er zündete sich eine Zigarette an und nahm seine Brille ab. Es war Ashur! Rost stieg aus. Beide standen im Regen und sahen sich an. In diesem Augenblick öffnete sich das Tor und Lisa Pandora ging nach draußen. Sie sah Rost und Ashur. Lisa ging nach vorne und blieb genau zwischen den beiden stehen. Dann zündete

Rost, después a Ashur. Tiró el cigarro y se dirigió hacia Rost. Al llegar a él se detuvo.

"Hola," dijo Rost. No le sonrió y la miró muy serio.

"Viniste en vano. Perdiste la oportunidad que te di," dijo Lisa, sonrió y caminó hacia el coche de Ashur. Ashur le abrió la puerta del coche y la cerró una vez ella estuvo dentro. El coche empezó a moverse, pero Paul sacó una pistola y se puso en medio de la carretera. Apuntó a Ashur con ella. Ashur detuvo el coche.

"¿Qué pasa? ¿Quieres arrestarme por robar muebles en tu casa?" Ashur se puso las gafas y continuó, "según tu clasificación de justicia, yo debería ir a la silla eléctrica o pasar el resto de mi vida echando agua del mar Mediterráneo a la arena del desierto del Sáhara. Pero en este país, no he cometido ningún crimen grave. Por lo de tus muebles no me darían más de un año en prisión. Y eso no es lo que quieres, ¿me equivoco?" Ashur sonrió y miró a Pandora, "¿Sabes cómo huelen sus muebles? Es indescriptible," añadió.

Paul Rost bajó la pistola y se apartó de la carretera.

"¡No te pongas triste, Paul! Nuestro amigo vendrá hasta ti y después tu vida dejará de ser triste para siempre," gritó Ashur desde la ventanilla del coche agitando su mano de forma poco amistosa.

sie sich eine Zigarette an und schaute erst Rost und dann Ashur genau an. Sie warf ihre Zigarette auf den Boden und ging in die Richtung, in der Rost stand. Sie ging zu Rost und blieb stehen.

„Hi", sagte Rost. Er lächelte sie nicht an, er sah sie sehr ernst an.

„Du kommst umsonst. Du hast die Chance verpasst, die ich dir gegeben habe", sagte Lisa, lächelte und ging zu Ashurs Auto. Ashur öffnete die Autotür für sie und schloss sie, nachdem sie eingestiegen war. Das Auto begann loszufahren, aber Paul zog seine Waffe und ging mitten auf die Straße. Er richtete die Waffe auf Ashur. Ashur blieb stehen.

„Was ist los? Willst du mich festnehmen, weil ich Möbel aus deinem Haus gestohlen habe?", Ashur setzte seine Brille auf. Er sprach weiter: „Gemäß deinen Vorstellungen von Fairness, gehöre ich entweder auf den elektrischen Stuhl, oder ich sollte mein Leben damit verbringen, Wasser aus dem Mittelmeer auf den Sand der Wüste Sahara zu gießen. Aber in diesem Land habe ich kein schweres Verbrechen begangen. Für deine Möbel bekomme ich nicht mehr als ein Jahr Gefängnisstrafe. Und das ist es nicht, was du willst, richtig?" Ashur lächelte und sah Pandora an. „Weißt du, wie seine Möbel riechen? Es ist unbeschreiblich", fügte er hinzu.

Paul Rost senkte die Waffe und ging von der Straße.

„Sei nicht traurig, Paul! Vielleicht kommt dich unser Freund besuchen und dann wird dein Leben nicht mehr traurig sein", schrie Ashur aus dem Fenster des fahrenden Autos und winkte ihm unfreundlich zu.

C

| **Repaso de nuevo vocabulario** | **Wiederholung des neuen Vokabulars** |

1

- ¿Podrías decirme si seguimos en febrero o si ya estamos en marzo?

- Hoy es veintiocho de febrero. Mañana será uno de marzo.

- ¿Podrías decirme qué hora es?

- Déjame mirarlo en el teléfono. Son las seis y media.

- Gracias. Por cierto, ¿está nevando?

- Probablemente nevó toda la noche. Ahora no llueve, pero hace mucho frío.

2

- Cuando paseo con mi perro me protege de los atacantes.

- ¿Es grande tu perro?

- Es muy grande y agresivo. ¡Un verdadero asesino!

- Y en casa, ¿está tranquilo?

- Está bien. En casa yo defiendo al frigorífico y al gato de él.

3

- Tiene helado en la barba, Sr. Presidente.

- Es helado de vainilla, mi favorito.

- ¿Quiere que se lo limpie?

- ¡No! Nadie tiene que reconocerme.

- Brillante, Sr. Presidente!

1

- Können Sie mir sagen, ob heute noch Februar oder schon März ist?

- Heute ist der achtundzwanzigste Februar. Morgen ist der erste März.

- Können Sie mir sagen, wie spät es ist?

- Lassen Sie mich auf meinem Telefon nachsehen. Es ist halb sieben.

- Danke. Übrigens, schneit es draußen?

- Es hat wahrscheinlich die ganze Nacht geschneit. Jetzt schneit es nicht, aber es ist sehr kalt.

2

- Wenn ich mit meinem Hund spazieren gehe, beschützt er mich vor Hooligans.

- Hast du einen großen Hund?

- Er ist sehr groß und wütend. Ein wirklicher Killer!

- Und verhält er sich zu Hause ruhig?

- Es ist in Ordnung. Zu Hause beschütze ich den Kühlschrank und die Katze vor ihm.

3

- Sie haben Eiscreme in ihrem Bart, Herr Präsident.

- Es ist Vanilleeis, meine Lieblingssorte.

- Soll ich ihnen den Bart abwischen?

- Nein! So wird mich niemand erkennen.

- Genial, Herr Präsident!

4

- Eh, chica, ¿cómo se llama tu perra?
- Se llama Barona.
- Qué perra más grande.
- Oh, señor, ¡mi perra quiere correr hacia usted!
- ¡Agárrala!
- Barona, ¡ven aquí!
- ¡Agárrala, chica!
- ¡No puedo detenerla!
- ¡Ayuda!

5

- ¿Puedo hacerle una pregunta?
- ¿Solo una? Bien, pregunte.
- ¿Sabe cómo clasificar crímenes?
- Por supuesto. Los crímenes que comete uno mismo— esos no son graves. Pero los crímenes cometidos por otro—entonces son graves y peligrosos.
- Claro. ¿Y usted comete crímenes a menudo?
- Bueno, no. Solo cuando estoy de mal humor.
- ¿Y cuándo se pone de mal humor?
- ¿Qué?
- He dicho, ¿cuándo se pone de mal humor?
- ¡Me pongo de mal humor cuando me hacen preguntas estúpidas!
- Comprendo. No tengo más preguntas.
- Cómo, ¿ya ha terminado con sus maravillosas preguntas?

4

- Hey, wie heißt dein Hund?
- Ihr Name ist Barona.
- Das ist ein großer Hund.
- Oh, mein Hund möchte zu ihnen rennen!
- Halt sie fest!
- Barona, komm her!
- Halt sie fest!
- Ich kann sie nicht halten!
- Hilfe!

5

- Darf ich Ihnen eine Frage stellen?
- Nur eine? Gut, fragen Sie.
- Wissen Sie, wie man Verbrechen klassifiziert?
- Natürlich. Die Verbrechen, die man selbst begeht - die sind nicht schwer. Aber die Verbrechen, die von anderen Menschen begangen werden - die sind schwer und gefährlich.
- Klar. Und begehen Sie oft Verbrechen?
- Naja, nein. Nur wenn ich in einer schlechten Stimmung bin.
- Und wann sind Sie in einer schlechten Stimmung?
- Wie bitte?
- Ich habe gesagt, wann sind Sie in einer schlechten Stimmung?
- Ich bin in einer schlechten Stimmung wenn man mich dumme Fragen fragt!
- Ich verstehe. Ich habe keine Fragen mehr.
- Wie? Ihre wunderbaren Fragen sind schon vorbei?

- Sí. Gracias. Me voy.

- ¿Y ya no le interesa saber cómo me comporto con los que me hacen esas maravillosas preguntas?

- ¡No! ¡Déjeme ir! ¡Ayuda!

6

- Señor, ¿qué piensa sobre los ladrones?

- ¿Quién? ¿Yo?

- Sí, usted.

- Estoy de acuerdo con ellos.

- ¿De forma que está de acuerdo con haberme robado el bolso?

- ¿Es este su bolso? No lo sabía. Creí que era el bolso de aquella señora. Lo siento. Puede coger su bolso, de todas maneras no hay nada dentro.

7

- Eh, chico ¡no tires fruta a la gente desde el balcón!

- ¡Aquí hay un plátano para usted!

- ¡Ay! ¿No te da vergüenza?

- No, todavía soy pequeño. ¡Ahí le va un poco de helado de chocolate!

- ¡Ay! Le diré todo a tus padres. ¡Y este helado no es de chocolate, sino de vainilla!

- Perdóneme, por favor, me quivoqué. ¡Ahí le va un poco de helado de vainilla!

- ¡No tienes vergüenza, niño!

8

- Creo que nuestro presidente es un loco.

- ¡Me sorprendes! ¿Por qué está loco?

- Porque roba locas cantidades de

- Ja. Danke. Ich gehe jetzt.

- Und es interessiert Sie nicht länger wie ich mich bei Leuten verhalte, die so wunderbare Fragen stellen?

- Nein! Lassen Sie los! Hilfe!

6

- Wie finden Sie Diebstähle?

- Wer? Ich?

- Ja, Sie.

- Ich finde sie in Ordnung.

- Also denken Sie, dass es in Ordnung ist, dass Sie meine Tasche genommen haben?

- Das ist Ihre Tasche? Das wusste ich nicht. Ich dachte, es wäre die Tasche dieser Frau. Es tut mir leid. Sie können Ihre Tasche zurückhaben, es ist sowieso nichts drinnen.

7

- Hey, Junge, wirf kein Obst vom Balkon auf Leute!

- Hier ist eine Banane für Sie!

- Aua! Schämst du dich nicht?

- Nein, ich bin noch klein. Hier ist Schokoladeeis für Sie!

- Aua! Ich werde deinen Eltern alles erzählen. Und das ist keine Schokoladeeis sondern Vanilleeis!

- Entschuldigung, bitte. Ich habe mich geirrt. Hier ist Schokoladeeis für Sie!

- Dass du dich nicht schämst, Junge!

8

- Ich glaube, dass unser Präsident verrückt ist.

- Du überraschst mich! Warum ist er verrückt?

dinero del presupuesto.

- Pues yo adoro a nuestro presidente. ¡Es justo! Solo coge dinero del que no pertenece a nadie personalmente.

- ¡Pero perdió su única oportunidad de unirse a la Unión Europea!

- ¡Y no deberíamos unirnos a ellos! Primero que la Unión Europea nos dé algún dinero, si quieren que nos unamos. ¡Sí, sí!

- ¿Dinero para qué?

- Oh, ¡para todo!

- Weil er verrückte Geldbeträge vom Budget gestohlen hat.

- Aber ich liebe unseren Präsidenten. Er ist gerecht! Er nimmt nur Geld, das niemandem persönlich gehört.

- Aber er hat seine einzige Chance der Europäischen Union beizutreten verpasst!

- Wir sollten nicht beitreten! Die Europäische Union soll uns erst Geld geben, wenn sie wollen, dass wir beitreten! Ja, ja!

- Geld wofür?

- Oh, für alles!

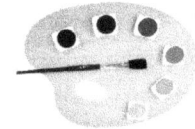

24

Patrulla de caminos

Patrouille auf dem Highway

A

Palabras

abruptamente - unvermittelt

alto - laut

antena - Antenne, die

autopista - Highway, der

azul - blau

bajar - herunternehmen

caja – Schachtel, die

cantó - sang

capó – Motorhaube, die

cliente - Kunde, der

colgar - hängen

compró - kaufte

conducir - fahren

conectaba - verband

conocido - Bekannte, der
constantemente - fortwährend
corrió - rannte
criminal - Verbrecher, der
cuello - Hals, der
deber – Pflicht, die
decidir - entschließen
dejar caer – fallen lassen
dejó caer – ließ fallen
ejecución - Hinrichtung, die
ejemplo - Beispiel, das
encendió – zündete an
entregó - reichte
escapó - floh
estantería - Regal, das
evidente - offensichtlich
falso - falsch
farola - Laternenpfahl, der
Ford - Ford
foto - Foto, das
frenar – bremsen
freno – Bremse, die
historia - Stockwerk, das
hizo una pausa – machte eine Pause
imposible - unmöglich
informó - berichtete
jefe - Chef, der
jugó - spielte

jurar - schwören
largo - lange
llorar - weinen
mal - schlecht
matrícula – Nummernschild, das
mirar - anstarren
modelo - Modell, das
nervio - Nerv, der
nevar - schneien
nieve – Schnee, der
operación - Operation, die
oscurecer – dunkel werden
pájaro - Vogel, der
peligro, riesgo - Risiko, das
persecución - Verfolgungsjagd, die
pintado - gemalt
principio - Prinzip, das
punto de mira - Fadenkreuz, das
quedó bamboleándose – stand wankend
recomendar - empfehlen
recordar - sich erinnern
se dio a la fuga – ist geflüchtet
sirena - Blinklicht, das
tablero de mandos - Armaturenbrett, das
tanque - Tank, der
vendedor - Verkäufer, der
violó - verletzte

B

Patrulla de caminos

Pasó otro mes. Paul Rost volvió a sus asuntos habituales. La Policía le pidió ayuda varias veces, cuando no tenían personas suficientes. Una vez tuvo que trabajar en la carretera que conectaba la ciudad con un campo de aviación militar. Era por la tarde y ya había empezado a anochecer. Casi no había coches en la carretera. En algún lugar cantaban los pájaros. Las primeras estrellas empezaban a aparecer en el cielo. De repente comenzó a nevar. Paul salió del coche y encendió un cigarrillo. Miró el anillo que Lisa le había dado. Se quedó allí, de pie, con la nieve cayendo sobre su pelo.

La radio del coche comenzó a hablar: "Atención a todas las unidades. Un coche blanco se estrelló contra una farola y se dio a la fuga."

Después de un corto espacio de tiempo, pasó un coche blanco con la música muy alta. Paul tuvo tiempo de percibir que el coche estaba muy dañado y que había algo sobre él. Montó en su coche, puso la sirena sobre el capó y salió detrás. Lo alcanzó y lo detuvo. De él salió un hombre. Se quedó de pie bamboleándose y Rost se dio cuenta de que estaba borracho. El hombre sonrió y le entregó a Rost sus documentos.

"¿Cómo está, oficial?" preguntó. Paul miró al coche sin poder creer lo que estaba viendo. Sobre él había una farola.

"Gracias. Estoy bien," dijo Paul, "¿Qué es lo que hay encima del coche?" preguntó

Patrouille auf dem Highway

Ein weiterer Monat verging. Paul Rost kehrte zu seinen üblichen Angelegenheiten zurück. Die Polizei bat ihn manchmal um Hilfe, wenn sie nicht genügend Leute hatten. Einmal hatte er Dienst auf der Straße, die das Flugfeld des Militärs mit der Stadt verband. Er war Abend und es wurde bereits dunkel. Es waren fast keine Autos auf der Straße. Irgendwo sang ein Vogel. Man konnte die ersten Sterne am Himmel sehen. Plötzlich begann es zu schneien. Paul stieg aus und zündete sich eine Zigarette an. Er sah den Ring an, den ihm Lisa gegeben hatte. Er stand dort und rauchte und der Schnee fiel langsam auf seine Haare.

Aus dem Funkgerät im Auto hörte man: „Achtung, alle Einheiten! Ein weißes Auto ist in einen Laternenpfahl gefahren und ist vom Tatort geflüchtet."

Einige Zeit später fuhr ein weißes Auto vorbei. Aus dem Auto kam sehr laute Musik. Es dauerte einige Zeit bis Paul bemerkte, dass das Auto schwer beschädigt war, und dass etwas auf dem Auto lag. Er stieg in sein Auto, montierte ein Blinklicht auf dem Dach und fuhr dem weißen Auto nach. Er holte das weiße Auto ein und stoppte es. Ein Mann stieg aus dem weißen Auto aus. Er wankte und Rost merkte, dass der Mann betrunken war. Der Mann lächelte und gab Rost seinen Ausweis.

„Wie geht es Ihnen, Herr Polizist?", fragte er. Als Paul das Auto ansah, traute er seinen Augen nicht. Auf dem Auto lag ein Laternenpfahl.

Rost señalando la farola.

El hombre miró el poste durante largo rato y después dijo: "Estaba ahí cuando compré el coche, lo juro," miró a Rost, "Creo que es una antena de GPS. ¿Usa usted el GPS, oficial? Gran invento, se lo recomiendo," se sujetó al coche con la mano para evitar caerse. Paul Rost llevó al hombre a la comisaría.

En la comisaría pidieron a Rost que ayudara a un grupo de policías que estaban buscando a dos hombres que se habían fugado de la prisión. En una tienda saltó la alarma y Rost fue allí con uno de los oficiales de policía. Cuando llegaron allí había unos cuantos clientes y un vendedor. El vendedor era Bruno, el conocido de Paul Rost.

"Buenas tardes. Ha saltado su alarma," dijo el policía.

"Buenas tardes. ¿Ha saltado una alarma? ¿En nuestra tienda?" preguntó el vendedor.

"Sí, en su tienda," contestó el policía.

"No, debe haber algún error," Bruno miró a Rost, "Aquí todo está bien. Paul, quiero darte el regalo que te prometí. Amigo, coge esa caja azul que está en la estantería," pidió Bruno.

"¿Qué es, Bruno?" dijo Paul, sorprendido.

"Adelante, ábrela. Creo que te gustará," sonrió el vendedor. Paul fue a la estantería y cogió la caja azul. Tenía pintadas flores amarillas. Paul miró a Bruno con sorpresa. Bruno le devolvió la mirada en silencio. Paul abrió la caja y sacó un vestido de mujer. El vestido era azul con flores amarillas.

"¿Qué es esto?" se sorprendió Paul de

„Danke. Mir geht es gut", sagte Paul. „Was ist das auf dem Auto?" Rost zeigte auf den Laternenpfahl.

Der Mann starrte lange auf den Pfahl und sagte dann: „Das war da, als ich das Auto gekauft habe. Ich schwöre." Er sah Rost an: „Ich glaube, es ist eine GPS Antenne. Verwenden Sie GPS, Herr Polizist? Das ist großartig. Ich kann es nur empfehlen", er hielt sich mit der Hand am Auto fest um nicht umzufallen. Paul Rost brachte den Mann auf die Polizeiwache.

Auf der Polizeiwache fragten sie Rost, ob er einer Gruppe Polizisten helfen könne, die gerade zwei aus dem Gefängnis geflohene Männer suchte.

In einem Laden ging der Alarm los und Rost fuhr mit zwei Polizisten hin. Als sie im Laden ankamen, waren einige Kunden und der Verkäufer anwesend. Der Verkäufer war Bruno, Paul Rosts Bekannter.

„Guten Tag. Ihr Alarm ist losgegangen", sagte der Polizist.

„Guten Tag. Ein Alarm ist losgegangen? Hier?", fragte der Verkäufer.

„Ja. Hier", antwortete der Polizist.

„Nein, das muss ein Fehler sein." Bruno sah Rost an. „Alles ist in Ordnung hier. Paul, ich möchte dir das Geschenk geben, das ich dir versprochen habe. Mein Freund, nimm die blaue Schachtel aus dem Regal", bat Bruno.

„Was ist das, Bruno?", sagte Paul überrascht.

„Komm, öffne sie. Ich glaube, du wirst es mögen", der Verkäufer lächelte. Paul ging zum Regal und nahm die blaue Schachtel. Gelbe Blumen waren auf die Schachtel gemalt. Paul sah Bruno überrascht an. Bruno sah ihn schweigend an. Paul öffnete

nuevo.

"Es un vestido de mujer, amigo," respondió el vendedor, "Para tu mujer," sonrió Bruno.

"Pero si yo no estoy casado," Paul no comprendía.

"Bueno, hoy no estás casado y al día siguiente puedes estarlo," dijo Bruno con seriedad, "La vida – no es fácil. Por ejemplo, ahora yo estoy bien y dentro de cinco minutos me podría pasar algo," dijo el vendedor.

"Me lo llevaré después. Gracias," Paul volvió a poner la caja del vestido en la estantería y salió de la tienda. El policía salió con Paul. Montaron en el coche y condujeron de vuelta a la comisaría. Rost miró atentamente las fotos de los criminales fugados. Iban por la carretera que pasaba por delante del aeródromo.

"Se escaparon de una prisión que está a trescientas kilómetros de aquí. ¿Por qué los buscan por esta zona?" preguntó Rost.

"Uno de ellos tiene aquí a su mujer y a su hijo. Se llama Arthur Stravinsky. Se fugaron de la cárcel la semana pasada, y hace tres días, la mujer y el hijo desaparecieron," dijo el policía.

"¿Por qué están cumpliendo condena?" preguntó Rost.

"Arthur Stravinsky cumple condena por un atraco a mano armada a un banco. Es una larga historia. Los periodicos hablaron de ella," continuó el policía, "Su niño necesitaba someterse a una cara operación, y él atracó el banco para pagarla. Después hubo una persecución. Y durante la persecución uno de los

die Schachtel und nahm ein Kleid heraus. Das Kleid war blau mit gelben Blumen.

„Was ist das?", Paul war erneut überrascht.

„Das ist ein Kleid, mein Freund", antwortete der Verkäufer. „Für deine Ehefrau", Bruno lächelte.

„Aber ich bin nicht verheiratet", Paul verstand es nicht.

„Gut, heute bist du nicht verheiratet, aber morgen wirst du vielleicht heiraten", sagte Bruno ernst. „Das Leben - das ist keine einfache Sache. Zum Beispiel geht es mir jetzt gut und in fünf Minuten wird vielleicht etwas Schlimmes passieren", sagte der Verkäufer.

„Ich werde es später mitnehmen. Danke", Paul stellte die Schachtel mit dem Kleid zurück ins Regal und verließ den Laden. Der Polizist ging mit Paul hinaus. Sie stiegen ins Auto und fuhren zurück zur Polizeiwache. Rost sah sich die Fotos der entflohenen Verbrecher genau an. Sie fuhren auf einer Straße, die am Flugfeld vorbeiführte.

„Sie sind aus einem Gefängnis entflohen, das dreihundert Kilometer entfernt von hier liegt. Warum werden sie hier gesucht?", fragte Rost.

„Die Frau und der Sohn von einem der beiden Männer leben hier. Sein Name ist Arthur Stravinsky. Sie sind letzte Woche aus dem Gefängnis ausgebrochen und vor drei Tagen sind die Frau und das Kind verschwunden", sagte der Polizist.

„Warum saßen sie im Gefängnis?", fragte Rost.

„Arthur Stravinsky saß wegen eines bewaffneten Banküberfalls im Gefängnis. Es ist eine lange Geschichte. Sogar die

coches de policía volcó y murió el policía que lo conducía." El policía miró a Rost, "Por supuesto, lo condenaron a cadena perpetua. Ésa es la historia," concluyó.

"Así que están buscando a toda la familia," dijo Paul. Hizo una pausa y después añadió, "Mira, hoy tengo que ir al médico. ¿Puedes dejarme por allí cerca?" Preguntó Rost.

"Oh vamos. Así se empieza. Yendo al médico... poniéndose enfermo... ¿Tú crees que yo quiero buscarlo?" el policía miró a Paul. Paul no tuvo tiempo de contestar porque el policía pisó abruptamente el freno.

"Ahí hay un Ford azul," dijo el policía, "Su mujer tiene un Ford azul de este modelo. Tenemos que comprobarlo. ¡Ven conmigo!" el policía miró a Rost. Salieron del coche y caminaron hacia el Ford azul. El coche estaba vacío. El oficial de policía comprobó el número de matrícula en la radio. El número era falso. El policía pidió refuerzos.

"Puede que estén ahí," dijo el policía, señalando un gran hangar. Entraron en el hangar, donde había varios aviones pequeños. En uno de ellos había gente. El policía señaló el avión a Rost, sacó una pistola y fue hacia el otro lado. Rost también sacó la pistola y caminó desde el lado opuesto hacia el avión en el que había gente. Pero entonces vio la cara de un niño en la ventanilla de otro aeroplano. Rost caminó despacio hacia el avión y abrió la puerta. En su interior estaban Arthur Stravinsky, su mujer y su hijo. El hombre intentaba poner en marcha el avión, pero levantó las manos cuando vio que Rost llevaba una pistola. Rost los miró atentamente durante un

Zeitungen berichteten darüber." Der Polizist erklärte weiter: „Sein Kind benötigte eine teure Operation. Er hat die Bank ausgeraubt, um für die Operation zu zahlen. Dann gab es eine Verfolgungsjagd. Und während der Verfolgungsjagd verunglückte eines der Polizeiautos. Ein Polizist wurde getötet." Der Polizist sah Rost an. „Natürlich bekam er lebenslänglich. Das ist die Geschichte", sagte er abschließend.

„Also suchen wir die ganze Familie", sagte Paul. Dann fügte er hinzu: „Schau mal, ich muss heute zum Arzt. Kannst du mich hier irgendwo aussteigen lassen?", fragte Rost.

„Oh, komm' schon. So beginnt es immer. Zum Arzt gehen... Krank werden... Glaubst du etwa, dass ich ihn suchen will?", der Polizist schaute Paul an. Paul hatte keine Zeit zu antworten, weil der Polizist unvermittelt auf die Bremse stieg.

„Dort drüben ist ein blauer Ford", sagte der Polizist. „Seine Frau hat einen blauen Ford dieses Modells. Wir müssen es überprüfen. Komm mit!", der Polizist schaute Rost an. Sie stiegen aus und gingen zu einem blauen Ford. Das Auto war leer. Der Polizist überprüfte das Nummernschild über Funk. Das Nummernschild war gefälscht. Der Polizist rief Verstärkung.

„Sie sind vielleicht da drinnen", der Polizist zeigte auf einen großen Hangar. Sie gingen in den Hangar. Im Hangar standen einige kleine Flugzeuge. Ein einem der Flugzeuge waren Menschen. Der Polizist zeigte Rost das Flugzeug, zog eine Waffe und ging auf die andere Seite. Rost zog auch eine Waffe und ging von seiner Seite aus zum Flugzeug mit den Menschen. Aber dann sah er das Gesicht eines Jungen im Fenster eines anderen Flugzeuges. Rost ging langsam zu

largo espacio de tiempo. Entonces fue al tablero de mandos y arrancó el motor.

"No pierdan tiempo," le dijo al hombre. El hombre puso las manos lentamente sobre el tablero de mandos. A continuación el avión empezó a avanzar hacia la puerta del hangar. El policía corrió hacia él, disparando. Paul Rost se tiró sobre el policía y cayó con él al suelo.

"¡Puedes matarlos a todos si le das al tanque de combustible!" gritó Paul al policía. Éste apuntó con su pistola a la cara de Rost y disparó. Ya ha acabado todo...

"¡Levanten las manos y salgan del avión!" Rost escuchó la voz del policía, "Paul, ¡apártate y manténlos en tu blanco de tiro!"

Paul Rost todavía estaba al lado del avión, apuntando con su pistola al hombre que estaba dentro, cuando el policía se le acercó por detrás. Paul no se separó del avión. Permaneció allí y miró al niño y a su padre. El niño fue junto a su padre y le rodeó el cuello con el brazo, mirando a Rost.

"Papá, ¿qué quiere ese señor?" le preguntó a su padre. Arthur Stravinsky miró a Rost sin bajar las manos. No podía salir del avión, porque Rost estaba justo al lado de la puerta.

"Rost, ¡apártate inmediatamente del avión!" gritó el policía.

"Papá, ¿qué quiere ese señor?" volvió a preguntar el niño. El hombre miró a Rost y al policía sin dejar caer las manos. Era evidente que tenía miedo de que el policía disparara. Quería salir, pero Rost estaba justo al lado de la puerta y no se

dem Flugzeug und öffnete die Tür. Arthur Stravinsky saß im Flugzeug, zusammen mit seiner Frau und mit seinem Kind. Der Mann versuchte das Flugzeug zu starten, aber als er sah, dass Rost eine Waffe hielt, hob er die Hände. Rost sah sie lange genau an. Dann schaute er auf das Armaturenbrett und startete den Motor des Flugzeuges.

„Verlieren Sie keine Zeit", sagte er zu dem Mann. Der Mann legte seine Hände langsam auf das Armaturenbrett. Dann begann sich das Flugzeug langsam zum Ausgang des Hangars zu bewegen. Der Polizist rannte zum Flugzeug und feuerte Schüsse ab. Paul Rost stürzte sich auf den Polizisten und fiel mit ihm zu Boden.

„Du kannst alle umbringen, wenn du den Treibstofftank triffst!", schrie Paul den Polizisten an. Der Polizist richtete seine Waffe auf Rosts Gesicht und schoss... Es ist alles vorbei...

„Heben Sie die Hände und steigen Sie aus!", hörte Rost den Polizisten sagen. „Paul, geh weg vom Flugzeug und behalte sie im Fadenkreuz!"

Paul Rost stand immer noch neben dem Flugzeug und richtet seine Waffe auf den Mann im Flugzeug, als der Polizist sich von hinten näherte. Paul ging nicht vom Flugzeug weg. Er stand dort und schaute das Kind und dessen Vater an. Der Junge ging zu seinem Vater und legte ihm den Arm um den Hals, er starrte Rost an.

„Papa, was will dieser Mann?", fragte er seinen Vater. Arthur Stravinsky schaute Rost an ohne seine Hände herunterzunehmen. Es war offensichtlich, dass er Angst hatte, dass der Polizist schießen würde. Er wollte aussteigen, aber Rost stand gleich neben der Tür und ging

apartaba.

"Rost, ¡apártate inmediatamente del avión!" repitió el oficial.

Rost fue al tablero de mandos y puso el motor en marcha.

"Detective Paul Rost, ¡baje la pistola y apártese del avión!" gritó el policía, disparando al aire.

"¡No pierdan tiempo!" gritó Rost, y cerró la puerta del avión. Dejó caer su pistola al suelo, se volvió al policía y levantó las manos.

"¿Quieres arrestarme? Adelante," dijo Rost al policía. El avión fue hacia la puerta del hangar. Pero en ese momento apareció junto a la salida un gran grupo de oficiales de policía en coche. Bloquearon el paso al avión. El hombre detuvo el avión para no poner en peligro la vida de su mujer y su hijo. Salió con el niño, que continuaba colgando de su cuello. Su mujer se acercó a él y empezó a separar al niño, quien empezó a llorar. Paul se dio la vuelta para no ver ni oir nada. Salió del hangar. El jefe de policía se le acercó.

"Así que, detective Rost, ¿les pasa algo a sus nervios? ¿Sabe que tengo que arrestarlo por ayudar a un criminal?" miró a Paul, "Mañana por la mañana vendrá y hará un informe," dijo, y se alejó de Paul.

Sacaron a Arthur Stravinsky del hangar para llevarlo a un coche de policía. Vio a su mujer y a su hijo, que estaban al lado del hangar. De repente se dio cuenta de que no los volvería a ver más. Los miró y no podía apartar los ojos de ellos. Sus ojos eran como los de un loco. Luego empezó a gritar: "¡Recordadme!

nicht weg.

„Rost, geh sofort vom Flugzeug weg!", wiederholte der Polizist.

Rost schaut das Armaturenbrett an und startete den Motor.

„Detektiv Paul Rost, nimm deine Waffe herunter und geh vom Flugzeug weg!", schrie der Polizist und schoss in die Luft.

„Verlieren Sie keine Zeit!", schrie Rost und schloss die Flugzeugtür. Er ließ seine Waffe auf den Boden fallen, drehte sich zum Polizisten und hob seine Hände.

„Willst du mich festnehmen? Na dann los", sagte Rost zu dem Polizisten. Das Flugzeug fuhr zum Ausgang des Hangars. Aber in diesem Moment tauchte eine große Gruppe von Polizisten in Polizeiautos in der Nähe des Ausgangs auf. Sie blockierten den Weg des Flugzeuges. Der Mann stoppte das Flugzeug, um das Leben seines Kindes und seiner Frau nicht in Gefahr zu bringen. Er stieg aus dem Flugzeug aus, aber das Kind hielt sich immer noch an ihm fest. Das Kind begann zu weinen. Paul drehte sich weg, um das alles weder zu sehen noch zu hören. Er verließ den Hangar. Der Polizeichef ging zu Rost.

„Also, Detektiv Rost, gibt es ein Problem mit Ihren Nerven? Sie wissen, dass ich Sie festnehmen muss, weil Sie einem Verbrecher geholfen haben?" Er schaute Paul an. „Morgen früh müssen Sie vorbeikommen und Bericht erstatten", sagte er und ging weg.

Sie brachten Arthur Stravinsky nach draußen, um ihn in ein Polizeiauto zu setzen. Er sah seine Frau und seinen Sohn, die in der Nähe des Hangars standen. Plötzlich wurde ihm bewusst, dass er sie nie wieder sehen würde. Er schaute sie an

¡Recordadme!," les gritó, "¡Hijo, recuérdame! ¡Recuérdame, hijo! ¡Y tú, Mary, recuérdame! ¡Recuérdame como soy ahora! ¡No me olvidéis! ¡No me olvidéis nunca!" Los policías lo metieron en el coche, pero él segúia gritando como un loco. Paul Rost miraba constantemente para el hombre. El coche se alejó, dejando atrás a la desconsolada mujer y al niño.

Rost volvió a casa. Cuando estaba llegando, vio a Peter Ashur dentro de un coche.

"¿Cómo está, Paul?" dijo Ashur cuando Rost se le acercó. Rost se detuvo y lo miró.

"Pensé que le interesaría saber," continuó Ashur, encendiendo un cigarrillo, "que Lisa Pandora está en la cárcel de Mezzeh, en Siria. Está esperando a que la ejecuten," Ashur miró a Paul a los ojos.

"¿Por qué no está con ella?" preguntó Paul.

"Como siempre, ha violado los términos de nuestro acuerdo. Y, como sabe, soy un hombre de principios. Le di libertad para hacer lo que quiera," Ashur miró de nuevo a Rost, "Usted sabe tan bien como yo que si decide algo es imposible detenerla."

"¿Cuánto tiempo le queda?" preguntó Rost.

"Quizás un día, o puede que un mes. Quién sabe," dijo Ashur, y se fue.

und konnte seinen Blick nicht von ihnen wenden. Seine Augen glichen den Augen eines Verrückten. Dann begann er zu rufen: „Erinnert euch an mich! Erinnert euch an mich!" Er rief ihnen zu: „Sohn, erinnere dich an mich! Erinnere dich an mich, mein Sohn! Und du, Mary, erinnere dich an mich! Erinnert euch an mich, so wie ich jetzt bin! Vergesst mich nicht! Vergesst mich niemals!" Die Polizisten setzten ihn in das Auto, aber er schrie immer noch wie ein Verrückter. Paul Rost schaute den Mann fortwährend an. Das Auto fuhr weg und die weinende Frau und der Junge wurden zurückgelassen.

Rost fuhr nach Hause. Als er zu seinem Haus ging, sah er Peter Ashur in einem der Autos.

„Wie geht es dir, Paul?", sagte Ashur als Paul zu ihm ging. Rost blieb stehen und sah Ashur an.

„Ich dachte, es würde dich interessieren," setzte Ashur fort und zündete sich eine Zigarette an, „dass Lisa Pandora im Mezzeh Gefängnis in Syrien ist. Sie wartet auf ihre Hinrichtung", Ashur schaute Paul in die Augen.

„Warum bist du nicht bei ihr?", fragte Paul.

„Wie üblich hat sie unsere Vertragsbedingungen verletzt. Und, wie du weißt, bin ich ein Mann mit Prinzipien. Ich habe ihr die Freiheit gelassen zu tun, was sie will", Ashur schaute Paul erneut an. „Du weißt genauso gut wie ich, dass es unmöglich ist, sie zu stoppen, wenn sie sich zu etwas entschließt."

„Wie viel Zeit bleibt ihr?", fragte Rost.

„Vielleicht ein Tag, vielleicht ein Monat. Wer weiß", sagte Ashur und fuhr weiter.

C

| **Repaso de nuevo vocabulario** | **Wiederholung des neuen Vokabulars** |

1

- ¿Podrías decirme si estamos en marzo o si ya es abril?

- Hoy es treinta y uno de marzo. Mañana es uno de abril.

- ¿Podrías decirme qué hora es?

- Déjame mirar en el teléfono. Son las diez y media.

- Gracias. Por cierto, ¿hace frío?

- Hay mucha niebla pero no hace frío.

2

- Regálame un coche.

- No.

- ¡Hoy estás raro, querido!

- No, hoy estoy normal, querida. ¡Pero no te daré dinero para un coche nuevo!

- ¡Pero un coche nuevo es algo muy importante para mí! ¡Regálamelo!

- Para mí no es importante en absoluto. No te lo voy a regalar

- Sabes, tu antena no capta todos los canales, querido.

- ¡Y a ti te faltan unos cuantos botones en el panel de control, mi amor!

3

- El tanque de combustible de mi coche está vacío.

- ¿A dónde quieres ir, querida?

- Al salón de belleza, cariño.

1

- Können Sie mir sagen, ob heute noch März oder schon April ist?

- Heute ist der einunddreißigste März. Morgen ist der erste April.

- Können Sie mir sagen, wie spät es ist?

- Lassen Sie mich auf meinem Telefon nachsehen. Es ist halb elf.

- Danke. Übrigens, ist es kalt draußen?

- Es ist neblig draußen, aber nicht sehr kalt.

2

- Schenk mir ein Auto.

- Nein.

- Du bist seltsam heute, Schatz!

- Nein, ich bin heute normal, Schatz. Aber ich werde dir kein Geld für ein neues Auto geben!

- Ein neues Auto ist mir sehr wichtig! Schenk mir eines!

- Es ist mir überhaupt nicht wichtig. Ich werde dir keines geben.

- Weißt du, deine Antenne kann nicht alle Kanäle empfangen, Schatz.

- Und dir fehlen einige Knöpfe auf dem Armaturenbrett, mein Schatz!

3

- Der Benzintank meines Autos ist leer.

- Wohin willst du fahren, Schatz?

- In den Schönheitssalon, Liebster.

- Estás muy guapa como estás.

- ¡No he vuelto a ir desde el domingo pasado!

- ¡Pero hoy aún es martes!

- ¿No puedo ir nunca al salón de belleza?

- De acuerdo, puedes ir en autobús.

- ¿Te casaste conmigo para que vaya en bus?

- Me casé contigo porque me gustabas mucho.

- Entonces ¿ya no te gusto?

- Coge el dinero y vete a donde quieras.

- Gracias, cariño.

4

- ¡No enciendas la luz! No hay por qué correr peligro, podrían ver desde la calle que hay alguien en el banco.

- Mira, un coche con una sirena acaba de pisar los frenos al lado del banco.

- Es una patrulla de policía. ¡Silencio! Apártate de la ventana o te verán.

- Han salido dos policías del coche.

- ¿A dónde van?

- Se han acercado a nuestro coche y lo están mirando atentamente.

- ¿Lo aparcaste bien?

- Por supuesto. No rompí las reglas. Aunque es cierto: la farola se cayó sobre otro coche. – Qué raro. Apenas la toqué, lo juro.

- ¡Subiré al tejado y tú irás hacia ellos!

- ¿Por qué?

- ¡Escribe un informe sobre el accidente, idiota!

- Du bist sehr schön, so wie du bist.

- Ich bin seit letztem Sonntag nicht mehr dort gewesen!

- Aber heute ist erst Dienstag!

- Solle ich nie in den Schönheitssalon gehen?

- In Ordnung, du kannst mit dem Bus fahren.

- Hast du mich geheiratet, damit ich mit dem Bus fahre?

- Ich habe dich damals geheiratet, weil ich dich sehr gerne hatte.

- Also hast du mich jetzt nicht mehr gerne?

- Nimm das Geld und fahr wohin du willst.

- Danke, Schatz.

4

- Schalte das Licht nicht ein! Es gibt keinen Grund, ein Risiko einzugehen. Man könnte von der Straße aus sehen, dass jemand in der Bank ist.

- Schau, ein Auto mit Blinklicht hat neben der Bank gebremst.

- Das ist eine Polizeistreife. Ruhig! Geh weg vom Fenster, sonst werden sie dich sehen.

- Zwei Polizisten sind ausgestiegen.

- Wohin gehen sie?

- Sie sind zu unserem Auto gegangen und schauen es gerade genau an.

- Hast du richtig geparkt?

- Natürlich. Ich habe keine Regeln verletzt. Aber es stimmt: der Laternenpfahl ist auf ein anderes Auto gefallen.

- Seltsam. Ich habe ihn kaum berührt, ich schwöre.

- Ich klettere auf das Dach und du gehst zu ihnen.

- Warum?

- Du musst einen Unfallbericht ausfüllen, du Idiot!

5

- El conductor del bus hizo bajar a los pasajeros antes de llenar el tanque de combustible.

- ¿Por qué se quedaron detrás los pasajeros y el autobús regresó a la estación sin ellos?

- El conductor se olvidó de mandarles subir después de llenar el depósito.

- ¡Debería volver! Los pasajeros lo están esperando.

6

- ¡Su coche ha chocado contra el mío!

- ¡Eso es porque pisó los frenos muy rápido!

- No. ¡Es porque usted no estaba prestando atención!

- ¡Pero es imposible frenar de golpe! ¿Lo comprende?

- Escriba un informe del accidente.

7

- ¿Por qué ha bloqueado la policía la carretera?

- Están buscando a los ladrones que atracaron el banco.

- ¿Cuánto dinero robaron los criminales?

- Dicen que no robaron dinero, pero dañaron varios coches en el aparcamiento durante la persecución.

8

- Recuerda querida, debes avanzar cuando la luz esté verde y frenar cuando esté roja. ¿Comprendes?

- Por supuesto que entiendo, querido.

5

- Der Busfahrer ließ die Passagiere aussteigen, bevor er den Tank auffüllte.

- Warum bleiben die Passagiere zurück und warum fährt der Bus ohne sie zurück zum Busbahnhof?

- Der Fahrer hat vergessen, die Passagiere wieder einsteigen zu lassen, nachdem er den Tank aufgefüllt hat.

- Er sollte zurückfahren! Die Passagiere warten auf ihn.

6

- Du bist mit deinem Auto in meines gefahren!

- Das ist passiert, weil du so schnell gebremst hast!

- Nein. Weil du nicht aufgepasst hast!

- Aber es ist unmöglich sofort zu bremsen! Verstehst du das nicht?

- Schreib es in den Unfallbericht.

7

- Warum hat der Beobachtungsposten der Polizei die Straße gesperrt?

- Sie suchen Diebe, die eine Bank ausgeraubt haben.

- Wie viel Geld haben die Verbrecher gestohlen?
- Sie sagen, dass die Diebe kein Geld gestohlen haben, sondern während der Verfolgungsjagd einige Autos auf dem Parkplatz beschädigt haben.

8

- Erinnere dich daran, Schatz, du sollst fahren, wenn das Licht grün ist und bremsen, wenn es rot ist. Verstehst du?

- Natürlich verstehe ich das, mein Schatz.

¿Estoy conduciendo bien?

- Sí. Muy bien.

- Lo ves, cariño, tienes una gran chica.

- ¡Frena!

-¡Oh!

- ¡Has chocado contra un coche!

- ¿Por qué no cambió la luz roja a verde? ¡Después de todo, no pisé los frenos!

- ¡Siéntate en el asiento del pasajero!

- ¿Por qué no me enseñas a conducir, amor?

- Olvídalo, cariño.

9

- Hoy estaré trabajando en la cárcel hasta tarde, mi amor.

- ¿Entonces hoy podremos robar comida de la prisión?

- Exacto. Estate en la puerta de la prisión a las doce. ¡Recuérdalo!

- Lo recordaré, cariño. ¿Qué vamos a robar?

- ¡Tres toneladas de pan y una tonelada de sal!

- ¡Wow! ¡Eso es mucho!

- Hoy verás el cielo de diamantes, cariño. ¡Te lo juro!

10

- El jefe dijo que deberíamos volver a poner esta caja roja a la salida inmediatamente.

- Pero esta caja es verde, no roja. Y la salida está aquí, no ahí.

- En nuestra empresa el jefe siempre

Nun, fahre ich gut?

- Ja. Großartig.

- Siehst du, Schatz, du hast ein tolles Mädchen.

- Bremse!

- Oh!

- Du bist in ein Auto gefahren!

- Warum ist das rote Licht nicht grün geworden? Immerhin bin ich nicht auf die Bremse gestiegen!

- Setze dich auf den Beifahrersitz!

- Und was ist mit Autofahren lernen, mein Schatz?

- Vergiss es! Schatz.

9

- Heute werde ich im Gefängnis bis spät in die Nacht Dienst haben, mein Schatz.

- Also könnten wir heute das Gefängnisessen stehlen?

- Genau. Sei genau um zwölf Uhr beim Gefängnisausgang. Denk daran!

- Ich werde daran denken, Schatz. Was werden wir stehlen?

- Drei Tonnen Brot und eine Tonne Salz!

- Wahnsinn! Das ist viel!

- Heute wirst du den Himmel voller Diamanten sehen, Schatz! Ich schwöre es dir!

10

- Der Chef hat gesagt, dass wir diese rote Kiste sofort zurück zum Ausgang tragen sollen.

- Aber diese Kiste ist grün und nicht rot. Und der Ausgang ist hier, nicht dort.

- In unserer Firma hat der Chef immer recht.

tiene razón. ¡Recuérdalo! Y es mejor nunca preguntar dos veces.

11

- Vendedor, por favor, déme un poco de sal.

- Aquí tiene.

- Gracias.

- ¡Cliente, me ha dado billetes falsos!

- ¡No puede ser!

- Mire, la pintura se está quedando en mis manos.

- La máquina Xerox de nuestra oficina no funciona bien.

- El oficial de policía de aquí al lado le mandará a un curso de cinco años para aprender a manejar la máquina Xerox. Después de eso sabrá cómo funciona y, lo más importante, podrá imprimir con una Xerox.

12

- ¿Sabes usar un ordenador?

- Por supuesto.

- Enséñame, por favor

- Siempre tienes que usar estas cuatro teclas con las flechas, o este botón grande.

- ¿Y si hay algo incorrecto?

- Entonces utiliza este botón de la esquina.

- Gracias.

13

- ¿Son los términos de nuestra cooperación adecuados para usted?

- Sí, todos excepto uno.

Denk daran! Und es ist besser niemals nachzufragen.

11

- Verkäufer, bitte geben Sie mir Salz.

- Hier, nehmen Sie.

- Danke.

- Kunde, Sie haben mir gefälschte Banknoten gegeben!

- Das kann nicht sein!

- Sehen Sie, die Farbe färbt auf meine Hände ab.

- Der Xerox Drucker in unserem Büro funktioniert wahrscheinlich gerade nicht gut.

- Der Polizist hier wird Sie in einen fünfjährigen Kurs über die Bedienung von Xerox Druckern schicken. Danach werden Sie wissen, wie und, ganz besonders, was man auf einem Xerox Drucker drucken darf.

12

- Wissen Sie, wie man einen Computer verwendet?

- Natürlich.

- Bringen Sie es mir bei, bitte.

- Sie müssen immer diese vier Pfeiltasten verwenden, oder diese große Taste.

- Und wenn etwas falsch ist?

- Dann verwenden Sie diese Taste in der Ecke.

- Danke.

13

- Sind die Vereinbarungen unserer Zusammenarbeit passend für Sie?

- Ja, alle bis auf eine der Vereinbarungen sind passend.

- ¿Excepto cuál exactamente?

- No me viene bien tener que hacer todo con cuidado y a tiempo.

- ¿Y cómo quiere hacerlo?

- Podría cometer errores. Y necesito más tiempo.

- ¿Cuánto tiempo quiere?

- ¡Cuanto más, mejor!

- Bis auf welche Vereinbarung?

- Es passt mir nicht, dass ich alles sorgfältig und pünktlich machen muss.

- Und wie möchten Sie es machen?

- Ich könnte Fehler machen. Ich brauche mehr Zeit.

- Wie viel Zeit wollen Sie?

- Je mehr, desto besser!

25

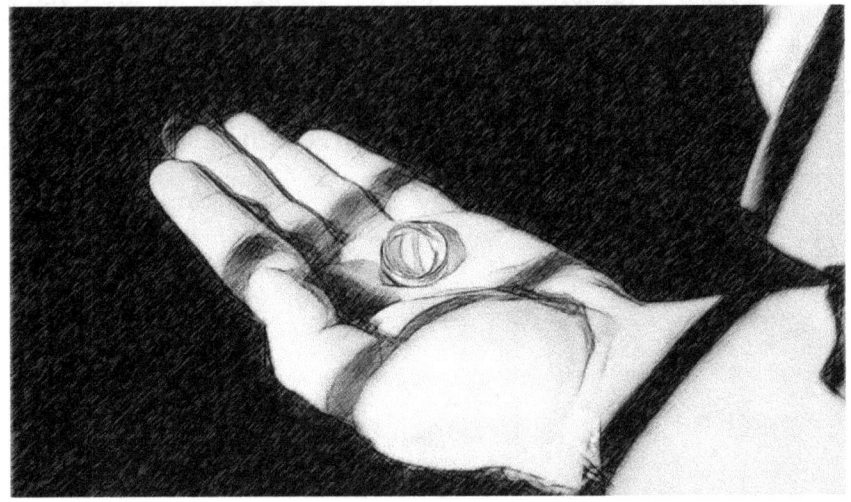

El arresto
Die Festnahme

A

Palabras

amó - geliebt
apuntó - richtete
ayer - gestern
certificado - Urkunde, die
ciego - blind
confidencialmente - überzeugt
cumplir - begehen
día anterior – Vortag, der
ejército – Heer, das
elegido - gewählt
elegir - wählen

escasamente - schwach
escribir - verfassen
estómago - Bauch, der
evento - Vorfall, der
explicó - erklärte
fugitivo – Ausbrecher, der
girar - drehen
héroe - Held, der
hoja - Blatt, das
mostrador - Ladentisch, der
objetivo - Bestimmung, die

odio - Hass, der

pantalones – Hosen, die

papel - Rolle, die

permanente - dauerhaft, unbefristet

pista - Hinweis, der

placa - Polizeimarke, die

prohibición - verbieten

prohibir - verbieten

quedar bien - passen

reloj - Uhr

saqué – nahm ab

situación - Situation, die

sonaba - tickte

temporal - vorübergehend, befristet

temporalmente - vorübergehend

tolerar - dulden

B

El arresto

Cuando Paul volvió a casa ya estaba oscureciendo. En su casa lo esperaba su madre. Se sentaron en una habitación débilmente iluminada. Paul se sacó el anillo del dedo.

"¿Es ése el anillo de Lisa?" preguntó su madre.

"Sí," respondió Paul.

"Cuando tu padre nos dejó, yo también me saqué el anillo que me dio al principio, y hasta quería tirarlo a la basura, pero después pensé que ya había dejado de ser suyo. Ya era mi anillo, se había convertido en parte de mi vida, y no quería tirar a la basura parte de mi vida. No pude olvidarlo, igual que tampoco pude dar la vuelta a una nueva hoja," miró a Paul, "Pero yo viví con él diez años, hijo, ¿y cuánto hace que conoces tú a Lisa?"

"No lo sé ni yo... No sé qué... vi en ella. Simplemente era interesante estar con ella," Paul se detuvo un momento,

Die Festnahme

Als Paul nach Hause kam, wurde es bereits dunkel. Zu Hause wartete Rosts Mutter auf ihn. Sie setzten sich in ein schwach beleuchtetes Zimmer. Paul nahm den Ring von seinem Finger.

„Ist das Lisas Ring?", fragte seine Mutter.

„Ja", antwortete Paul.

„Als dein Vater uns verließ, nahm ich den Ring, den er mir gegeben hatte, auch zuerst ab und wollte ihn sogar wegwerfen. Aber dann dachte ich mir, dass es nicht länger sein Ring war. Er war jetzt mein Ring. Er war Teil meines Lebens geworden. Ich wollte keinen Teil meines Lebens wegwerfen. Ich konnte ihn nicht vergessen. Und ich konnte nicht einfach eine neue Seite aufschlagen", sie sah Paul an. „Aber ich hab zehn Jahre lang mit ihm zusammengelebt, Sohn, und wie lange kennst du Lisa?"

„Ich weiß es selbst nicht... ich weiß nicht, was ich... ich in ihr gesehen habe. Es war einfach interessant mit ihr zusammen zu sein", Paul hielt einen Moment lang inne.

"Estoy seguro de que me ama... amó... estoy seguro de que también piensa en mí," dijo el hijo en voz baja.

"Puede que te amara. Puede que fuera un sentimiento fuerte," dijo su madre, "Pero ahora las cosas han cambiado, tienes que entenderlo. Los sentimientos fuertes no se van con rapidez, pero pueden convertirse en algo más," miró a su hijo, "Sus sentimientos pueden ser todavía fuertes, pero probablemente no sea amor... siente odio." Madre e hijo se quedaron en silencio. Había mucha tranquilidad. Solamente el reloj sonaba sobre la mesa.

"Pero ya no importa," dijo él finalmente, "Mamá, ¿crees que todos tenemos un objetivo?" preguntó.

"¿Un objetivo? ¿Qué quieres decir?" preguntó su madre.

"Creo que cada uno de nosotros puede hacer algo importante. Ese es nuestro propósito, nuestro papel en el juego," dijo Paul con seguridad.

"Hablan de objetivos cuando se va a empezar una guerra," respondió ella, "¿Qué papel han elegido de nuevo para ti? ¿Y en qué tipo de juego, Paul? Después de todo, llevas mucho tiempo sin estar en el ejército."

"Nadie ha elegido por mí. Yo elijo mi propio objetivo. Tengo que irme, mamá," contestó.

"¿A dónde vas esta vez? ¿No fue suficiente ese viaje al Sáhara, Paul?" preguntó ella.

"No será por mucho tiempo, mamá," respondió, "Estaré de vuelta en un par de meses. Quiero cumplir mi objetivo,"

„Ich bin mir sicher, dass sie mich liebt... Geliebt hat... Ich bin mir sicher, dass sie auch an mich denkt", sagte der Sohn leise.

„Vielleicht hat sie dich geliebt. Vielleicht war es ein starkes Gefühl", sagte seine Mutter. „Aber die Dinge haben sich jetzt geändert. Du musst das verstehen. Starke Gefühle verschwinden nicht schnell. Aber sie können sich in etwas anderes verwandeln", sie schaute ihren Sohn an. „Ihr Gefühl könnte immer noch stark sein, aber es ist wahrscheinlich nicht Liebe... sie fühlt Hass." Mutter und Sohn saßen schweigend da. Es war sehr still. Nur die Uhr tickte auf dem Tisch.

„Aber das ist jetzt egal", sagte er schließlich. „Mama, glaubst du, dass jeder Mensch eine Bestimmung hat?", fragte er.

„Eine Bestimmung? Was meinst du?", fragte seine Mutter.

„Ich glaube, dass jeder etwas sehr Wichtiges tun kann. Das ist seine Bestimmung, seine Rolle im Spiel", sagte Paul überzeugt.

„Man spricht von einer Bestimmung, wenn man dabei ist einen Krieg zu beginnen", antwortete sie. „Was für eine Rolle haben sie für dich ausgewählt? Und in welcher Art von Spiel, Paul? Immerhin warst du eine lange Zeit nicht im Heer."

„Niemand hat für mich gewählt. Ich wähle meine eigene Bestimmung. Ich muss gehen, Mama", antwortete er.

„Wohin gehst du diesmal? War die Reise in die Sahara nicht genug, Paul?", fragte sie.

„Es wird nicht lange sein, Mama", antwortete er. „Ich werde in einigen Monaten zurückkommen. Ich möchte meine Bestimmung erfüllen", sagte er abschließend.

concluyó.

A la mañana siguiente, el Detective Rost fue a la comisaría a redactar un informe para el jefe de policía.

"Paul Rost, en el cuartel de policía se ha decidido prohibirle temporalmente trabajar como detective. Ponga el certificado y la placa sobre la mesa," dijo el jefe de policía, "Ahora vaya a ver al Detective Schmidt y haga un informe sobre los hechos de ayer," concluyó. Cuando Paul Rost estaba saliendo del despacho, el jefe añadió: "Y, Rost, espero que esta prohibición temporal se convierta en permanente. ¡No toleraré que alguien como usted se quede en mi comisaría! ¿Ha entendido?"

Rost miró al jefe largamente. No dijo nada, simplemente sonrió un poquito y salió. Fue a junto del detective Schmidt y empezó a informarlo sobre los hechos del día anterior. En ese momento Bruno entró en la comisaría. Vio a Rost y empezó a gesticular nerviosamente.

"¡Le regalé un vestido a tu mujer!" dijo, volviéndose a Rost, "¡A una mujer que no tienes!" rió de forma poco amistosa, "¿No es obvio? ¿No es eso una pista?" se molestó Bruno, "Ahora estoy bien, y en cinco minutos algo malo podría ocurrir. ¿Y eso tampoco es una pista? ¿No está claro? Paul Rost, ¿estabas ciego?" miró a los oficiales de policía que se hallaban cerca. "¿En qué estabas pensando?" se molestó Bruno.

"El segundo fugitivo estaba sentado bajo su mostrador," Schmidt le explicó a Rost la situación completa," La caja registradora de Bruno estaba casi vacía, así que decidió esperar a que entraran

Am nächsten Morgen ging Detektiv Rost auf die Polizeiwache, um dem Polizeichef Bericht zu erstatten.

„Paul Rost, das Polizeihauptquartier hat entschieden, Ihnen die Arbeit als Detektiv vorübergehend zu verbieten. Legen Sie Ihren Ausweis und die Polizeimarke auf den Tisch", sagte der Polizeichef. „Gehen Sie jetzt zu Detektiv Schmidt und erstatten Sie Bericht über die Vorfälle von gestern", sagte er abschließend. Als Paul Rost gerade das Büro verließ, fügte der Chef hinzu: „Und, Rost, ich hoffe, dass dieses vorübergehende Verbot dauerhaft wird. Ich werde jemanden wie Sie nicht in meiner Polizeiwache dulden! Verstanden?"

Rost sah den Chef lange an. Er sagte nichts, lächelte nur ein wenig und ging. Er ging zu Detektiv Schmidt und begann über die Vorfälle des Vortages Bericht zu erstatten. In diesem Moment betrat Bruno die Polizeiwache. Er sah Rost und begann nervös zu gestikulieren.

„Ich habe deiner Ehefrau ein Kleid gegeben!", sagte er und drehte sich zu Rost. „Eine Ehefrau, die du nicht hast!", er lachte unfreundlich. „Ist das nicht offensichtlich? Ist das kein Hinweis?", sagte er ärgerlich. „Jetzt geht es mir gut und in fünf Minuten wird vielleicht etwas Schlimmes passieren. Ist das kein Hinweis? Ist das nicht klar? Paul Rost, warst du blind?", er sah die anderen Polizisten an, die in der Nähe standen. „Was dachte er sich dabei?", sagte Bruno ärgerlich.

„Der zweite Flüchtende saß unter dem Ladentisch", sagte Schmidt und erklärte Rost die ganze Situation. „Brunos Kasse war beinahe leer, deshalb beschloss er zu warten, bis einige Kunden kamen und

unos cuantos clientes y pagaran. Apuntó con un paquete de cigarrillos al estómago de Bruno como si fuera una pistola y le ordenó pasarle el dinero de los clientes por debajo del mostrador. Y Bruno se mojó los pantalones y empezó a darte pistas cuando entraste por lo de la alarma," terminó el Detective Schmidt.

"¿Y quién conectó la alarma?" inquirió Rost.

"Yo, ¿quién iba a ser?" gritó Bruno con indignación, "¿Qué, el vestido no le quedaba bien?"

"Yo sí que te voy a dejar bien," dijo Rost.

"Rost, cállese y escriba el informe," dijo el jefe de policía, que acababa de entrar en la sala, "¿Cree que es usted un héroe? A lo mejor en el Sáhara fue un héroe, pero aquí la ley es la ley. Abrieron un caso en su contra por ayudar a cometer un crimen," continuó el jefe, "John Schmidt, escriba un informe sobre el arresto y métalo en una celda," concluyó el jefe de policía.

zahlten. Er richtete eine Packung Zigaretten wie eine Waffe auf Brunos Bauch und befahl ihm, das Geld der Kunden unter den Ladentisch zu reichen. Und Bruno machte sich in die Hose und begann dir Hinweise zu geben, als du wegen des Alarms kamst", sagte Detektiv Schmidt abschließend.

„Und wer hat den Alarm ausgelöst?", fragte Rost nach.

„Ich, wer sonst?", schrie Bruno empört. „Wie, hat das Kleid etwa nicht gepasst?"

„Es wird dir gut passen", sagte Rost.

„Rost, halt die Klappe und schreib den Bericht", sagte der Polizeichef, der gerade das Zimmer betreten hatte. „Du glaubst wahrscheinlich, du bist ein Held? Vielleicht warst du in der Sahara ein Held, aber hier ist das Gesetz das Gesetz. Sie haben ein Verfahren gegen dich eröffnet, weil du geholfen hast, eine Straftat zu begehen", setzte der Chef fort. „John Schmidt, verfassen Sie einen Bericht über die Festnahme und stecken Sie ihn in eine Zelle", sagte der Polizeichef abschließend.

 C

Repaso de nuevo vocabulario

1

- ¿Podrías decirme si aún estamos en abril o si ya es mayo?

- Hoy es treinta de abril. Mañana es uno de mayo.

- ¿Podrías decirme dónde está la estación?

Wiederholung des neuen Vokabulars

1

- Können Sie mir sagen, ob heute noch April oder schon Mai ist?

- Heute ist der dreißigste April. Morgen ist der erste Mai.

- Können Sie mir sagen, wo der Bahnhof ist?

- Gehen Sie hier entlang. Zu Fuß sind es

- Vete por aquí. Tardarás unos cinco minutos a pie.

- Gracias. Por cierto, ¿puedo tomar aquí el transporte público?

- Toma el bus número siete. Tienes que bajarte en la segunda parada.

- Gracias.

- De nada.

2

- ¿Es el servicio militar obligatorio para todos en tu país?

- En nuestro país, el servicio militar es obligatorio para todos los hombres entre dieciocho y veintisiete años. ¿Y en el tuyo, también sirven los hombres en el ejército?

- No es obligatorio. Nuestro ejército está basado en contratos. Los que sirven al ejército ganan un salario.

- ¿Se les paga mucho?

- Lo suficiente.

3

- Estoy buscando un trabajo temporal. ¿Puede decirme dónde encontrarlo?

- Inténtelo en el ejército. El mes pasado estaban buscando trabajadores temporales.

- El ejército no paga lo suficiente a los trabajadores temporales.

- Entonces debería pensar en un puesto permanente.

4

- La situación de este país es difícil, pero es temporal.

- ¿Desde cuándo estáis en esta situación

etwa fünf Minuten.

- Danke. Übrigens, könnte ich dort auch mit öffentlichen Verkehrsmitteln hinfahren?

- Nehmen Sie den Bus Nummer sieben. Sie müssen an der zweiten Haltestelle aussteigen.

- Danke.

- Gern geschehen.

2

- Ist der Wehrdienst in Ihrem Land für jeden Pflicht?

- In unserem Land ist der Wehrdienst verpflichtend für alle Männer zwischen achtzehn und siebenundzwanzig. Und müssen die Männer in Ihrem Land auch in der Armee dienen?

- Es ist nicht Pflicht. Unsere Armee basiert auf Verträgen. Diejenigen, die in der Armee dienen, bekommen Gehalt bezahlt.

- Bekommen sie viel bezahlt?

- Genug.

3

- Ich suche nach einer zeitlich befristeten Arbeitsstelle. Können Sie mir sagen, wo ich so etwas finden kann?

- Versuchen Sie es in der Armee. Letzten Monat haben sie zeitlich befristete Arbeitskräfte gesucht.

- Die Armee zahlt befristeten Arbeitskräften nicht genug.

- Dann sollten Sie über eine unbefristete Arbeitsstelle nachdenken.

4

- Die Situation in diesem Land ist schwierig. Aber das ist vorübergehend.

difícil?

- Desde el siglo pasado, exactamente desde mil novecientos noventa y tres.

- ¡Hace más de veinte años!

- Exacto. ¡Pero todavía dicen que es algo temporal!

5

- Podemos ir a París o a Roma. ¿Cuál eliges, cariño?

- ¡Elijo Tokio y un anillo con un diamante azul!

- ¡Pero eso es demasiado caro! ¡No tengo el suficiente dinero!

- No te preocupes, querido. Es una situación temporal. Después podremos ir a París o a Roma.

6

- Mis amigas dicen que tengo el estómago grande. ¿Tú qué crees?

- Por supuesto que tu estómago no es grande, querida.

- No te enteras de la pista, amor.

- De acuerdo, lo diré así: mi amor por ti es mucho más grande que tu estómago.

- Todavía no captas mi pista.

- Espera un minuto, déjame pensar... ¿necesitas dinero para el salón de belleza?

- Te estás acercando, amor. Sigue intentándolo.

- Espera... ¿quieres que te prohíba que comas tres bistecs al día?

- No es eso exactamente, pero estás cerca. Piensa un poco más.

- Seit wann haben sie diese schwierige Situation?

- Seit dem letzten Jahrhundert. Genauer gesagt seit neunzehndreiundneunzig.

- Das sind mehr als zwanzig Jahre!

- Genau. Aber sie sagen immer noch, dass es vorübergehend ist.

5

- Wir können nach Paris oder nach Rom fahren. Was wählst du, mein Schatz?

- Ich wähle Tokio und einen Ring mit einem blauen Diamanten!

- Aber das ist zu teuer! Ich habe nicht genug Geld!

- Mach dir keine Sorgen, Schatz. Das ist eine vorübergehende Situation. Danach können wir nach Paris oder nach Rom fahren.

6

- Meine Freunde sagen, dass ich einen großen Bauch habe. Was meinst du?

- Natürlich ist dein Bauch nicht groß, Schatz.

- Du verstehst den Hinweis nicht, Schatz.

- In Ordnung, dann sage ich es so: Meine Liebe für dich ist viel größer als dein Bauch.

- Du verstehst meinen einfachen Hinweis immer noch nicht.

- Dann warte kurz, lass mich nachdenken... Brauchst du Geld für den Schönheitssalon?

- Du kommst der Sache näher, Schatz. Denke noch einmal nach.

- Könnte es eine Diät sein?

- Sehr gut! Richtig! Ich werde jede Stunde nur ein Stück Obst essen.

- ¿Podría ser una dieta?

- ¡Bien hecho! ¡Eso es! Solo comeré una pieza de fruta cada hora.

- Te compraré plátanos y kiwis, querida.

- También necesito un reloj suizo. Tengo que comer a mis horas.

7

- No puedo soportar a esos camellos.

- ¿Por qué, querida?

- Están siempre masticando.

- ¿No sabes que pueden vivir dos semanas sin beber agua?

- No lo sabía, amor.

- ¡Y que pueden vivir sin comida un mes entero!

- ¿Qué quieres decir?

- ¿Qué?

- ¿Qué quieres decir? ¿Que como más que un camello?

- ¡En absoluto!

- ¡Estás diciendo que estoy gorda, así que iré y viviré con un camello!

8

- ¿Puedes explicarme como hacer un informe de incidentes correctamente?

- Es mejor que vayas a la policía. Es donde suele ir la gente con esas preguntas.

9

- Perdone, señorita. ¿Puedo hacerle una pregunta?

- Por supuesto. Me encantaría poder ayudarle, señor.

- Ich werde dir Bananen und Kiwis kaufen, Schatz.

- Ich brauche auch eine Schweizer Uhr. Ich muss pünktlich essen.

7

- Ich halte diese Kamele nicht aus.

- Warum, mein Schatz?

- Sie kauen die ganze Zeit irgendetwas.

- Weißt du, dass sie zwei Wochen lang ohne Wasser überleben können?

- Das wusste ich nicht, Schatz.

- Und sie können einen ganzen Monat lang ohne Essen überleben!

- Worauf spielst du an?

- Was?

- Worauf spielst du an? Willst du mir sagen, dass ich mehr esse als ein Kamel?

- Überhaupt nicht!

- Du spielst darauf an, dass ich dick bin! Dann geh doch und leb mit einem Kamel!

8

- Können Sie mir erklären, wie ich einen Bericht über den Vorfall richtig erstelle?

- Sie müssen zur Polizei gehen. Dorthin gehen die Leute normalerweise mit solchen Fragen.

9

- Entschuldigen Sie bitte, darf ich Ihnen eine Frage stellen?

- Natürlich, wie kann ich Ihnen helfen?

- Bitte sagen Sie mir, wie ich zur Polizei komme.

- Por favor, dígame cómo ir a la policía.

- Tome el tranvía número diez y baje después de cinco paradas.

- Gracias.

- De nada. Por cierto, me llamo Anna.

- Nehmen Sie die Straßenbahn Nummer zehn und steigen Sie an der fünften Haltestelle aus.

- Danke.

- Gern geschehen. Übrigens, mein Name ist Anna.

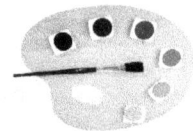

26

No mires atrás

Blicke nicht zurück

 A

Palabras

abrir - öffnete; schloss auf
además - außerdem
aguacero - starker Regen
alcanzó - schlug ein
antibalas - kugelsicher
ardía - brannte

asiática - asiatisch
atacar - Angriff, der
aullido - Heulen, das
barrote - Gitterstab, der
bosque - Wald, der
central – Zentral-

chaleco - Weste, die
colgaban - hing
comportarse - benehmen
cruce - Übergang, der
dar - geben
detenido - Häftling, der
deuda - Schuld, die
distancia - Entfernung, die
enseñar - beibringen
esperaba - hoffte
esperado - erwartet
estruendo - Lärm, der
expresión - Gesichtsausdruck, der
extendió - streckte
fluía - floss
furgón – Lieferwagen, der
gasolina - Benzin, das
gatear - kriechen
goma - Gummi, der
gradualmente - allmählich
guió - führte
iluminando - Blitz, der
infernal - höllisch
labio - Lippe, die
ladrar - bellen
levantarse - aufstehen
llevar - tragen
maleante - Betrüger, der
más fuerte - stärker

más lejos - weiter
mercancías – Fracht, die
modales - Manieren, die
mutuo - beidseitig
no se movían - bewegungslos
obedecer - gehorchen
ocho - acht
permitido - erlaubt
perro - Hund, der
planear - planen
porra - Knüppel, der
prisión central – Zentralgefängnis, das
realmente - tatsächlich
recordó - erinnerte
recuperar - wiedererlangen
relámpago - Blitz, der
ridículo - lächerlich
sarcasmo - Sarkasmus, der
sarcásticamente - sarkastisch
se deslizó - verschwand
silenciosamente - schweigend
sirena - Sirene, die
transportar - transportieren
tren de mercancías – Güterzug, der
trueno - Donner, der
vía – Gleis, das
ver - sehen
yacer - liegen

B

No mires atrás

Paul Rost fue arrestado y metido en una celda en la comisaría. Rost entró en la celda y no podía creer lo que veían sus ojos. Allí sentado estaba John Vega. John Vega abrió la boca, sorprendido.

"¿Detective Rost?" dijo, "Nunca habría esperado verlo aquí. ¿Cómo está?"

"¿Sr. John Vega?" dijo Rost, "¿Cómo está? ¿Cuándo tiene pensado atracar de nuevo su propio banco, Sr. Director?" preguntó Rost sarcásticamente.

"Su sarcasmo es ridículo, Paul. Después de todo, usted también está aquí. También es un criminal, Paul Rost," respondió Vega.

"Por cierto, le dispararon pero está vivo," percibió Rost.

"Ashur y Pandora tienen unos sentimientos tan apasionados hacia mí que siempre llevo un chaleco antibalas cuando voy a reunirme con ellos," sonrió el antiguo director del banco.

"Creo que ese sentimiento es mutuo, John, ¿me equivoco?" dijo Rost.

"Oh, sí, tiene razón. Por cierto, ¿sabe dónde están?" inquirió Vega.

"No puede pasar un día sin que vea a sus queridos amigos," respondió Rost.

"Sí, realmente tengo ganas de verlos," sonrió John Vega poco amablemente.

"No creo que tenga la oportunidad de

Blicke nicht zurück

Paul Rost wurde auf der Polizeiwache verhaftet und in eine Zelle gesteckt. Rost kam in die Zelle und konnte seinen Augen nicht trauen. Dort saß John Vega. John Vega öffnete erstaunt seinen Mund.

„Detektiv Rost?", sagte er. „Ich hätte nie erwartet, dich hier zu sehen. Wie geht es dir?"

„John Vega?", sagte Rost. „Wie geht es dir? Wann planst du den nächsten Überfall auf deine eigene Bank, Herr Manager?", fragte Rost sarkastisch.

„Dein Sarkasmus ist lächerlich, Paul. Immerhin bist du auch hier. Du bist also auch ein Verbrecher, Paul Rost", antwortete Vega.

„Übrigens, du wurdest angeschossen, aber du lebst noch", bemerkte Rost.

„Ashur und Pandora haben mir gegenüber so leidenschaftliche Gefühle, dass ich immer eine kugelsichere Weste trage, wenn ich sie treffe", sagte der ehemalige Bankmanager und lächelte.

„Ich glaube diese Gefühle sind beidseitig, John, oder etwa nicht?", sagte Rost.

„Oh ja, du hast recht. Übrigens, weißt du wo sie sind?", fragte Vega nach.

„Du schaffst es nicht einen Tag zu verbringen, ohne deinen alten Freunde zu sehen", antwortete Rost.

„Ja, ich will sie wirklich sehen", sagte John Vega und lächelte unfreundlich.

„Ich glaube nicht, dass du die Chance hast, sie in den nächsten fünf Jahren zu sehen", sagte

verlos en los próximos cinco años" dijo Rost.

"¡Cinco años es mucho mejor que una cadena perpetua en una cárcel asiática!" rió Vega, "Además, siento lo que hice, así que espero que no me condenen a más de tres años," Vega estaba casi feliz. Rost se dio cuenta de que Vega había pasado de ser un director de banco respetable a una persona completamente diferente. Su apariencia y modales eran como los de un maleante. Realmente lo era, por supuesto. Rost miró hacia los barrotes de la ventana y recordó su primera reunión con él en el banco. También entonces había conocido a Lisa por primera vez. En ese momento el guarda abrió la puerta y miró dentro de la celda.

"John Vega y Paul Rost, se os va a trasladar a la prisión central. ¡Salid de la celda!" ordenó. El guarda guió a Vega y a Rost hacia la salida de la comisaría. Se les metió en un furgón para transportar prisioneros. Dentro ya había uno, era Arthur Stravinsky. Vio a Rost, pero su expresión no cambió. Parecía que ni siquiera estaba sorprendido.

"Gracias por darme una oportunidad," miró a Rost, "Estoy en deuda con usted."

"¡Cierra la boca, Stravinsky!" le gritó el guarda.

El furgón con los tres prisioneros se puso en marcha. Nubes negras colgaban sobre el pueblo. En el horizonte aparecieron resplandores de relámpagos. Dejaron la ciudad y fueron

Rost.

„Fünf Jahre sind sehr viel besser als eine lebenslange Strafe in einem asiatischen Gefängnis!", sagte Vega lachend. Außerdem bereue ich, was ich getan habe! Daher hoffe ich, dass ich nicht mehr als drei Jahre bekommen werde!", sagte Vega beinahe glücklich. Rost bemerkte, dass sich Vega von einem ansehnlichen Bankmanager in eine komplett andere Person verwandelt hatte. Sein Aussehen und sein Verhalten waren die eines Betrügers. Natürlich war er tatsächlich ein Betrüger. Rost schaute die Gitterstäbe vor dem Fenster an und erinnerte sich an sein erstes Treffen mit ihm in der Bank. Er hat auch Lisa damals zum ersten Mal getroffen. In diesem Augenblick öffnete der Sicherheitsbeamte die Tür und schaute in die Zelle.

„John Vega und Paul Rost, Sie werden in das Zentralgefängnis verlegt. Kommen Sie aus der Zelle!", befahl er.

Der Sicherheitsbeamte führte Vega und Rost zum Ausgang der Polizeiwache. Sie wurden in einen Lastwagen gesteckt, der Gefangene transportiert. Ein Gefangener war bereits im Inneren. Es war Arthur Stravinsky. Er sah Rost, aber sein Gesichtsausdruck änderte sich nicht. Es schien, dass er nicht einmal überrascht war.

„Danke, dass du mir eine Chance gegeben hast", sagte er und schaute Rost an. „Ich werde nicht in deiner Schuld bleiben."

„Halt die Klappe, Stravinsky!", schrie der Sicherheitsbeamte ihn an.

Der Lastwagen mit den Gefangenen fuhr die Straße hinunter. Schwarze Wolken hingen über der Stadt. Blitze erhellten den Horizont. Sie verließen die Stadt und fuhren in Richtung des Zentralgefängnisses, das etwa

hacia la prisión central, que estaba a unos treinta kilómetros de allí. Los relámpagos se acercaban cada vez más. Empezó a llover y a tronar. La lluvia se convirtió gradualmente en un fuerte aguacero. El agua golpeaba fuertemente las ventanillas y el capó. Los relámpagos seguían acercándose.

"Será mejor parar y esperar a que pase la tormenta" sugirió el guarda al conductor.

"¡No hay tiempo!" respondió, "¡Tengo que ir a dos sitios antes de las cinco!"

Pasaban por delante del aeródromo cuando un rayo alcanzó un gran árbol junto a la carretera. Justo en aquel momento el furgón pasaba al lado del árbol, así que el rayo también los alcanzó a ellos. El estruendo infernal y el choque eléctrico aturdieron a todos los ocupantes del furgón. Éste se incendió, se salió de la carretera y volcó. Arthur Stravinsky fue el primero en recuperar la consciencia y miró a su alrededor. El fuego era cada vez más fuerte. Las demás personas yacían sin sentido. Extendió la mano a través de los barrotes y sacó la llave del bolsillo del guarda. A continuación abrió las esposas y los barrotes y trepó fuera. Cogió la pistola de uno de los guardas y se la metió en el bolsillo. La lluvia y los relámpagos continuaban. No se veían coches alrededor. Stravinsky se alejó corriendo del furgón, pero después se detuvo y miró atrás. La gasolina fluía fuera del furgón y el fuego era cada vez más fuerte. Rápidamente regresó al vehículo y empezó a sacar a Rost. Vega y otro guarda recuperaron la consciencia y

dreißig Kilometer von der Stadt entfernt war. Die Blitze kamen näher und näher. Es begann zu regnen und zu donnern. Der Regen ging allmählich in einen sehr starken Niederschlag über. Das Wasser schlug laut gegen die Fenster und auf das Dach. Die Blitze schlugen immer näher ein.

„Wir bleiben besser stehen und warten, bis das schlechte Wetter vorbei ist!", schlug der Sicherheitsbeamte dem Fahrer vor.

„Dazu ist keine Zeit!", antwortete dieser. „Vor fünf Uhr muss ich es noch zu zwei anderen Orten schaffen!"

Sie fuhren am Flugfeld vorbei, als ein Blitz in einen großen Baum neben der Straße einschlug. Der Lastwagen fuhr gerade an dem Baum vorbei und wurde auch vom Blitz getroffen. Alle im Auto waren von dem höllischen Lärm und dem elektrischen Schlag wie betäubt. Der Lastwagen fing Feuer, kam von der Straße ab und kippte um. Arthur Stravinsky kam als erster wieder zu Bewusstsein und sah sich um. Das Feuer im Lastwagen wurde stärker und stärker. Die anderen Leute lagen bewegungslos da. Er streckte seine Hand durch die Gitterstäbe und nahm den Schlüssel aus der Jackentasche des Sicherheitsbeamten. Dann öffnete er die Handschellen und die Gitterstäbe und kletterte nach draußen. Er nahm die Waffe von einem der Sicherheitsbeamten und steckte sie in seine Jackentasche. Es regnete und blitzte immer noch. Es waren keine anderen Autos da. Stravinsky rannte vom Lastwagen weg, blieb aber stehen und schaute zurück. Benzin floss aus dem Lastwagen und das Feuer im Lastwagen brannte noch stärker. Er kehrte schnell zum Lastwagen zurück und begann Paul Rost herauszuziehen. Vega und einer der Sicherheitsbeamten kamen zu Bewusstsein

comenzaron a salir del coche. Vega salió y se deslizó inmediatamente en el interior del bosque que bordeaba la carretera.

"Sácalo del furgón," ordenó el guarda a Stravinsky, señalando a otro guarda que todavía permanecía en el furgón incendiado. Stravinsky tiró del guarda y lo depositó en el suelo. El guarda no se movía. Después Stravinsky sacó Rost y también lo puso en el suelo. El guarda cogió la radio para pedir ayuda, pero Stravinsky lo apuntó con la pistola.

"¡Ponga la radio en el suelo!" gritó. Rost abrió los ojos y miró a Stravinsky.

"Stravinsky, no dispare," dijo en voz baja. Estaba herido y no podía levantarse.

"No va a disparar," dijo el guarda en voz baja, "Es un buen chico. ¿Verdad, Stravinsky?" el guarda se acercó a Stravinsky, le sacó la pistola de la mano y golpeó a Stravinsky en la cara con ella. El prisionero cayó al suelo. El guarda acercó la radio lentamente a su cara y pidió ayuda, mirando a Stravinsky. A continuación sacó una porra de goma y empezó a golpearlo.

"¡No vuelvas a hacer eso!" gritó, y continuó golpeándolo, "¡No vuelvas a hacerlo! ¡Cuando vuelvas a prisión te enseñaré a comportarte!"

"¡Pare! ¡Lo va a matar!" gritó Rost. El guarda se detuvo y miró hacia él. Después se dobló y se limpió la cara con la mano.

"Rost, ¿quién eres tú para dar órdenes?" preguntó, "¡Estás arrestado y debes obedecer! ¡Detenido Rost,

und begannen aus dem Lastwagen zu klettern. Nachdem er hinausgeklettert war, flüchtete Vega sofort in den Wald neben der Straße.

„Zieh ihn aus dem Lastwagen", befahl der Sicherheitsbeamte Stravinsky und deutete auf den anderen Beamten, der immer noch im brennenden Lastwagen lag. Stravinsky zog den Beamten heraus und legte ihn auf den Boden. Der Beamte bewegte sich nicht. Dann zog Stravinsky Rost heraus und legte ihn auf den Boden. Der Sicherheitsbeamte nahm das Funkgerät um Hilfe zu holen, aber Stravinsky richtete die Waffe auf ihn.

„Leg das Funkgerät auf den Boden!", schrie er. Rost öffnete seine Augen und schaute Stravinsky an.

„Stravinsky, schieß nicht", sagte er ruhig. Er war verletzt und konnte nicht aufstehen.

„Er wird nicht schießen", sagte der Beamte ruhig. „Er ist ein guter Junge. Richtig, Stravinsky?" Der Beamte ging zu Stravinsky, nahm ihm die Waffe aus der Hand und schlug Stravinsky mit der Waffe ins Gesicht. Der Gefangene fiel zu Boden. Der Beamte hob langsam das Funkgerät zu seinem Gesicht und rief um Hilfe, dabei sah er Stravinsky an. Dann zog er einen Polizeiknüppel aus Gummi hervor und begann Stravinsky zu schlagen.

„Mach das ja nicht noch mal!", schrie er und schlug ihn. „Mach das ja nicht noch mal! Wenn du zurück ins Gefängnis kommst, werde ich dir beibringen, wie man sich benimmt!"

„Hör auf! Du wirst ihn umbringen!", schrie Rost. Der Beamte hörte auf ihn zu schlagen und schaute Rost an. Dann ging er zu ihm hinüber und schlug ihn mit der Hand ins Gesicht.

„Rost, für wen hältst du dich, um Befehle zu

levántate!" orden. Rost miró al guarda en silencio. No podía levantarse porque estaba herido. El guarda sonrió y empezó a golpear a Rost con la porra. Rost se cubrió la cabeza con las manos y empezó a gatear debajo del coche volcado para protegerse de los ataques. En aquel momento se oyó un tiro. El guarda se detuvo y miró a Stravinsky, quien empuñaba la pistola que le había sacado al otro guarda.

"¡Apártese de él!" le gritó al guarda.

"Stravinsky, ahora nunca verá su nueva prisión," dijo el guarda, sacando rápidamente una pistola, pero Stravinsky le disparó y el guarda cayó. Stravinsky levantó a Rost: "Paul, tengo que irme. Lo siento," dijo.

"Ayúdeme, tengo que terminar una cosa. Coja la radio y vámonos," dijo. En la distancia se oían sirenas de policía. Paul Rost no podía caminar rápido con una pierna herida, así que Stravinsky lo llevó hacia el bosque. Cuando ya habían recorrido una corta distancia alejándose de la carretera y se dieron la vuelta para elegir una dirección, escucharon un tiro y Stravinsky cayó. El guarda, que había disparado desde detrás de un árbol, lo hirió en el hombro. Rost le ayudó a levantarse y siguieron. Stravinsky y Rost caminaron un poco más lejos y vieron unas vías de tren. Había un tren sobre la vía. Subieron a uno de los vagones esperando que el tren partiría pronto, pero pasaba el tiempo y el tren no se movía. En la distancia oyeron el aullido de las sirenas y los ladridos de perros de búsqueda. Al fin el tren empezó a moverse.

erteilen?", fragte er. „Du bist unter Arrest und musst meinen Befehlen gehorchen! Häftling Rost, stehen Sie auf!", befahl er. Rost sah den Beamten schweigend an. Er konnte nicht aufstehen, weil er verletzt war. Der Beamte lächelte und begann Rost mit dem Knüppel zu schlagen. Rost schützte seinen Kopf mit seinen Händen und begann unter das umgekippte Auto zu kriechen, um sich vor den Angriffen zu schützen. In diesem Augenblick wurde ein Schuss abgefeuert. Der Beamte hielt inne und schaute Stravinsky an. Stravinsky hielt die Waffe, die er dem anderen Sicherheitsbeamten weggenommen hatte.

„Geh weg von ihm!", schrie er den Beamten an.

„Stravinsky, jetzt wirst du dein Gefängnis nie sehen", sagte der Beamte und zog seine Waffe, aber Stravinsky schoss und der Beamte fiel zu Boden. Stravinsky half Rost auf. „Paul, ich muss gehen. Es tut mir leid", sagte er.

„Hilf mir, ich muss ein Geschäft abschließen. Nimm das Funkgerät und lass uns gehen", sagte er. In der Ferne hörte man Polizeisirenen. Paul Rost konnte mit dem verwundeten Bein nicht schnell gehen, also führt Stravinsky Rost in den Wald. Als sie ein kurzes Stück von der Straße entfernt waren und sich umsahen, um die Richtung auszuwählen, hörte man einen Schuss und Stravinsky fiel zu Boden. Der Beamte hatte sich hinter einem Baum versteckt, um zu schießen, und hatte Stravinsky in die Schulter getroffen. Rost half ihm auf und sie gingen weiter. Stravinsky und Rost gingen ein bisschen weiter und sahen Eisenbahngleise. Ein Zug war auf den Gleisen. Sie kletterten auf einen der Waggons. Sie hofften, dass der Zug bald fahren würde. Aber die Zeit verging und der Zug bewegte sich nicht. In der Ferne

Alrededor de cinco kilómetros más allá del lugar en que Stravinsky y Rost habían subido al tren había un cruce de vías, donde se hallaban varios coches detenidos. La barrera estaba cerrada y los coches estaban esperando a que pasara el tren, que se detuvo allí. En uno de los coches iba una familia – una madre, un padre y un niño pequeño, de siete u ocho años. La madre y el padre estaban hablando y el niño miraba al tren.

"¿Va gente en este tren?" preguntó el niño.

"No, hijo, la gente va en los trenes de pasajeros, este es un tren de mercancías y no se permite que viajen en él personas," respondió el padre. El niño volvió a mirar hacia el tren. Había dos personas sentadas entre los vagones y lo miraron. El niño levantó la mano y los saludó. Los que iban en el tren continuaban mirándolo. Después uno de los hombres se llevó el dedo a los labios. El niño comprendió que era gente mala porque habían hecho algo que no les estaba permitido hacer. El tren empezó a moverse y el niño saludó a la gente mala.

hörten sie das Heulen der Sirenen und das Bellen der Suchhunde. Endlich begann sich der Zug vorwärts zu bewegen.

Etwa fünf Kilometer entfernt von dem Ort, an dem Stravinsky und Rost auf den Zug geklettert waren, gab es einen Bahnübergang. Einige Autos standen an dem Bahnübergang. Der Übergang war geschlossen und die Autos warteten darauf, dass der Zug vorbeifuhr. Der Zug hielt am Übergang. In einem der Autos saß eine Familie - eine Mutter, ein Vater und ein kleiner Junge. Der Sohn war sieben oder acht Jahre alt. Die Mutter und der Vater unterhielten sich und der Junge schaute den Zug an.

„Fahren Leute mit diesem Zug?", fragte der Sohn.

„Nein, Sohn, Leute müssen mit dem Personenzug fahren. Das ist ein Güterzug. Passagiere dürfen nicht mit einem Güterzug fahren", antwortete der Vater. Der Junge schaute erneut zum Zug. Zwei Menschen saßen zwischen den Waggons und schauten ihn an. Der Junge hob seine Hand und winkte ein wenig. Die Leute auf dem Zug schauten ihn weiterhin an. Dann drückte einer der Männer seinen Finger auf seine Lippen. Der Junge verstand, dass es böse Leute waren, weil sie etwas machten, das nicht erlaubt war. Der Zug begann weiterzufahren und der Junge winkte den bösen Leuten.

 C

Repaso de nuevo vocabulario

1

- ¿Podría decirme si es mayo o si ya estamos en junio?

- Hoy es treinta y uno de mayo, mañana

Wiederholung des neuen Vokabulars

1

- Können Sie mir sagen, ob heute noch Mai oder schon Juni ist?

- Heute ist der einunddreißigste Mai.

es uno de junio.

- ¿Podría decirme dónde está el hospital más cercano?

- Camine por ahí. Ande unos diez minutos y habrá llegado.

- Gracias. Por cierto, ¿se puede llegar en transporte público?

- Tome el tranvía número quince. Debe bajar en la cuarta parada.

- Gracias.

- De nada.

2

- Ese señor de apariencia asiática fue arrestado por robo.

- ¿Qué robó?

- Robó gasolina de coches aparcados. La gente de las casas cercanas lo vieron y llamaron a la policía.

3

- ¿Quiere un poco de café caliente?

- Me encantaría.

- Lo siento, no hay café. ¿Quiere un poco de té caliente?

- Sí, por favor.

- Lo siento, no queda té. ¿Quiere unos sándwiches calientes?

- Sí.

- Desafortunadamente no hay pan. ¿Quiere escuchar la radio?

- No, gracias.

4

- Por favor, enseña buenos modales a nuestro hijo.

Morgen ist der erste Juni.

- Können Sie mir sagen, wo das nächste Spital ist?

- Gehen Sie hier entlang. Gehen Sie etwa zehn Minuten lang in diese Richtung und Sie werden dort sein.

- Danke. Übrigens, könnte ich dort auch mit öffentlichen Verkehrsmitteln hinfahren?

- Nehmen Sie die Straßenbahn Nummer fünfzehn. Sie müssen an der vierten Haltestelle aussteigen.

- Danke.

- Gern geschehen.

2

- Dieser Mann mit dem asiatischen Aussehen wurde wegen Diebstahls verhaftet.

- Was hat er gestohlen?

- Er hat Benzin aus Eisenbahnwaggons gestohlen. Leute aus den umliegenden Häusern haben es gesehen und die Polizei gerufen.

3

- Möchtest du einen heißen Kaffee?

- Sehr gerne.

- Es tut mir leid, es gibt keinen Kaffee mehr. Möchtest du heißen Tee?

- Ja, bitte.

- Es tut mir leid, es gibt auch keinen Tee mehr. Möchtest du warme Sandwiches?

- Ja.

- Leider gibt es kein Brot mehr. Möchtest du Radio hören?

- Nein, danke.

4

- Bitte bringen Sie unserem Sohn gute Manieren bei.

- ¿Tiene malos modales?
- Sí. Fuma.
- ¿A menudo?
- Cuando bebe.
- ¿Y bebe a menudo?
- Cada vez que pierde mucho dinero en el casino.

5

- ¿Has oído lo del incidente en el cruce de vías?
- No. ¿Qué ha ocurrido?
- Un vagón de carga se estropeó y se detuvo justo en el cruce. En ese momento pasaba un tren de pasajeros y chocó contra el vagón. Uno de los vagones de pasajeros volcó. Hubo gente herida.
- ¿Y el conductor de los vagones está vivo?
- Saltó del vagón justo a tiempo y escapó. La policía lo está buscando.

6

- Hola. ¿Cómo estás?
- No me va mal, gracias. ¿Y tú?
- Tampoco me va mal, gracias. ¿Has escuchado lo que le ha ocurrido al presidente?
- ¿Qué le ha ocurrido?
- Lo arrestaron en un país vecino y lo trajeron de vuelta. Ahora está en prisión y se arrepiente de lo que ha hecho.
- ¿De qué se arrepiente?
- Se arrepiente de haber ordenado a los guardas de la prisión que golpeen a los

- Hat er schlechte Manieren?
- Ja. Er raucht.
- Häufig?
- Wenn er trinkt.
- Und trinkt er häufig?
- Immer wenn er im Casino viel Geld verliert.

5

- Hast du von dem Vorfall am Bahnübergang gehört?
- Nein. Was ist dort passiert?
- Ein Lieferwagen hatte eine Panne und blieb genau auf dem Übergang liegen. Zu diesem Zeitpunkt querte ein Personenzug den Übergang. Er traf auf den Lieferwagen. Ein Waggon ist umgekippt. Einige Leute wurde verletzt.
- Und ist der Fahrer des Lieferwagens noch am Leben?
- Er sprang gerade noch rechtzeitig aus dem Lieferwagen und rannte davon. Die Polizei sucht nach ihm.

6

- Hallo. Wie geht es dir?
- Nicht schlecht, danke. Und dir?
- Auch nicht schlecht, danke. Hast du davon gehört, was dem Präsidenten passiert ist?
- Was ist ihm passiert?
- Er wurde in einem Nachbarstaat verhaftet und sie haben ihn zurückgebracht. Jetzt ist er im Gefängnis und bereut es.
- Was bereut er?
- Er bereut, dass er den Gefängniswärtern befohlen hatte, die Häftlinge mit Gummiknüppeln zu schlagen.

prisioneros con porras de goma.

7

- ¿Por qué estás tan triste?

- Me arrepiento de muchas cosas que he hecho.

- ¡Eso es ridículo! Todo el mundo se arrepiente de algo antes o después. ¿Pero por qué estar tan triste?

- No es ridículo. La vida pasa rápido, como arena entre los dedos. Y yo todavía estoy en el punto en que inicié mi viaje hace tiempo.

- Eso quiere decir que todavía te faltan muchas cosas por vivir. ¡Alégrate de eso!

7

- Warum bist du so traurig?

- Ich bereue viele Dinge, die ich getan habe.

- Das ist lächerlich! Jeder beginnt früher oder später etwas zu bereuen. Warum bist du deshalb so traurig?

- Das ist nicht lächerlich. Das Leben vergeht schnell, es verrinnt, wie der Sand zwischen den Fingern. Und ich bin immer noch demselben Punkt, von dem aus ich meine Reise vor so langer Zeit begonnen habe.

- Das bedeutet, dass alles noch vor dir liegt. Sei glücklich darüber!

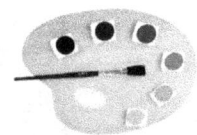

27

Blanco y negro (Parte 1)
Schwarz und Weiß (Teil 1)

A

Palabras

accidente - Unfall, der
acera - Bürgersteig, der
ajustar - anpassen
analgésico - Schmerztablette, die
apenas - kaum
atracador - Räuber, der
atrás - hinter

auténtico - pur
callejón - Gasse, die
cámara - Kamera, die
caminar - gehen
celo - Band, das
cerebro - Verstand, der
cinco minutos - fünfminütig

comida - Imbiss, der	monitor - Monitor, der
comer - essen	navaja - Messer, das
compañía - Truppe, die	obedecieron - gehorchten
completamente - völlig	ocultó - versteckte
contar - zählen	orgasmo - Orgasmus, der
costar - kosten	orinar - pinkeln
de una patada – mit einem Fußtritt	orinó - pinkelte
dirigir - leiten	pasos – Schritte, die
disculpe – entschuldigen Sie	pavimento - Bürgersteig, der
disfrutar - genoß	permitir - zulassen
dolor de cabeza - Kopfweh, das	pierna - Bein, das
dos veces - zweimal	plástico - Plastik, das
dosis - Dosis, die	por ciento - Prozent, das
elección - Wahl, die	porcentaje - Prozentsatz, der
espejo - Spiegel, der	razón - Verstand, der
está practicando – er übt	recuperó - erholte sich
estar dormido - schlafen	resistencia - Widerstand, der
estiró - strich glatt	reunido - versammelt
examinó - untersuchte	robar - überfallen
facial - Gesichts-	rodilla - Knie, das
farmacia - Apotheke, die	romper - brechen
gotas – Tropfen, die	se dobló - bückte
herida - Wunde, die	silla de ruedas - Rollstuhl, der
juego - Spiel, das	simplemente - einfach
mancha - Fleck, der	sobornar - bestechen
manta - Decke, die	superficial - klein
marrón - braun	treinta y cinco - fünfunddreißig
merecer - Wert, der	vendí – habe verkauft
micrófono - Mikrophon, das	viandante - Passant, der

B

Blanco y negro (Parte 1)

En un pequeño callejón, un grupo de adolescentes entablaron una pelea con un viandante que no quería darles su bolsa de comida. Los adolescentes lo rodearon riendo y gritando. Uno de ellos sacó una navaja. El viandante les entregó su bolsa inmediatamente y los adolescentes borrachos empezaron a comer la comida de la bolsa, sin darse cuenta de que por detrás se les había acercado un policía. El viandante huyó. El policía sacó la pistola.

"Que aproveche," dijo el policía, "Ahora pagad la comida," añadió, apuntando con su pistola a los adolescentes. Los adolescentes miraron al policía atemorizados.

"Tenéis diez segundos para pagar la comida," dijo al adolescente de la navaja.

"No tengo dinero," dijo el adolescente, y ocultó la navaja.

"Tampoco tienes cerebro, aunque tengas una navaja," dijo el policía, sonriendo, "Ponte de rodillas," añadió. Al policía le gustaba la situación. Sabía cómo romper la resistencia de las personas con su voz y expresiones faciales. "¡Contaré hasta tres y te dispararé entre los ojos! ¡Tres!" el adolescente cayó de rodillas, "Orina sobre él," Dijo quedamente el policía a otro de los adolescentes. El adolescente orinó sobre el que estaba de rodillas. El policía miró atentamente las caras de los demás, de la forma en que un amo

Schwarz und Weiß (Teil 1)

In einer kleinen Gasse geriet eine Gruppe von betrunkenen Teenagern in einen Streit mit einem Passanten. Der Passant wollte ihnen seine Tüte mit Essen nicht geben. Die Teenager umringten den Passanten. Die lachten und schrien. Einer der Teenager nahm ein Messer heraus. Der Passant gab ihnen sofort die Tüte. Die betrunkenen Teenager begannen das Essen aus der Tüte zu essen. Sie bemerkten nicht, dass von hinten ein Polizist auf sie zukam. Der Passant flüchtete. Der Polizist nahm seine Waffe heraus.

„Guten Appetit", sagte der Polizist. „Jetzt müsst ihr für den Imbiss zahlen", fügte er hinzu und richtete die Waffe auf die Teenager. Die Teenager schauten den Polizisten ängstlich an.

„Ihr habt zehn Sekunden Zeit, um für den Imbiss zu zahlen", sagte er zu dem Teenager mit dem Messer.

„Ich habe kein Geld", antwortete der Teenager und versteckte das Messer.

„Und du hast auch keinen Verstand, obwohl du sogar ein Messer hast", sagte der Polizist und lächelte. „Knie nieder", sagte er zu dem Teenager. Der Polizist genoss diese Situation. Er wusste, wie er den Widerstand der Leute mit seiner Stimme und seinem Gesichtsausdruck brechen konnte. „Ich werde bis drei zählen und dir zwischen die Augen schießen! Drei!", der Teenager fiel auf seine Knie. „Pinkle ihn an", sagte der Polizist leise zu einem anderen Teenager. Der Teenager pinkelte auf den, der kniete. Der Polizist beobachtete aufmerksam die

mira a sus perros de pelea. Había roto su resistencia y le obedecían completamente. Disfrutaba con sus emociones, su miedo. Estaba seguro de que estaban preparados para obedecerlo completamente y cumplir cualquiera de sus órdenes. "Perdeos," dijo en voz tan baja que apenas se le oía, y guardó la pistola. Los adolescentes desaparecieron rápidamente. Todos excepto uno, que fue hacia el policía y le entregó algún dinero.

"¿Cuánto?" preguntó el policía.

"Vendí doce dosis," contestó el adolescente.

"¿Por qué tan poco, Kent?" protestó el policía, contando el dinero, "Aprende a trabajar más rápido. Adiós," dijo al adolescente, quien se fue rápidamente. El policía salió del callejón y montó en el coche. Condujo a lo largo de una manzana y se detuvo en el cruce.

En el otro lado, Stravinsky llevaba una silla de ruedas por la acera. Rost iba sentado en la silla. Se detuvieron en un semáforo y esperaron a que se pusiera en verde. Stravinsky miró hacia un lado y vio un coche de policía detenido en el cruce. El policía también lo miró. Stravinsky se dobló sobre Rost y le ajustó la manta sobre las piernas. La luz se volvió verde y el coche de policía avanzó despacio por el cruce y se fue. Stravinsky empujó la silla de ruedas por el cruce y después por la acera. Los viandantes no le prestaban atención, pero si alguno hubiera mirado al pavimento habría visto las manchas de sangre que iban dejando atrás. Un conductor fue más atento. Salió del coche y se dirigió a la acera. Tocó las

Gesichter der Teenager, so wie ein Meister seine Kampfhunde ansehen würde. Er hatte ihren Widerstand gebrochen und sie gehorchten ihm völlig. Er genoss ihre Emotionen, ihre Angst. Er war sich sicher, dass sie jetzt bereit waren ihm völlig zu gehorchen und jeden seiner Befehle auszuführen. „Haut ab", sagte er so leise, dass man es kaum hören konnte, und steckte die Waffe ein. Die Teenager verschwanden schnell. Alle bis auf einen. Dieser Teenager ging zum Polizisten und gab ihm Geld.

„Wie viel?", fragte der Polizist.

„Ich habe zwölf Dosen verkauft", antwortete der Teenager.

„Warum so wenig, Kent?", protestierte der Polizist und zählte das Geld. „Du musst lernen schneller zu arbeiten. Tschüss", befahl er dem Teenager und der Teenager ging schnell weg. Der Polizist verließ die Gasse und stieg in sein Auto. Er fuhr den Häuserblock entlang und blieb an der Kreuzung stehen.

Auf der anderen Seite schob Stravinsky einen Rollstuhl den Bürgersteig entlang. Rost saß in dem Rollstuhl. Sie blieben an der Ampel stehen und warteten auf das grüne Licht. Stravinsky schaute auf die Seite und sah das Polizeiauto, das an der Kreuzung stand. Der Polizist schaute sie an. Stravinsky bückte sich zu Rost und legte ihm die Decke über die Beine. Die Ampel schaltete auf grün und das Polizeiauto überquerte langsam die Kreuzung und fuhr davon. Stravinsky schob den Rollstuhl über die Kreuzung und den Bürgersteig hinunter. Die Passanten schenkten ihnen keine Aufmerksamkeit. Aber wenn einer der Passanten den Asphalt genau angesehen hätte, hätte er die Blutflecken gesehen, die sie zurückgelassen hatten. Ein Fahrer war aufmerksamer. Er

gotas de sangre con su zapato marrón y miró hacia aquellas dos personas. Después se metió en el coche y se fue. Cayó la noche. En una farmacia, el vendedor estaba tumbado en el suelo, pero no estaba dormido, sino que miraba a un hombre que estaba sentado en una silla. Las manos del vendedor estaban atadas a su espalda con celo. Stravinsky se sentó en una silla y examinó la herida de su hombro en un espejo. Era superficial. Rost le puso una venda.

"Necesito encontrar dinero," dijo Stravinsky, "Mi hijo necesita ser sometido a una operación cara. ¿Qué tal va su negocio? ¿Qué tipo de negocio merece el castigo de una fuga, Paul? Quiero ayudarle con su negocio, si puedo," ofreció Stravinsky a Rost.

"Mi amiga está en la cárcel y quiero liberarla," respondió Paul.

"¿Es una mujer?" preguntó Stravinsky.

"Sí. Está en la prisión Mezzeh. Está muy lejos, en Siria," dijo Rost.

"Quiero ayudarle, Paul. Pero... ¿Cómo lo va a hacer?" Stravinsky no podía comprenderlo.

"Con dinero. Podría sobornar a los guardas..." contestó Rost.

"¿Tiene dinero?" preguntó Stravinsky.

"No, pero creo que podría coger algunos millones de un banco," explicó Rost.

"¿Está planeando atracar un banco?" se informó Stravinsky.

"Conozco a una persona a quien le encantaría hacerlo," dijo Rost, "Mire," añadió.

stieg aus seinem Auto aus und ging auf den Bürgersteig. Er berührte die Blutflecken mit seinem braunen Schuh und sah den beiden Männern nach. Dann stieg er in sein Auto und fuhr weiter.

Die Nacht brach herein. In einer Apotheke lag der Verkäufer auf dem Boden. Aber er schlief nicht; er schaute einen Mann an, der in einem Rollstuhl saß. Die Hände des Verkäufers waren mit Klebeband hinter seinem Rücken zusammengebunden. Stravinsky saß auf einem Stuhl und untersuchte die Wunde an seiner Schulter in einem Spiegel. Die Wunde war leicht. Rost legte ihm einen Verband an.

„Ich muss Geld auftreiben", sagte Stravinsky. „Mein Sohn braucht eine teure Operation. Was ist mit deinem Geschäft? Welches Geschäft ist es wert, die Strafe für die Flucht in Kauf zu nehmen, Paul? Ich möchte dir bei deinem Geschäft helfen, wenn ich kann", bot Stravinsky Rost an.

„Jemand, den ich kenne, sitzt im Gefängnis. Ich möchte sie befreien", antwortete Paul.

„Ist es eine Frau?", fragte Stravinsky nach.

„Ja. Sie ist im Mezzeh Gefängnis. Es ist sehr weit entfernt, in Syrien", sagte Rost.

„Ich möchte dir helfen, Paul. Aber... wie willst du das machen?", fragte Stravinsky. Er konnte es nicht verstehen.

„Mit etwas Geld könnte ich die Gefängniswärter bestechen...", antwortete Rost.

„Hast du Geld?", fragte Stravinsky.

„Nein. Aber ich denke, ich könnte einige Millionen von einer Bank bekommen", erklärte Rost.

„Planst du, eine Bank zu überfallen?", fragte

Stravinsky se levantó y caminó hasta Rost. Miró los monitores de la cámara que mostraban las dos entradas a la farmacia. En una de ellas se veía un hombre. Se puso la chaqueta sobre la cabeza y levantó la mano. Luego se bajo la chaqueta y la volvió a colocar sobre la cabeza y levantó la mano de nuevo.

"¿Qué está haciendo?" preguntó Stravinsky, "Lo he visto en alguna parte. ¿Quién es?"

"Es John Vega. Está practicando. Quiere robar esta farmacia," explicó Paul, "Aquí hay un micrófono," dijo, y apretó el botón del micrófono. El hombre se volvió a poner la chaqueta sobre la cabeza y levantó la mano: "¡Esto es un atraco! ¡Ponga el dinero en la bolsa!" gritó.

"Está entrando. Quédese detrás del mostrador," dijo Rost a Stravinsky.

La puerta de la farmacia se abrió y entró un hombre. Vio que no había clientes en la farmacia- A continuación se puso la chaqueta sobre la cabeza y levantó la mano, en la que llevaba una pistola.

"¡Esto es un atraco! ¡Ponga el dinero en la bolsa!" gritó. Caminó hacia el mostrador y tiró una bolsa de plástico. Stravinsky levantó la cabeza y miró al atracador. El atracador reconoció a Stravinsky y dio unos pasos hacia atrás, sorprendido.

"Discúlpeme, Sr. Director," oyó el atracador, y giró la cabeza. Paul Rost estaba de pie apuntándole a la cabeza con su pistola, "¿Podría decirme qué emociones siente una persona cuando roba el banco que él mismo dirige?" preguntó Rost, y bajó su mano de la

Stravinsky nach.

„Ich kenne jemanden, der das sehr gerne tun würde", sagte Rost. „Schau hier drüben", fügte er hinzu.

Stravinsky stand auf und ging zu Rost. Er schaute auf die Monitore der Kameras, die beide Eingänge der Apotheke zeigten. Eine der Kameras zeigte einen Mann. Er zog seine Jacke über seinen Kopf und hob seine Hand. Dann lies er seine Jacke fallen, zog sie wieder über seinen Kopf und hob erneut seine Hand.

„Was macht er?", fragte Stravinsky. „Ich habe ihn schon irgendwo gesehen. Wer ist das?"

„Das ist John Vega. Er übt. Er möchte diese Apotheke überfallen", erklärte Paul. „Hier ist ein Mikrophon", sagte er und drückte die Taste für das Mikrophon. Der Mann zog wieder seine Jacke über seinen Kopf und hob seine Hand: „Das ist ein Überfall! Geben Sie das Geld in die Tüte!", schrie er.

„Er kommt. Stell dich hinter den Ladentisch", sagte er zu Stravinsky.

Die Tür der Apotheke öffnete sich und ein Mann kam herein. Er sah, dass keine Kunden in der Apotheke waren. Dann zog er seine Jacke über seinen Kopf und hob seine Hand mit der Waffe.

„Das ist ein Überfall! Geben Sie das Geld in die Tüte!", schrie er, ging zum Ladentisch und warf eine Plastiktüte auf den Tisch. Stravinsky hob seinen Kopf und schaute den Räuber an. Der Räuber erkannte Stravinsky und ging überrascht einige Schritte zurück.

„Entschuldigen Sie, Herr Manager", hörte der Räuber und drehte seinen Kopf. Paul Rost stand hinter ihm und richtete eine Waffe auf seinen Kopf. „Können Sie mir sagen, wie man sich fühlt, wenn man eine Bank ausraubt, die

cabeza del atracador. John Vega miró a Rost con sorpresa. Rost añadió: "Estoy seguro que el orgasmo de cinco minutos es una de las razones de atracar un banco que dirige, ¿No es así, John?

"¿Rost? ¿Por qué siempre me está siguiendo? ¿Qué quiere de mí?" Vega se sentó en el suelo, "Por favor, véndeme la mano. Y aquí me duele mucho," añadió, señalando su estómago. Entonces Rost se dio cuenta de que Vega también estaba herido. Vega estaba tumbado en el suelo y percibieron que había sido gravemente herido durante el accidente. Stravinsky le vendó la mano y le dio analgésicos. Rost se sentó a su lado en el suelo.

"¿Cómo está su hijo?" preguntó Rost a Stravinsky.

"Le hicieron una pequeña operación, pero no dio resultado," contestó Stravinsky, "Una operación grande cuesta cientos de miles," se estiró la ropa, "Los médicos le dieron tres meses, así que tengo tres meses para encontrar el dinero," dijo Stravinsky, y se calló. Vega se recuperó lentamente. Abrió los ojos y miró a su alrededor:

"¿Rost? ¿Por qué me está siguiendo?" dijo Vega, "¿Qué quiere de mí?"

"Necesitamos que vuelva a robar su banco. Ya lo ha robado dos veces, así que la tercera será un juego de niños para usted. Se llevará el treinta por ciento," sugirió Rost.

"¡Me llevaré el cincuenta por ciento! ¡Porque es mi banco!" protestó Vega.

"Era su banco," Rost miró a Stravinsky buscando su apoyo, "De acuerdo, treinta y cinco por ciento. ¡Acepte o lo

man selbst managt?", fragte Rost und senkte seine Hand vom Kopf des Räubers. John Vega sah Rost überrascht an. Rost fügte hinzu: „Ich bin mir sicher, dass der fünfminütige Orgasmus einer der Gründe ist, eine Bank auszurauben, die man selbst managt. Oder etwa nicht, John?"

„Rost? Warum verfolgst du mich? Was willst du von mir?", sagte Vega und setzte sich auf den Boden. „Verbinde bitte meine Hand, und hier tut es mir sehr weh", fügte er hinzu und zeigte auf seinen Bauch. Erst in diesem Moment bemerkte Rost, dass Vega auch verwundet war. Vega legte sich auf den Boden und sie bemerkten, dass er während des Unfalls schwer verletzt worden war. Stravinsky verband Vegas Hand und gab ihm Schmerztabletten. Rost setzte sich neben ihn auf den Boden.

„Wie geht es deinem Sohn?", fragte Rost Stravinsky.

„Er hatte eine kleine Operation, aber sie hat ihm nicht geholfen", antwortete Stravinsky. „Eine große Operation kostet hunderttausende Dollar", er strich seine Kleidung glatt. „Die Ärzte geben ihm drei Monate. Ich habe drei Monate, um das Geld aufzutreiben", sagte Stravinsky und verstummte. Vega erholte sich langsam. Er öffnete seine Augen und sah sich um: „Rost? Warum verfolgst du mich?", sagte Vega. „Was willst du von mir?"

„Wir müssen noch einmal deine Bank ausrauben. Du hast sie schon zweimal ausgeraubt. Das dritte Mal wird ein Kinderspiel für dich werden. Du bekommst dreißig Prozent", schlug Rost vor.

„Ich bekomme fünfzig Prozent. Weil es meine Bank ist!", protestierte Vega.

„Es war deine", sagte Rost und schaute

entregaré a la policía por atraco a mano armada a una farmacia!" pidió.

"¡Ese porcentaje es un auténtico robo! ¡Y no le permitiré robar un banco que yo dirijo!" Vega los miró, "¡No me dejan opción!" puso la cabeza sobre el suelo, "Acepto."

En aquel momento se abrió la puerta y entró el policía que había visto a Rost y a Stravinsky aquella mañana en el cruce. Stravinsky se quedó junto al mostrador. Vega y Rost se ocultaron silenciosamente en la sala de servicio. El policía avanzó hacia el mostrador mirando atentamente a su alrededor.

"Buenas noches. ¿Desea algo?" preguntó Stravinsky.

El policía no contestó. Examinaba todo atentamente. Luego se llevó un dedo a los labios, sacó una pistola y apuntó a Stravinsky.

"Déme pastillas para el dolor de cabeza," respondió el policía, caminando en silencio hacia la puerta de la sala de servicio. Abrió la puerta de una patada y Rost, que estaba al lado de la puerta, cayó al suelo y dejó caer su pistola.

"¡De rodillas!" gritó el policía. Rost y Vega se pusieron de rodillas. El policía apuntó a Stravinsky, "¡Quédate ahí! ¡De rodillas!" También se puso de rodillas. El policía recogió la pistola de Rost.

"La compañía al completo se ha reunido," el policía miró a cada uno de ellos a los ojos, "¡Tú!" señaló a Vega, "Átales las manos," ordenó.

Vega hizo lo que el policía le había

Stravinsky hilfesuchend an. „In Ordnung, fünfunddreißig Prozent. Entweder du bist einverstanden, oder ich übergebe dich der Polizei wegen des bewaffneten Überfalls auf eine Apotheke!", forderte er.

„Dieser Prozentsatz purer Diebstahl! Und ich werde es nicht zulassen, dass du eine Bank ausraubst, die ich leite!" Vega schaute sie an: „Du lässt mir keine Wahl!" Er legte seinen Kopf auf den Boden: „Ich bin einverstanden."

In diesem Augenblick öffnete sich die Tür der Apotheke und der Polizist, der Rost und Stravinsky an diesem Morgen an der Kreuzung gesehen hatte, kam herein. Stravinsky stand am Ladentisch. Vega und Rost versteckten sich leise im Hinterzimmer. Der Polizist ging langsam zum Ladentisch. Er sah sich aufmerksam um.

„Guten Abend. Wie kann ich Ihnen helfen?", fragte Stravinsky.

Der Polizist antwortete nicht. Er untersuchte alles aufmerksam. Dann drückte er seinen Finger auf seine Lippen, nahm eine Waffe heraus und richtete sie auf Stravinsky.

„Geben Sie mir Kopfschmerztabletten", antwortete der Polizist und ging leise zur Tür des Hinterzimmers. Er öffnete die Tür mit einem Fußtritt und Rost, der in der Nähe der Tür stand, fiel zu Boden und ließ seine Waffe fallen.

„Auf die Knie!", schrie der Polizist. Rost und Vega knieten nieder. Der Polizist richtete die Waffe auf Stravinsky. „Stell dich dorthin! Knie nieder!" Er kniete auch nieder. Der Polizist hob Rosts Waffe auf.

„Die ganze Truppe ist versammelt", der Polizist schaute jedem von ihnen in die Augen. „Du!", sagte er und zeigte auf Vega. „Fessle ihre Hände", forderte er.

mandado. A continuación el policía también le ató las manos a él.

Vega führte die Forderung des Polizisten aus. Danach fesselte der Polizist Vegas Hände.

C

Repaso de nuevo vocabulario

1

- ¿Podría decirme si ya es julio o todavía estamos en junio?

- Hoy es treinta de junio. Mañana es uno de julio.

- ¿Podría decirme dónde está la parada de autobús más próxima?

- Vaya por ahí. Camine unos dos minutos y habrá llegado.

- Gracias.

- De nada.

2

- La semana pasada hubo un accidente al lado de la farmacia. Un coche chocó contra la furgoneta de la farmacia justo al lado de la puerta.

- ¿Hubo algún herido?

- No hubo heridos, pero desaparecieron algunos paquetes de la furgoneta. Dicen que había droga en los paquetes.

3

- Ayer dos atracadores atracaron un banco de la calle principal.

- ¿Los arrestaron?

- Grabaron el atraco con una videocámara. La policía reconoció a

Wiederholung des neuen Vokabulars

1

- Können Sie mir sagen, ob heute noch Juni oder schon Juli ist?

- Heute ist der dreißigste Juni. Morgen ist der erste Juli.

- Können Sie mir sagen, wo die nächste Bushaltestelle ist?

- Gehen Sie hier entlang. Gehen Sie etwa zwei Minuten lang in diese Richtung und Sie werden dort sein.

- Danke.

- Gern geschehen.

2

- Letzte Woche gab es einen Unfall in der Nähe der Apotheke. Ein Auto fuhr in den Lieferwagen der Apotheke, genau neben dem Eingang der Apotheke.

- Wurde jemand verletzt?

- Es wurde niemand verletzt, aber es verschwanden einige Pakete aus dem Lieferwagen der Apotheke. Es heißt, dass die Pakete mit Drogen gefüllt waren.

3

- Zwei Räuber haben gestern eine Bank auf der Hauptstraße überfallen.

- Wurden sie festgenommen?

- Der Überfall wurde von einer Videokamera

uno de los atracadores como empleado del banco.

- ¿No llevaban careta?

- Llevaban careta, pero aquel quiso orinar sobre el director del banco, y cuando lo hizo se le cayó la careta de la cabeza. .

- ¿Lo arrestaron?

- Todavía no. Dicen que él y el otro atracador desaparecieron.

- ¿Se llevaron mucho dinero?

- Los guardas llegaron rápido y empezaron a disparar, así que no se llevaron nada, pero ambos fueron heridos.

4

- Ese hombre tiene una expresión de miedo.

- Por supuesto. Su mujer ha dado a luz a trillizos.

- En ese caso debería estar contento.

- En esa situación cualquier hombre tendría miedo en principio. Después ya estará contento.

5

- Dicen que si tocas un espejo a medianoche puedes ver a un vampiro en él.

- ¡No es cierto! Yo lo toqué y solo vi una especie de mono extraño.

- Tienes que tocarlo y mirar al espejo desde atrás. ¿Desde qué lado lo miraste, por detrás o por el frente?

- Miré desde el frente. Me pregunto qué querrá decir que haya visto a un

aufgezeichnet. Die Polizei stellte fest, dass einer der Bankräuber ein Bankangestellter war.

- Sie haben keine Masken getragen?

- Sie haben Masken getragen. Aber der Räuber wollte den Bankmanager anpinkeln. Und als er das tat, fiel die Maske von seinem Kopf.

- Wurde er festgenommen?

- Noch nicht. Man sagt, dass er und der andere Räuber verschwunden sind.

- Haben sie viel Geld mitgenommen?

- Die Sicherheitsbeamten kamen schnell und begannen zu schießen. Sie haben nichts mitgenommen, aber sie wurden beide verletzt.

4

- Dieser Mann hat einen verängstigten Gesichtsausdruck.

- Natürlich. Seine Frau hat Drillinge zur Welt gebracht.

- In diesem Fall sollte er sich freuen.

- In dieser Situation wäre jeder Mann zuerst verängstigt. Er wird sich später freuen.

5

- Man sagt, dass du einen Vampir im Spiegel sehen kannst, wenn du den Spiegel um Mitternacht berührst.

- Das stimmt nicht! Ich habe ihn berührt und ich habe nur einen seltsamen Affen gesehen.

- Du musst ihn berühren und dann von hinten in den Spiegel sehen. Von welcher Seite hast du in den Spiegel gesehen - von hinten oder von vorne?

- Ich habe von vorne hineingeschaut. Ich frage mich, was es bedeutet, wenn ich einen Affen im Spiegel gesehen habe?

mono en el espejo.

- Para una mujer significa que irá pronto a un salón de belleza. Y para un hombre no significa nada. Para ellos es lo normal.

6

- Querido, ¿cerraste la puerta con llave cuando nos fuimos de casa?

- No me acuerdo. No me molestes y déjame disfrutar la película, amor.

- Tú la estás disfrutando y yo estoy preocupada. Creo que no desconecté la plancha.

- ¿Estás segura?

- Sí, y dejé la ventana abierta.

- Tenemos que ir a casa.

- Vamos rápido, querido, para que no haya problemas.

7

- ¿De quién es esta bolsa de plástico?

- Mía no. ¿Podría ser tuya?

- No, no es mía. ¿Habrá una bomba dentro?

- Echaré un vistazo. No hay ninguna bomba, hay un micrófono y una cámara oculta.

8

- Mira amor, las ventanas están cerradas y no sale humo, así que eso significa que apagué la plancha y cerré las ventanas.

- Y la puerta está cerrada con llave. Hemos venido para nada. Podíamos habernos quedado a disfrutar la película.

- Für eine Frau bedeutet das, dass sie bald in den Schönheitssalon gehen wird. Für Männer bedeutet das nichts. Für sie ist das normal.

6

- Schatz, hast du die Eingangstür abgeschlossen, als wir aus dem Haus gegangen sind?

- Ich kann mich nicht erinnern. Lass mich in Ruhe und lass mich den Kinofilm genießen, Schatz.

- Du genießt ihn und ich mache mir Sorgen. Ich glaube, dass ich das Bügeleisen nicht ausgemacht habe.

- Bist du sicher?

- Ja, und ich habe das Fenster offen gelassen.

- Wir müssen nach Hause gehen.

- Beeil dich, Schatz. Dann bekommen wir keine Probleme.

7

- Wessen Plastiktüte ist das?

- Nicht meine. Könnte es deine sein?

- Nein, das ist nicht meine. Vielleicht enthält sie eine Bombe?

- Ich werde nachsehen. Es gibt keine Bombe. Es gibt ein Mikrophon und eine versteckte Videokamera.

8

- Schau, Schatz, die Fenster sind geschlossen und es steigt kein Rauch auf. Das bedeutet, dass ich das Bügeleisen ausgemacht habe und die Fenster geschlossen habe.

- Und die Eingangstür ist abgeschlossen. Wir sind umsonst gekommen. Wir hätten den Film genießen können.

- Und was ist dieses Geräusch in der Küche?

- ¿Y qué es ese ruido que viene de la cocina?

- Ven, vamos a mirar.

- Mira. Nos llega el agua hasta la rodilla. ¡Parece que me he olvidado de cerrar el grifo!

9

- ¡Mira! ¡Ha habido un accidente!

- El hombre del coche está sangrando mucho. Debemos sacarlo de ahí y ponerle una venda en la herida.

- Tenemos que darle analgésicos. Los hay en el botiquín de primeros auxilios del coche.

- Yo se los daré. Rápido, llama a la ambulancia y a la policía.

- Komm, lass uns nachsehen.

- Schau. Das Wasser steht uns bis zu den Knien. Ich habe vergessen das Wasser abzudrehen!

9

- Schau! Es gab einen Unfall!

- Der Mann im Auto blutet stark. Wir müssen ihn herausziehen und seine Wunden verbinden.

- Wir müssen ihm Schmerztabletten geben. Wir haben welche im Verbandskasten im Auto.

- Ich werde sie ihm geben. Schnell, ruf die Rettung und die Polizei.

28

Blanco y negro (Parte 2)
Schwarz und Weiß (Teil 2)

 A

Palabras

adolescente - Teenager, der
alcanzó - streckte
antes - früher
armario – Schrank, der
avaricioso - gierig
caja - Kiste, die
calmarse – sich beruhigen
contrató – hat angeheuert
conversación - Gespräch, das

cortar - abschneiden
creo – ich glaube
desabrochó - knöpfte auf
desató - band los
distribuyó – hat verteilt
drogas - Drogen, die
eligió – suchte aus
especial - speziell
extraño - seltsam

favorito - Lieblings-
finalmente - schließlich
gemir - stöhnen
gimió - stöhnte
interrumpir - unterbrechen
ningún sitio - nirgends
paquete - Paket, das
participar - teilhaben

recuperarse - erholen
repetir - wiederholen
resistió - leistete Widerstand
ropa - Kleidungsstücke, die
seguridad - Sicherheit, die
suelo - Stockwerk, das
tranquilamente - ruhig
vías - Gleise, die

Blanco y negro (Parte 2)

Después el policía se sentó y encendió un cigarrillo. Sentado mirándolos y fumando, pensaba en algo.

"¿Dónde está el vendedor?" preguntó el policía tras una pausa. Hubo un ruido bajo el mostrador. El policía miró allí y sonrió de nuevo. Sacó el celo de las manos y la boca del vendedor de la farmacia.

"¿Dónde están las drogas?" preguntó al vendedor.

"En esta farmacia no hay drogas," dijo el vendedor, "Solo hay drogas en farmacias especiales."

"¿Quién disparó al vendedor?" preguntó el policía.

"Nadie le disparó," dijo Stravinsky. El policía cogió una especie de bolsa, la presionó contra el vendedor y disparó a través de ella con la pistola que Stravinsky le había sacado al policía cuando volcó el coche. El vendedor

Schwarz und Weiß (Teil 2)

Dann setzte sich der Polizist nieder und zündete sich eine Zigarette an. Er saß, schaute sie an und rauchte. Dann lächelte er unfreundlich. Er dachte über etwas nach.

„Wo ist der Verkäufer?", fragte der Polizist nach einer Pause nach. Es gab ein Geräusch unter dem Ladentisch. Der Polizist schaute unter den Ladentisch und lächelte erneut. Er nahm das Klebeband vom Mund des Verkäufers ab.

„Wo sind die Drogen?", fragte er den Verkäufer.

„Es gibt keine Drogen in dieser Apotheke", sagte der Verkäufer. „Drogen gibt es nur in speziellen Apotheken."

„Wer hat den Verkäufer angeschossen?", fragte der Polizist.

„Niemand hat auf ihn geschossen", sagte Stravinsky. Der Polizist nahm eine Art Tüte, drückte sie gegen den Verkäufer und schoss mit der Waffe, die Stravinsky dem Beamten im umgekippten Auto weggenommen hatte.

empezó a gemir.

"Caja número diez del armario marrón," gimió el vendedor, "No me mate."

"Ellos fueron los que te eligieron. No yo," el policía sacó su teléfono, "Kent, estoy en la farmacia de al lado del aparcamiento. ¡Ven, rápido! Te doy dos minutos." A continuación fue al armario marrón, encontró la caja número diez y empezó a sacar paquetes.

"Las pastillas para el dolor de cabeza no están en esa caja," dijo un hombre con zapatos marrones que avanzó silenciosamente hasta situarse tras él "En mi pistola hay siete pastillas para el dolor de cabeza. Te ayudarán inmediatamente."

El policía se detuvo y giró la cabeza. El hombre de los zapatos marrones lo apuntaba con su pistola: "¿Quieres probarlas?" ofreció.

"¿Ashur?" Rost estaba sorprendido, "¿Cómo nos encontró?"

"Hay sangre vuestra por toda la acera, desde la vía hasta la farmacia. Es extraño que la policía todavía no esté aquí," explicó Ashur.

"¿Qué hacemos con el policía?" dijo Vega.

"Este tiene sus propios intereses," respondió Ashur, "¿Verdad? Eres un policía malo, ¿a que sí?" preguntó Ashur al policía.

"En cinco minutos toda la policía de la ciudad estará aquí," dijo el policía, "Baja la pistola y dámela," añadió, estirando la mano, "Entonces no

Der Verkäufer begann zu stöhnen.

„Kiste Nummer zehn im braunen Schrank", stöhnte der Verkäufer. „Bring mich nicht um."

„Sie haben dich ausgesucht. Nicht ich", sagte der Polizist und nahm sein Handy heraus. „Kent, ich bin bei der Apotheke in der Nähe des Parkplatzes. Komm her, schnell! Du hast zwei Minuten." Dann ging er zum braunen Schrank, fand die Kiste Nummer zehn und begann kleine Pakete herauszunehmen.

„Die Kopfschmerztabletten sind nicht in dieser Kiste", sagte ein Mann mit braunen Schuhen, der leise von hinten auf ihn zukam. „In meiner Waffe gibt es einige Kopfschmerztabletten. Sie werden Ihnen sofort helfen."

Der Polizist blieb stehen und drehte langsam seinen Kopf. Der Mann in den braunen Schuhen richtete die Waffe auf ihn. „Möchten Sie sie probieren?", bot er an.

„Ashur?", sagte Rost überrascht. „Wie hast du uns gefunden?"

„Der ganze Bürgersteig ist voll mit deinem Blut, von den Gleisen bis zur Apotheke. Es ist seltsam, dass die Polizei noch nicht hier ist", erklärte Ashur.

„Was ist mit diesem Polizisten?", sagte Vega.

„Der verfolgt hier seine eigenen Interessen", antwortete Ashur. „Richtig? Sie sind ein schlechter Polizist, nicht?", fragte Ashur den Polizisten.

„In fünf Minuten werden alle Polizeieinheiten der Stadt hier sein", sagte der Polizist. „Nehmen Sie die Waffe runter und geben Sie sie mir", fügte er hinzu und streckte seine Hand aus. „Dann bekommen sie keine Schwierigkeiten."

„Hände hoch und auf die Knie!", schrie Ashur.

tendrás problemas."

"¡Levanta las manos y ponte de rodillas!" gritó Ashur, "¡O te daré un par de pastillas ahora mismo!"

"Estás muy nervioso," dijo el policía en voz baja, "Tienes que calmarte. Te conozco. Ya nos hemos visto antes, ¿verdad? Resistirte no te va a ayudar. Yo soy la ley. Ahora soy el poder," miró a todas las personas de la farmacia una tras otra, "Bueno o malo, garantizo seguridad para todos vosotros. Bajad las pistolas y dad tres pasos atrás. Después solo tendréis un pequeño problema." El policía habló despacio, sin detenerse, acercándose a Ashur cada vez más, "Si no lo haces tendrás grandes problemas. Todos los que se me resistieron los tuvieron."

"¡Levanta las manos y ponte de rodillas!" repitió Ashur despacio.

"No te resistas. Solo dame la pistola y todo acabará bien para todos," seguía repitiendo el policía.

Ashur siguió retrocediendo hasta dar con la espalda en la pared. El policía se acercaba cada vez más y hablaba despacio y tranquilamente. Ashur bajó levemente la pistola. Justo entonces se abrió la puerta de la farmacia y entró Kent. Ashur miró al adolescente. El policía rápidamente le sacó la pistola con una mano y apagó las luces con la otra. El policía y Ashur empezaron a dispararse el uno al otro. En la oscuridad, solo el ruido y los destellos de los disparos señalaban sus posiciones y la dirección en que disparaban. Tras cuatro o cinco segundos todo cesó. Vega encendió la

„Oder du bekommst jetzt gleich einige Tabletten!"

„Sie sind sehr nervös", sagte der Polizist ruhig. „Sie müssen sich beruhigen. Ich kenne Sie. Wir sind uns schon einmal begegnet, richtig? Ihr Widerstand wird Ihnen nichts nützen. Ich bin das Gesetz hier. Jetzt bin ich die Macht", er schaute der Reihe nach alle in der Apotheke an. „Gut oder schlecht, ich garantiere euch allen Sicherheit. Nehmen Sie die Waffe runter und gehen Sie drei Schritte zurück. Dann haben sie nur ein kleines Problem." Der Polizist sprach ruhig ohne Unterbrechung und ging näher und näher auf Ashur zu. „Wenn Sie das nicht machen, werden Sie große Schwierigkeiten bekommen. Jeder, der mir Widerstand geleistet hat, hat große Schwierigkeiten bekommen."

„Hände hoch und auf die Knie!", wiederholte Ashur ruhig.

„Leisten Sie keinen Widerstand. Geben Sie mir einfach die Waffe und es wird für alle gut ausgehen", wiederholte der Polizist immer wieder.

Ashur ging immer weiter zurück, bis er mit dem Rücken an der Wand stand. Der Polizist kam immer näher und sprach ruhig und langsam. Ashur senkte die Waffe leicht. In diesem Moment öffnete sich die Tür der Apotheke und Kent kam in die Apotheke. Ashur schaute den Teenager an. Der Polizist griff mit einer Hand schnell nach seiner eigenen Waffe und machte mit der anderen das Licht aus. Der Polizist und Ashur begannen auf einander zu schießen. In der Dunkelheit verrieten nur der Lärm und das Aufblitzen der Schüsse von welchem Ort und in welche Richtung diese abgefeuert wurden. Nach vier oder fünf Sekunden wurde alles still. Vega machte das Licht an. Der Polizist

luz. Tanto el policía como Ashur estaban en el suelo y ninguno se movía. Había sangre debajo de ellos. Kent no estaba en la farmacia. Vega se acercó al policía y lo miró atentamente. Después desató las manos de Rost y de Stravinsky. Rost se acercó a Ashur y le desabrochó la ropa. Llevaba un chaleco antibalas, pero tenía el brazo herido. Rodó hacia un lado y se sentó en el suelo. Stravinsky le puso una venda en la herida.

"Sabe, Paul," Ashur miró a Rost, "Mi padre me hizo ayudarle, pero usted está metiéndose en cada vez más problemas. Si hubiera sabido antes que no tiene control sobre la situación, no le habría contado lo de Pandora," dijo Ashur, guardando la pistola en el bolsillo, "Creo que no tenemos más de cinco minutos para salir de aquí antes de que llegue la policía. Tengo el coche fuera."

No perdieron tiempo y se fueron rápidamente. En el coche, John Vega miró a Ashur durante largo tiempo. Finalmente empezó a hablar.

"Peter Ashur, ¿puedo hacerle una pequeña pregunta?" dijo finalmente.

"John, ¿quieres hacerme una pequeña pregunta acerca de una gran cantidad de dinero?" respondió Ashur con otra pregunta.

"¡Exacto! ¿Dónde están los cuatro millones de dólares que robé de mi banco?" gritó Vega, "¡Cuatro millones de dólares por los que casi me cortan la mano en Asia! ¡Por los que fui disparado en Libia por los soldados de Lisa Pandora, a quienes contrató con

und Ashur lagen auf dem Boden und bewegten sich nicht. Unter beiden war Blut auf dem Boden. Kent war nicht mehr in der Apotheke. Vega ging zum Polizisten, der auf dem Boden lag, und schaute ihn aufmerksam an. Dann band er Rosts und Stravinskys Hände los. Rost ging zu Ashur und knöpfte seine Kleidung auf. Er trug eine kugelsichere Weste unter seiner Kleidung. Ashur begann sich zu erholen. Sein Arm war verwundet. Er drehte sich auf eine Seite und setzte sich auf. Stravinsky verband die Wunde.

„Weißt du, Paul", sagte Ashur und schaute Rost an, „Mein Vater hat mich dazu gebracht dir zu helfen, aber du bringst dich selbst und alle anderen nur in noch mehr Schwierigkeiten. Wenn ich früher gewusst hätte, dass du die Situation nicht unter Kontrolle hast, hätte ich dir nicht von Pandora erzählt", sagte Ashur und steckte seine Waffe in seine Jackentasche. „Ich glaube, dass wir nicht mehr als fünf Minuten Zeit haben hier zu verschwinden, bevor die Polizei eintrifft. Mein Auto steht draußen."

Sie verloren keine Zeit und gingen schnell. Als sie im Auto saßen, sah John Vega Ashur sehr lange an. Schließlich begann er zu sprechen.

„Peter Ashur, darf ich dir eine kleine Frage stellen?", sagte er schließlich.

„John, möchtest du mir eine kleine Frage über großes Geld stellen?", antwortete Ashur mit einer Gegenfrage.

„Genau! Wo sind meine vier Millionen Dollar, die ich aus meiner eigenen Bank gestohlen habe?", schrie Vega. „Vier Millionen Dollar, derentwegen mir beinahe meine Hand in Asien abgeschnitten wurde! Derentwegen ich in Libyen von Pandoras Soldaten angeschossen wurde, die sie mit meinem

mi dinero! ¡El dinero por el cual me metieron en la cárcel! ¡Y por el que perdí mi trabajo favorito, Ashur!"

Ashur detuvo el coche al lado del Banco Imperial. Miró a Vega.

"Siento que hayas perdido tu trabajo, John. Hemos repartido el dinero entre los pobres de Libia, a quienes queríamos dar la libertad," explicó Ashur.

"¿Llamas a soldados contratados pobres de Libia?" protestó Vega, "¡Pero yo también quería participar! ¡Yo también quería liberar a los pobres de Libia! ¡Yo, un respetable director de banco, acepté arriesgar todo por los pobres de Libia! ¡Pero tú y Pandora me engañasteis! ¡Tú querías quedarte con todo! ¡Tú y Pandora sois unos asquerosos rufianes avariciosos, Peter Ashur!"

"Siento interrumpir su conversación, Sr. Director," dijo Rost, "Pero ya estamos cerca del banco, Es hora de entrar."

"¡Yo no voy a ningún sitio!" gritó Vega, "¡Ashur debería devolverme mi dinero!"

"Escucha, Vega," Ashur volvió a decir, "Te saqué de la farmacia. ¡Aquel policía te habría matado por las drogas! ¿Merece la pena dar la vida por cuatro millones de dólares?" miró a Vega, "Yo me trabajé ese dinero, ¿o no?"

Vega no respondió. Sentado, miraba por la ventanilla del coche.
"John, el tiempo pasa. En media hora se llevarán el dinero del banco a la oficina central" dijo Rost. Pero Vega no contestó.

Geld angeheuert hatte! Das Geld, weshalb ich ins Gefängnis gesteckt wurde! Und weshalb ich meinen liebsten Job verloren habe, Ashur!"

Ashur hielt das Auto in der Nähe der Kaiserlichen Bank an. Er schaute Vega sehr lang an.

„Er tut mir leid, John, dass du deinen Job verloren hast. Wir haben das Geld in Libyen unter den armen Leuten verteilt, weil wir ihnen Freiheit geben wollten", erklärte Ashur.

„Du meinst, dass die angeheuerten Soldaten die armen Leuten von Libyen sind?", protestierte Vega. „Aber ich wollte auch daran teilhaben! Ich wollte den Armen Libyens auch die Freiheit geben! Ich, ein ansehnlicher Bankmanager, habe alles riskiert, um den armen Leuten Libyens die Freiheit zu geben! Aber du und Pandora, ihr habt mich betrogen! Ihr wolltet alles selbst haben. Du und Pandora, ihr seid beide gierige und widerliche Schurken, Peter Ashur!"
„Es tut mir leid, dass ich Ihr Gespräch unterbreche, Herr Manager", sagte Rost. „Aber wir sind schon in der Nähe der Bank. Es ist Zeit in die Bank zu gehen."
„Ich gehe nirgendwo hin!", schrie Vega. „Ashur soll mir mein Geld zurückgeben!"
„Hör mal, Vega", sagte Ashur und drehte sich noch einmal zu ihm. „Ich habe dich aus der Apotheke herausgeholt. Der Polizist hätte euch alle für die Drogen getötet! Ist dein Leben keine vier Millionen Dollar wert?", sagte er und schaute Vega an. „Ich habe das Geld abgearbeitet, oder etwa nicht?"
Vega antwortete nicht. Er saß da und schaute aus dem Autofenster.
„John, die Uhr tickt. In einer halben Stunde werden sie den Großteil des Geldes der Bank in das Zentralbüro bringen", sagte Rost. Aber Vega antwortete nicht.

C

Repaso de nuevo vocabulario

1

- Primer Ministro, ¿podría decirme si estamos en junio o en julio?

- Hoy ya es uno de agosto, Señor Presidente. Ya llevamos una semana en la cárcel.

- El tiempo vuela. Pronto habrá terminado el verano y empezará el otoño. Por cierto, ¿sabe qué vamos a desayunar hoy?

- En la cárcel solo dan desayunos los domingos. ¿Se ha olvidado?

- No, no lo he olvidado. ¿A qué clase de idiota se le ocurriría una idea así?

- Fue idea suya, Sr. Presidente.

2

- ¿Por qué es la gente tan avariciosa? Especialmente los pobres.

- No sé, Sr. Presidente, ¿por qué lo pregunta?

- Los pobres siempre están pidiendo. Piden colegios, hospitales mejores salarios.

- Sí, los pobres son muy avariciosos, Sr. Presidente.

- Yo, por ejemplo, nunca pido nada. Por cierto Primer Ministro, lleva media hora tumbado en el colchón, y solo tenemos un colchón en la celda. ¡Déjeme tumbarme a mí también!

3

- Disculpe, Sr. Presidente, pero aquí

Wiederholung des neuen Vokabulars

1

- Premierminister, können Sie mir sagen, ob Juni oder Juli ist?

- Heute ist bereit der erste August, Herr Präsident. Wir sind bereits seit einer Woche im Gefängnis.

- Die Zeit verfliegt. Bald wird der Sommer vorbei sein und der Herbst beginnen. Übrigens, können Sie mir sagen, was es heute zum Frühstück gibt?

- Im Gefängnis gibt es Frühstück nur an Sonntagen. Haben Sie das vergessen?

- Nein, ich habe das nicht vergessen. Was für ein Idiot würde sich so eine Vorschrift ausdenken?

- Es war Ihre Idee, Herr Präsident.

2

- Warum sind die Leute so gierig? Vor allem die armen Leute.

- Ich weiß es nicht, Herr Präsident. Warum fragen Sie?

- Die Armen fordern immer irgendetwas. Sie fordern Schulen, Spitäler, große Gehälter.

- Ja, die Armen sind sehr gierig, Herr Präsident.

- Ich, zum Beispiel, fordere nie etwas. Premierminister, Sie liegen übrigens seit einer halben Stunde auf der Matratze. Wir haben nur eine Matratze in unserer Zelle. Lassen Sie mich auch darauf liegen!

3

- Entschuldigen Sie, Herr Präsident, hier gibt

hay una cola para cenar. Usted también tiene que ponerse a la cola.

- Escuche, prisionero, soy el Primer Ministro. Él se pondrá a la cola por mí. Y no iré a ponerme a la cola porque hoy están dando mi comida favorita: ¡pescado!

- No soy prisionero. Soy guarda. ¡Y tengo una porra! Es un objeto especial para calmar a los prisioneros demasiado listos.

- Disculpe, Sr. guarda, estaba de broma. ¿Quién es el último para la cola del pescado?

4

- ¿Qué tipo de ejército es más eficaz: uno obligatorio o uno contratado, Primer Ministro? ¿Qué opina?

- Si es para luchar contra otro país, cualquier tipo, Sr. Presidente. Y si es para luchar contra su propia gente, los soldados contratados son mucho más eficaces. Especialmente soldados contratados de otros países.

5

- Nuestro guarda es una persona muy desagradable. ¿No está de acuerdo, Señor Ministro?

- ¿Nuestro guarda? Suele ejecutar prisioneros. ¿Por qué lo pregunta, Señor Presidente?

- Hoy me miró de una forma muy rara.

- Dicen que su padre y su abuelo también trabajaron en esta cárcel. También ejecutaban prisioneros.

- ¿De veras? Lo de ejecutar prisioneros... ¿también fue idea mía?

es eine Schlange für das Abendessen. Sie müssen sich auch anstellen.

- Hören Sie, Gefangener, das ist der Premierminister. Er wird sich für mich anstellen. Ich werde nicht in der Schlange warten, denn heute gibt es mein Lieblingsessen - Fisch!

- Ich bin kein Gefangener. Ich bin ein Gefängniswärter. Und ich habe meinen Knüppel dabei! Es ist ein spezieller Gegenstand, um Gefangene zu beruhigen, die zu schlau sind.

- Entschuldigen Sie, Herr Gefängniswärter. Ich habe nur Spaß gemacht. Wer ist der letzte in der Schlange für den Fisch?

4

- Welche Art von Heer ist effektiver: ein gesetzlich vorgeschriebener Wehrdienst oder Soldaten, die bezahlt werden? Premierminister, was denken Sie?

- Wenn man gegen ein anderes Land kämpft, ist es egal, Herr Präsident. Und wenn man die eigenen Bürger bekämpft, dann sind bezahlte Soldaten viel effektiver. Vor allem bezahlte Soldaten aus anderen Ländern.

5

- Unser Gefängniswärter ist ein sehr unfreundlicher Mensch. Finden Sie nicht, Herr Premierminister?

- Unser Gefängniswärter? Normalerweise richtet er die Gefangenen hin. Warum fragen Sie, Herr Präsident?

- Er hat mich heute sehr seltsam angesehen.

- Man sagt, dass sein Vater und sein Großvater auch in diesem Gefängnis gearbeitet haben. Und sie haben auch Gefangene hingerichtet.

- Wirklich? Gefangene hinzurichten - war das auch meine Idee?

- No. Siempre se ha ejecutado prisioneros en nuestro país. Pero no puede decapitar a tres prisioneros de un solo golpe, así que cálmese, Sr. Presidente. Es un gran profesional.

- Pero decapitar no es moderno.

- Por eso es exactamente por lo que usted encargó una nueva silla eléctrica de América hace medio año, Sr. Presidente, ¿recuerda?

- ¿También fue idea mía?

- No, esta vez fue idea mía. Usted sabe que adoro todo lo americano: películas, coches, sillas eléctricas. ¿Recuerda hace una semana cuando nos dieron la comida?

- Claro que me acuerdo. Pata de camello asada. Por cierto, ¿cómo asaron un camello? Esa no es comida típica de nuestro país.

- ¡Lo ejecutaron! El camello orinó ilegalmente en suelos de nuestro país, Sr. Presidente. Nuestro guarda necesitaba practicar con la silla eléctrica y para ello utilizó al camello.

- Creo que deberíamos arriesgarnos y huir de la prisión lo antes posible.

- Nein. Gefangene sind in unserem Land immer schon hingerichtet worden. Aber er kann drei Gefangene mit einem Hieb köpfen. Sie sollten sich also beruhigen, Herr Präsident. Er ist sehr professionell.

- Aber Köpfen ist nicht modern.

- Genau deshalb haben Sie vor einem halben Jahr einen neuen elektrischen Stuhl aus Amerika bestellt, Herr Präsident. Erinnern Sie sich?

- War das auch meine Idee?

- Nein, damals war es meine Idee. Sie wissen ja, dass ich alles aus Amerika mag: Kino, Autos, elektrische Stühle. Erinnern Sie sich, was wir vor einer Woche zum Mittagessen bekommen haben?

- Natürlich erinnere ich mich. Gebratene Kamelbeine. Warum haben sie eigentlich ein Kamel gebraten? Das ist nicht Teil unserer nationalen Küche.

- Es wurde hingerichtet! Das Kamel hat illegaler Weise auf Ihr Palastgrundstück gepinkelt, Herr Präsident. Unser Gefängniswärter hat Hinrichtungen mit dem elektrischen Stuhl geübt und dazu das Kamel verwendet.

- Ich glaube, wir sollten das Risiko eingehen und so schnell wie möglich aus diesem Gefängnis ausbrechen.

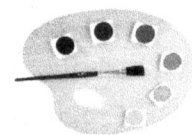

29

Tú decides, tío
Du entscheidest, Mann

 **A**

Palabras

acompañar - begleiten
acompañó - begleitete
animal - Vieh, das
azúcar - Zucker, der
bombardero - Bomber, der
café - Kaffee, der
continente - Kontinent, der
correctamente - richtig
creará – wird erzeugen
cualquiera - jemand
cuidadosamente - nachdenklich

ejecutada - hingerichtet
enorme - enorm
está realizando – führt durch
guiar - führen
habló – hat gesprochen
incidente - Vorfall, der
inutilidad - Sinnlosigkeit, die
investigación - Ermittlung, die
moral - moralisch
ocupado - beschäftigt
oído - Ohr, das

ojos muy abiertos - mit großen Augen
orden - Kommando, das
paralizó - erstarrte
película - Film, der
darse cuenta – sich bewusst werden
permiso - Erlaubnis, die
postcombustión - Nachbrenner, der
preguntando - fragend
presentó - stellte vor

proeza - Trick, der
realizar - durchführen
remover - umrühren
sinvergüenza - schamlos
taza - Tasse, die
tensión - Spannung, die
terminar - beenden
vídeo - Video, das

Tú decides, tío

El guarda del banco George Titan no se sorprendió en absoluto cuando vio al antiguo director de banco John Vega acompañado del Detective Paul Rost.

"Buenos días, George," le dijo Rost, "Estoy realizando una investigación sobre el atraco a su banco. Ahora acompaño a John Vega para llevar a cabo una reconstrucción relacionada con la investigación."

"Comprendo. Entren, por favor," dijo Titan, "Buen día, Sr. Director. ¿Cómo le va?" preguntó el guarda al director, como si fuera un buen amigo.

"Gracias, George," dijo el antiguo director del banco John Vega, "Bien o mal, pero va yendo."

Rost y Vega entraron en el banco y vieron que la caja estaba cerrada. Entonces pidieron al guarda que los guiara hasta el nuevo director. Entraron en su despacho y Titan presentó a Rost

Du entscheidest, Mann

Der Bankbeamte George Titan war überhaupt nicht überrascht, als er den ehemaligen Bankmanager John Vega, begleitet von Detektiv Paul Rost, sah.

„Guten Morgen, George", sagte Rost zu ihm. „Ich führe eine Untersuchung über den Überfall in Ihrer Bank durch. Ich begleite John Vega gerade zu einem Ermittlungsexperiment."

„Ich verstehe. Kommen Sie bitte herein", sagte Titan. „Guten Tag, Herr Manager. Wie geht es Ihnen?", fragte der Sicherheitsbeamte den Manager, als ob sie gute Freunde wären.

„Danke, George", sagte der ehemalige Bankmanager John Vega. „Egal ob gut oder schlecht, es geht immer weiter."

Rost und Vega gingen in die Bank und sahen, dass der Tresorraum geschlossen war. Dann baten sie den Sicherheitsbeamten, sie zu dem neuen Bankmanager zu führen. Sie gingen in das Büro des Managers. Titan

y a Vega al nuevo director, que era una mujer de cuarenta y cinco años. Se llamaba Anna Furtada. La Sra. Furtada se sorprendió cuando Rost le pidió que abriera la caja fuerte para la reconstrucción, pero fue con ellos a la caja y la abrió.

"¿Por qué está realizando esta reconstrucción un detective y no la policía?" Preguntó la Sra. Furtada.

"La policía me pidió llevar a cabo esta parte de la investigación," explicó Rost, "porque ya había dirigido la investigación sobre el primer caso, cuando John Vega robó diez mil dólares de su propio banco."

"¿Fue ese el incidente en que cambió dinero por billetes falsos?" preguntó la Sra. Furtada.

"Sí. El dinero falso que ponía 'Amamos los coles' en lugar de 'Confiamos en Dios'," explicó Rost, "¿Qué? ¿Le gusta el col?" se volvió Rost a Vega, "¿Ahora le da vergüenza? Venga a enseñarme cómo se llevó el dinero. ¡Entre en la caja!" gritó Rost. Vega entró en la caja y miró hacia Rost.

"¡Saque la bolsa, ábrala y meta dentro el dinero! ¡Y dígame todo lo que va haciendo!" ordenó Rost. Encendió la cámara de vídeo y empezó a filmar todo lo que estaba hacienda Vega

"Abrí la bolsa," dijo Vega, abriendo la bolsa, "Después la puse aquí y empecé a meter dinero dentro," continuó Vega, empezando a meter el dinero en la bolsa.

"Siga," ordenó Rost.

"Estaba metiendo dinero... metiendo

stellte Rost und Vega der neuen Managerin vor. Die neue Bankmanagerin war eine vierundfünfzig Jahre alte Frau. Ihr Name war Anna Furtada. Frau Furtada war überrascht, als Rost sie bat den Tresorraum für ein Ermittlungsexperiment zu öffnen. Aber sie ging mit ihnen zum Tresorraum und öffnete ihn.

„Warum wird das Ermittlungsexperiment von einem Privatdetektiv und nicht von der Polizei durchgeführt?", fragte Frau Furtada.

„Die Polizei hat mich gebeten, diesen Teil des Experiments durchzuführen", erklärte Rost. „Weil ich die Ermittlungen zu dem ersten Fall durchgeführt habe, als John Vega zehntausend Dollar aus seiner eigenen Bank gestohlen hatte."

„War das der Vorfall, bei dem er das Geld durch gefälschte Banknoten ersetzt hat?", fragte Frau Furtada.

„Ja. Auf dem gefälschten Geld stand ‚Wir lieben Kohl' anstelle von ‚Auf Gott vertrauen wir'", erklärte Rost. „Was? Du magst Kohl?", sagte Rost und drehte sich zu Vega um. „Schämst du dich jetzt? Komm, zeig mir wie du das Geld gestohlen hast. Komm in den Tresorraum!", schrie Rost. Vega ging in den Tresorraum und schaute Rost an.

„Nimm die Tasche heraus, öffne sie und gib das Geld hinein! Und sag mir genau, was du machst!", befahl Rost. Er schaltete die Videokamera an und begann alles zu filmen, was Vega machte.

„Ich öffnete die Tasche", sagte Vega und öffnete die Tasche. „Dann habe ich sie hierher gestellt und das Geld hineingesteckt", erklärte Vega weiter und steckte das Geld in die Tasche.

„Weiter", befahl Rost.

dinero en la bolsa." Continuó Vega, "Cuando se llenó la coloqué aquí," Vega señaló la puerta.

"Ponga ahí la bolsa," ordenó Rost. Vega puso la bolsa junto a la puerta rápidamente. La Sra. Furtada miraba atentamente todo lo que estaba ocurriendo.

"Después saqué una segunda bolsa y empecé a meter más dinero dentro," continuó Vega, y empezó a meter dinero en la bolsa. Rost se dio cuenta de que Vega estaba empezando a disfrutar el proceso. La Sra. Furtada miró para Vega como si fuera un loco.

"¡Estaba metiendo dinero! ¡Metiendo dinero! ¡Metiendo dinero!" decía Vega rápidamente. "Cuando la bolsa se llenó también la puse allí," y velozmente colocó la bolsa junto a la primera.

"¡Pare!" gritó Rost y Vega se paralizó. Entonces Rost miró a la Sra. Furtada, "Por favor, no diga a nadie lo que le voy a decir," le pidió Rost, y se volvió hacia Vega, "Escuche, es usted un rufián sinvergüenza. Cuando me dijeron que había robado su propio banco dos veces, no lo creí. Ahora, cuando lo miro, puedo comprender por qué la gente piensa que usted es un animal avaricioso," dijo Rost en voz baja. Vega bajó los ojos y se giró. Rost miró a la Sra. Furtada, "Disculpe, Sra. Furtada. Continúe la reconstrucción," ordenó Rost. Vega sacó una tercera bolsa y empezó a meter dinero dentro.

"Buenas tardes, Sra. Furtada," escuchó Rost, y miró a la persona que había pronunciado esas palabras. Andrew estaba al lado de la Sra. Furtada y

„Ich habe das Geld gerade... das Geld gerade in die Tasche gesteckt...", erklärte Vega weiter. „Und als die Tasche voll war, habe ich sie dorthin gestellt", Vega zeigte auf die Tür.

„Stell die Tasche dorthin", befahl Rost. Vega stellte die volle Tasche schnell zur Tür. Frau Furtada beobachte aufmerksam, was passierte.

„Dann nahm ich eine zweite Tasche heraus und begann Geld hineinzustecken", sprach Vega weiter und begann Geld in die Tasche zu stecken. Rost bemerkte, dass Vega anfing die Sache zu genießen. Frau Furtada schaute Vega so an, als ob er ein Verrückter wäre.

„Ich habe das Geld hineingesteckt! Das Geld hineingesteckt! Das Geld hineingesteckt!", sagte Vega schnell. „Als die Tasche voll war, habe ich sie auch dorthin gestellt", sagte er und stellte die zweite Tasche schnell neben die erste.

„Halt!", schrie Rost und Vega erstarrte. Dann schaute Rost Frau Furtada an. „Bitte erzählen Sie niemandem, was ich ihm jetzt sagen werde", bat Rost Frau Furtada und drehte sich zu Vega. „Hör zu, du bist ein schamloser Schurke. Als man mir erzählte, dass du deine eigene Bank zwei Mal ausgeraubt hast, habe ich es nicht geglaubt. Jetzt, wenn ich dich so ansehe, verstehe ich, warum die Leute sagen, dass du ein gieriges Vieh bist", sagte Rost leise. Vega senkte seinen Blick und drehte sich weg. Rost schaute Frau Furtada an: „Entschuldigen Sie bitte, Frau Furtada. Setzen wir das Ermittlungsexperiment fort", befahl er. Vega nahm eine dritte Tasche heraus und begann schnell Geld hineinzustecken.

„Guten Tag, Frau Furtada", hörte Rost und schaute die Person an, die das gesagt hatte.

miraba a Rost. Sus ojos se encontraron. Se miraron. Vega dejó de poner dinero en la bolsa y se paralizó. Paul y Andrew seguían mirándose. Andrew, por supuesto, sabía que Paul había escapado de la prisión. Paul pensó que Andrew no le dejaría marchar. Como oficial de policía, debía hacerlo. También tenía el derecho moral de arrestarlo. Tenía cuatro niños, si perdiera el trabajo o fuera a la cárcel por culpa de Paul, ¿qué les ocurriría a los niños? La Sra. Furtada percibió la larga pausa y miró a Andrew de forma inquisitiva.

"Hola, Andrew," dijo Paul, bajando los ojos.

"Sra. Furtada, ¿puedo hablar un momento con usted?" preguntó Andrew. La Sra. Furtada fue a un lado con el oficial de policía. Vega lanzó a Paul una mirada inquisitiva.

"¿Cuánto hay en esas dos bolsas?" preguntó Rost.

"Alrededor de un millón y medio," respondió Vega.

"Vámonos," ordenó Rost. Rápidamente ayudó a Vega a levantar las bolsas y caminaron hacia la salida del banco.

"Paul Rost!" Rost escuchó una voz detrás de él. Se detuvo y se volvió despacio. Andrew, la Sra. Furtada, y George Titan caminaban rápidamente hacia ellos.

"¿Ya has terminado la reconstrucción? ¿Tan rápido?" le preguntó Andrew a Paul.

"Sí," contestó Rost, dándose cuenta de la inutilidad de su plan, "Solo le queda

Andrew stand neben Frau Furtada und schaute Rost an. Ihre Blicke trafen sich. Sie sahen sich an. Vega hörte auf, Geld in die Tasche zu stecken und erstarrte. Paul und Andrew sahen sich immer noch an. Andrew wusste natürlich, dass Paul aus dem Gefängnis ausgebrochen war. Paul dachte, dass Andrew ihn nicht gehen lassen würde. Als Polizist musste er ihn aufhalten. Er hatte auch das moralische Recht ihn festzunehmen. Er hatte vier Kinder. Falls er wegen Paul seinen Job verlieren würde oder ins Gefängnis kommen würde, was würde mit seinen Kinder passieren? Frau Furtada bemerkte die lange Pause und schaute Andrew fragend an.

„Hi, Andrew", sagte Paul und senkte den Blick.

„Frau Furtada, kann ich Sie kurz sprechen?", bat Andrew. Frau Furtada ging mit dem Polizisten zur Seite. Vega sah Paul Rost fragend an.

„Wie viel ist in diesen beiden Taschen?", fragte Rost.

„Etwa eineinhalb Millionen", antwortete Vega.

„Lass uns gehen", befahl Rost. Er half Vega schnell die beiden Taschen zu tragen und sie gingen zum Ausgang der Bank.

„Paul Rost!" Rost hörte die Stimme hinter ihm. Er blieb stehen und drehte sich langsam um. Andrew, Frau Furtada und George Titan kamen schnell auf ihn zu.

„Seid ihr mit dem Ermittlungsexperiment schon fertig? So schnell?", fragte Andrew Paul.

„Ja", antwortete Rost und wurde sich der Sinnlosigkeit seines Plans bewusst. „Er muss das Geld nur in den Lastwagen legen. Das ist

meter las bolsas en la furgoneta. Eso es todo." Miró a Andrew. Ambos se miraron de nuevo, y otra vez se produjo una larga pausa.

"¿Quién te dio permiso para dirigir esta reconstrucción?" preguntó Andrew.

"El jefe de policía," dijo Paul, y añadió: "Si tienes que hacer tu trabajo, adelante..." Rost estaba preparados para que Andrew lo arrestara.

"Sí. Haré lo que debo hacer. Normalmente las recreaciones las hacen dos policías," explicó Andrew, "Como estás solo, yo tengo que cumplir el papel del segundo oficial. Continúa," dijo Andrew. Rost hizo una señal a Vega y siguió llevando las bolsas hacia la furgoneta. Andrew siguió a Rost y a Vega.

"Hablé con tu madre," le dijo Andrew cuando ya habían salido del banco e iban caminando hacia la furgoneta, "Si lo he entendido bien, ¿estás planeando ir a Damasco?"

"Sí, necesito ayudar a una persona," respondió Paul.

"Si te estás refiriendo a Lisa Pandora, la van a ejecutar por crímenes contra el estado," explicó Andrew, mirando hacia la entrada del banco, "En Libia, ella y Ashur pudieron evitar el juicio, pero en Siria Ashur decidió no arriesgarse. Sin embargo, Pandora no se detuvo. Yo no confiaría en ella si fuera tú," sugirió Andrew.

"No voy a confiar en ella," Paul miró a Andrew, "Simplemente no quiero que la maten."

"Espero que sepas lo que estás

alles." Er sah Andrew an. Ihr Blicke trafen sich wieder und erneut gab es eine lange Pause.

„Wer hat die dir Erlaubnis gegeben, ein Ermittlungsexperiment durchzuführen?", fragte Andrew.

„Der Polizeichef", sagte Paul und fügte hinzu: „Wenn du deine Arbeit machen muss, dann los..." Rost war bereit sich von Andrew festnehmen zu lassen.

„Ja, ich werde tun, was ich tun muss. Normalerweise wird ein Ermittlungsexperiment von zwei Polizisten durchgeführt", erklärte Andrew. „Weil du alleine bist, werde ich die Rolle des zweiten Polizisten übernehmen. Macht weiter", sagte Andrew. Rost winkte Vega zu und er trug die Taschen mit dem Geld näher zur Tür. Andrew folgte Rost und Vega.

„Ich habe mit deiner Mutter gesprochen", sagte Andrew, als sie die Bank verließen und zum Auto gingen. „Wenn ich richtig informiert bin, willst du nach Damaskus reisen?"

„Ja, ich muss jemandem helfen", antwortete Paul.

„Du sprichst von Lisa Pandora. Sie wird wegen Verbrechen gegen den Staat hingerichtet werden", erklärte Andrew und schaute zurück zum Bankeingang. „Sie und Ashur konnten der Verhandlung in Libyen entgehen. In Syrien wollte Ashur kein Risiko eingehen. Aber Pandora hat weitergemacht. Wenn ich du wäre, würde ich ihr nicht vertrauen", riet Andrew.

„Ich werde ihr nicht vertrauen", sagte Paul und schaute Andrew an. „Ich will nur nicht, dass sie sie umbringen."

„Ich hoffe, du weißt, was du tust", sagte

haciendo," dijo Andrew, y volvió al banco. Vega y Rost entraron en la furgoneta y Ashur arrancó.

"Más rápido. No tenemos más de diez minutos," ordenó Rost. La furgoneta pasó muy rápido por el aeródromo. Cuando llegaron al bosque, Ashur detuvo el furgón. Rost, Vega y Stravinsky se bajaron.

"Salude a su padre de mi parte," le dijo Rost a Ashur.

"Paul, no se fíe de Pandora," le aconsejó Ashur, miró largamente a Rost y se fue. Rost, Vega y Stravinsky treparon por el muro y entraron en el hangar.

"Este volará hasta Siria y destruirá medio Damasco," dijo Rost, señalando la enorme bomba. Vega corrió hacia el bombardero y empezó a trepar por él.

"Espere, Sr. Director. Es fácil soltar esta bomba," añadió Rost, y Vega volvió inmediatamente, "Pero solo un misil alcanzaría este avión," dijo Paul, refiriéndose a un pequeño avión "pero tenemos un buen medio para evitar los misiles," dijo, entrando en el avión.

"¿Qué medio?" dijo Vega con interés, y también entró en el avión.

"Es usted, John. Usted y el dinero que hay en las bolsas. En el momento adecuado, cuando se lo ordene arrojará el dinero fuera del avión. Eso creará una nube que será lo único que vea el misil."

"¡No tiraré el dinero!" gritó Vega, "Tiremos..." Vega miró a su alrededor, "¡a Stravinsky!" dijo.

Pero Rost estaba ocupado despegando el avión y no contestó a Vega.
Stravinsky ocupó el asiento del copiloto

Andrew und ging zurück zur Bank. Vega und Rost stiegen in den Lastwagen. Ashur begann loszufahren.

„Schneller. Wir haben weniger als zehn Minuten", befahl Rost. Der Lastwagen fuhr sehr schnell am Flugfeld des Militärs vorbei. Als sie den Wald erreichten, hielt Ashur den Lieferwagen an. Rost, Vega und Stravinsky stiegen aus.

„Grüß deinen Vater von mir", sagte Rost zu Ashur.

„Paul, vertrau Pandora nicht", riet Ashur, schaute Rost lange an und fuhr davon. Rost, Vega und Stravinsky kletterten über die Mauer und liefen zum Hangar.

„Der hier wird die ganze Strecke bis nach Syrien zurücklegen und halb Damaskus in die Luft jagen", sagte Rost und zeigte auf einen großen Bomber. Vega rannte zu dem Bomber und begann hineinzuklettern.

„Warte, Herr Manager. Es ist einfach diesen Bomber einzuholen und zu zerstören", fügte Rost hinzu und Vega kam sofort zurück. „Aber nur eine Rakete könnte dieses Flugzeug erreichen", sagte Paul über ein kleines Flugzeug. „Und wir haben ein sehr gutes Mittel gegen Raketen", sagte er und kletterte in das Flugzeug.

„Welches Mittel?", sagte Vega interessiert und kletterte auch in das Flugzeug.

„Du bist das Mittel, John. Du und das Geld in den Taschen. Zum richtigen Zeitpunkt und auf mein Kommando wirst du das Geld aus dem Flugzeug werfen. Das wird eine Wolke erzeugen und die Rakete wird nur eine Wolke erkennen."

„Ich werde das Geld nicht hinauswerfen!", schrie Vega. „Lass uns etwas anderes hinauswerfen...", sagte Vega und sah sich um. „Stravinsky!", sagte er.

Aber Rost war damit beschäftigt das Flugzeug zu starten und antwortete Vega

y Vega se sentó entre sus piernas.

"Stravinsky, ¿sabe a dónde dirigir su catapulta?" preguntó Vega, pero Stravinsky colocó las bolsas del dinero sobre Vega y cerró la puerta de la cabina. El avión salió despacio del hangar. Varias personas vieron que un avión se estaba yendo sin permiso y corrieron tras él por el hangar, pero Rost encendió la postcombustión y el avión de combate despegó a enorme velocidad. Rost llevó el avión cerca del suelo para que los radares no lo pudieran ver. Stravinsky comenzó a gritar por la tensión nerviosa acumulada:

"¡Siria! ¡Nos vamos a Siria! ¡Siria!" gritaba sin parar Stravinsky. Vega lo miró con los ojos muy abiertos, después se tapó los oídos con las manos y bajó la cabeza.

En aquel momento Andrew estaba en el cuartel de la policía, removiendo cuidadosamente el azúcar de su taza de café. Sonó el teléfono y él lo contestó, era un oficial del Ministerio de Defensa.

"Andrew, ¿vuelve a estar tu amigo presumiendo de sus proezas?" preguntó con indignación el oficial del ministerio.

"Creo que es él," dijo Andrew, "Tiene algunos asuntos en Siria."

"¡Entonces debería comprar un billete de avión normal en vez de mostrar sus proezas!" gritó el oficial, "¡Si no aterriza en tres minutos le lanzaremos un misil!"

"La última vez le diste una medalla por sus proezas," dijo Andrew, "Al menos no lo mates esta vez. ¡No lo mates, si todavía necesitas héroes!" pidió Andrew, y colgó. Se levantó, salió del

nicht. Stravinsky setzte sich auf den Sitz des Kopiloten und Vega saß zwischen seinen Füßen.

„Stravinsky, weißt du, wo man dein Katapult auslöst?", fragte Vega nach, aber Stravinsky stellte die Taschen auf Vega und schloss die Kabinentür. Das Flugzeug rollte langsam aus dem Hangar. Einige Leute sahen, dass sich ein Flugzeug ohne Erlaubnis bewegte und rannten aus dem Hangar, hinter dem Flugzeug her. Aber Rost aktivierte den Nachbrenner und das Kampfflugzeug hob mit einer enormen Geschwindigkeit ab. Rost flog mit dem Flugzeug nahe am Boden, damit sie kein Radar entdecken konnte. Stravinsky war nervös und angespannt, er begann zu schreien: „Syrien! Wir fliegen nach Syrien! Syrien!" Stravinsky schrie ohne Unterbrechung. Vega schaute ihn mit großen Augen an, hielt sich dann mit den Händen die Ohren zu und stützte seinen Kopf ab.

Zu diesem Zeitpunkt war Andrew im Polizeihauptquartier. Er rührte nachdenklich Zucker in seinen Kaffee. Das Telefon läutete und er hob ab. Es war ein Beamter des Verteidigungsministeriums.

„Andrew, gibt dein Freund schon wieder mit seinen Tricks an?", fragte der Beamte des Ministeriums empört.

„Ich glaube, dass er es ist", sagte Andrew. „Er hat etwas in Syrien zu erledigen."

„Dann sollte er ein normales Flugticket kaufen, anstatt seine Tricks vorzuführen!", schrie der Beamte. „Wenn er das Flugzeug nicht in drei Minuten landet, werden wir eine Rakete abschießen!"

„Das letzte Mal haben Sie ihm eine Medaille für seine Tricks verliehen", sagte Andrew. „Bringt ihn wenigstens dabei nicht um. Bringt ihn nicht um, wenn ihr noch Helden braucht!", bat Andrew und legte auf. Er stand auf, verließ das Gebäude und ging die

edificio y caminó por la calle. Sabía que no podría ayudar a los que gritaban.

El avión voló por encima del mar. El continente había quedado detrás y ya no era visible, solo el humo de los misiles que volaban hacia el avión señalaba el lugar en que se hallaba la tierra.

(Continuará)

Straße hinunter. Er wusste, dass er denen, die schrien, nicht helfen konnte.
Das Flugzeug flog über das Meer. Es ließ den Kontinent hinter sich zurück und man konnte ihn nicht länger sehen. Nur der Rauch der Raketen, die in Richtung des Flugzeuges flogen, ließ erahnen, wo das Land war.

(Fortsetzung folgt)

 C

Repaso de nuevo vocabulario

- Siéntese, Sr. Presidente.

- Gracias, Sr. Juez. Por cierto, no lo recuerdo. ¿Cuánto tiempo lleva trabajando en el juzgado?

- Tres días. Pero no vamos a hablar sobre mí. ¿Ordenó a los bombarderos bombardear ciudades de nuestro país?

- Entonces dígame, por favor, ¿este juicio es a puerta cerrada?

- No. Hay reporteros de periódicos y periodistas de televisiones en la sala de audiencias.

- En ese caso, señor, no fui yo. ¡Fueron órdenes del Primer Ministro! ¡Él ordenó el bombardeo!

- ¡No es cierto, señor Juez! ¡El Presidente ordenó todo! ¡Es un animal desvergonzado! ¡Yo no lo ordené! ¡Él es el culpable!

- ¡Silencio todo el mundo! ¡Solo pueden hablar con mi permiso!

- Por supuesto, Sr. Juez.

Wiederholung des neuen Vokabulars

- Setzen Sie sich, Herr Präsident.

- Danke, Herr Richter. Ich erinnere mich übrigens nicht an Sie. Seit wann arbeiten Sie in diesem Gericht?

- Seit drei Tagen. Aber wir sprechen nicht über mich. Haben Sie den Bombern befohlen, Städte in unserem Land zu bombardieren?

- Sagen Sie mir bitte, ob die Verhandlung hinter geschlossenen Türen stattfindet?

- Nein. Es sind Journalisten von Zeitungen und Fernsehstationen im Gerichtssaal.

- Wenn das so ist, dann war ich das nicht. Das waren die Befehle des Premierministers! Er hat die Bombardierungen befohlen!

- Das stimmt nicht, Herr Richter! Der Präsident hat alles befohlen! Er ist ein schamloses Vieh! Ich habe nichts befohlen! Er ist schuldig!

- Ruhe im Gerichtssaal! Sie dürfen nur mit meiner Erlaubnis sprechen!

- Natürlich, Herr Richter.

- Herr Präsident, zum Zeitpunkt Ihrer

- Sr. Presidente, en el momento del arresto encontraron en su poder un pasaporte del estado de Panamá a su nombre. ¿Cómo explica esto?

- Puedo explicarlo. Cuando el Primer Ministro voló a Colombia a un simposio de botánicos, no solo compró varias plantas asombrosas y productos hechos con ellas, sino que también compró varios pasaportes de distintos países a mi nombre y al suyo. En muy conveniente viajar alrededor del mundo con esos pasaportes. ¿Ha oído hablar del anterior Primer Ministro ucraniano Lazarenko, Sr. Juez?

- No, no he oído nada. Siga.

- Lo pasó de maravilla viajando por el mundo con un pasaporte ucraniano y otro panameño al mismo tiempo. Es muy conveniente si lleva mucho dinero en efectivo en las maletas. Él nos lo aconsejó al Primer Ministro y a mí.

- ¿Ordenó que dispararan a la gente durante una manifestación?

- ¿Tengo derecho a permanecer en silencio?

- ¡Responda la pregunta!

- Entonces solicito una taza de café y una pistola con una bala. El café es para mí y la pistola para el Primer Ministro.

Festnahme fand man einen Reisepass von Panama mit Ihrem Namen in Ihrem Besitz. Wie erklären Sie das?

- Das kann ich erklären. Als der Premierminister für ein botanisches Symposium nach Kolumbien gereist ist, hat er nicht nur verschiedene beeindruckende Pflanzen und daraus hergestellte Produkte gekauft. Er hat auch einige Reisepässe aus verschiedenen Ländern mit meinem und mit seinem Namen gekauft. Es ist sehr praktisch mit diesen Reisepässen um die Welt zu reisen. Haben Sie von dem ehemaligen ukrainischen Ministerpräsidenten Lasarenko gehört, Herr Richter?

- Nein, habe ich nicht. Erzählen Sie weiter.

- Er hatte eine großartige Zeit, als er mit einem Reisepass aus der Ukraine und einem zweiten Reisepass aus Panama um die Welt gereist ist. Das ist sehr praktisch, wenn man viel Geld in den Koffern hat. Er hat es mir und meinem Premierminister empfohlen.

- Haben Sie befohlen bei einer Demonstration auf die Menschen zu schießen?

- Habe ich das Recht die Aussage zu verweigern?

- Beantworten Sie die Frage!

- Dann verlange ich eine Tasse Kaffee und eine Waffe mit einer Kugel! Der Kaffee ist für mich, und die Pistole für den Premierminister.

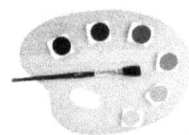

Wörterbuch Spanisch-Deutsch

a bordo - an Bord
a partes iguales - zu gleichen Teilen
a través de - durch
a veces - manchmal
abandonar - verlassen
abandonó - verließ
abierta - geöffnet
abogado - der Anwalt
abrazó - umarmte
abrigos - die Mäntel
abrió - hat geöffnet
abrir - öffnen; öffnete; schloss auf
abruptamente - unvermittelt
absolutamente - völlig
aburrido - langweilig
acabar - abschließen, beenden
acabó - hat beendet
acariciar - streicheln
acarició - streichelte
accidente - der Unfall
acción - das Vorgehen
acelerador - das Gas
aceptó - stimmte zu
acera - der Bürgersteig
acercándose - sich nähern
acercarse - sich nähern
acercó - näherte sich
acompañar - begleiten
acompañó - begleitete
actuar - handeln
actuó - gehandelt
acuerdo - die Vereinbarung
acusado - angeklagt
adelantó - flog vorbei
además - außerdem
adiós - tschüss
adivinar - erraten
adolescente - der Teenager
adormilado - schläfrig
aduanas - der Zoll
aeródromo - der Flugplatz

aeronave - das Flugzeug
aeropuerto - der Flughafen
afeitado - rasiert
afueras - der Stadtrand
agarrar - klammern, packen
agarró - hielt fest, packte
agitado - aufgeregt
agradable - schön
agradecer - danken, zu schätzen wissen
agradecido - dankbar, erfreut
agua - das Wasser ; agua mineral - das Mineralwasser
aguacero - starker Regen
ahora - jetzt; ahora mismo - jetzt gerade
aire - die Luft
ajustar - anpassen
al lado - in der Nähe
al otro lado - auf der anderen Seite, gegenüber
ala - der Flügel
alarma - der Alarm
alcanzó - schlug ein, streckte
alcohol - der Alkohol
aldea - das Dorf
alegremente - glücklich
algo - etwas, irgendetwas
alguien - jemand
algún - irgendein, irgendeine
alimentar - ernähren
allí - dort
alrededor - um ... herum; umher
altitud - die Höhe
alto - groß, hoch, laut
amar - lieben
amarilla - gelb
ambos - beide
amenazó - bedrohte
ametrallador - das Maschinengewehr
amigo - der Freund
amó - geliebt
analgésico - die Schmerztablette

ancha - breit
animal - das Vieh
antena - die Antenne
antes - früher, vor
antibalas - kugelsicher
antiguo - alt
antílope - die Antilope
anuncio - die Anzeige
añade - fügt hinzu
añadió - fügte hinzu
años - die Jahre
apagar - ausschalten
aparato - das Gerät
aparcamiento - der Parkplatz
aparecer - tauchen auf
apareció - tauchte auf
aparte - auseinander
apasionadamente - leidenschaftlich
apasionado - leidenschaftlich
apellidarse - mit Familiennamen heißen
apenas - kaum
apestar - stinken
apestoso - stinkend
aplastar - zerquetschen
apoyar - unterstützen
aprender - lernen
aprendí - ich habe gelernt
apresuradamente - schnell
apunta - richtet
apuntó - richtete, zeigte
aquellos - diese
aquí - hier
árabe - der Araber
árbol - der Baum
arcén - der Randstreifen
ardía - brannte
ardiendo - brennend
arena - der Sand
arma - die Waffe
armado - bewaffnet
armario - der Schrank
armarios - die Schränke

arrancó - losfahren
arrastrar - ziehen
arrastró - zog
arreglando - macht zurecht
arreglar - reparieren
arrestado - nahmen fest
arrestar - festnehmen
arriba - hinauf
as - das Ass
ascensor - der Aufzug
asco - der Ekel
así que - also
asiática - asiatisch
asiento - der Sitz
asistente - der Assistent
asqueroso - widerlich
asunto - die Beziehung
asustado - verängstigt
atacando - angreifend
atacar - angreifen, der Angriff
atado - gefesselt
ataque - der Angriff
atar - fesseln
atascado - feststeckend
atasco - der Stau
atemorizante - beängstigend
atemorizarse - Angst bekommen
atención - die Aufmerksamkeit
atentamente - aufmerksam, konzentriert
aterrizar - landen
aterrizó - landete
atracador - der Räuber
atrás - hinter
audiencia - der Gerichtssaal
aullido - das Heulen
aulló - schrie
auténtico - pur
autobús - der Bus
automática - automatisch
autopista - der Highway
autoridad - die Autorität

avanzar - vorwärtsgehen
avaricioso - gierig
avenida - die Avenue
ávidamente - gierig
avión - das Flugzeug
ayer - gestern
ayuda - hilft
ayudar - helfen
ayudarme - mir helfen
azúcar - der Zucker
azul - blau
bajar - herunternehmen
bajo - klein, niedrig
bala - die Kugel
banco - die Bank
banderas - die Fahne
bar - die Bar
barba - der Bart
barra - die Bar
barril - das Fass
barrote - der Gitterstab
básica - grundlegend
basura - der Müll
batalla - der Kampf
bebe - trinkt
beber - trinken
besar - küssen
besó - küsste
bien - gut, in Ordnung
billete - die Fahrkarte, der Geldschein
billetera - die Brieftasche
bistec - das Steak
blanca - weiß
bloqueó - versperrte den Weg
boca - der Mund
bolsa - die Tasche; bolsa de deportes - die Sporttasche
bolsas - die Taschen
bolsillo - die Hosen-, Jackentasche
bolso - die Handtasche
bomba - die Bombe
bombardear - bombardieren

bombardeó - bombardierte
bombardero - der Bomber
borde - der Rand
borracho - getrunken, betrunken
bosque - der Wald
bostezó - gähnte
botar - springen
botella - die Flasche
botón - der Knopf
bramando - trompetend
bramó - trompetete
brazo - der Arm
brillante - brilliant
brisa - die Briese
broma - der Scherz
buen - gut
buscar - suchen
buscó - suchte
cabello - das Haar
cabeza - der Kopf
cabina - das Cockpit
cada - jede, jeder, jedes
caer - fallen
café - der Kaffee
cafetería - das Café
caja - die Kasse; die Kiste, die Schachtel
caja fuerte - der Safe
cajera - der Kassierer; die Kassiererin
cajón - die Schublade
calcetines - die Socken
caldera - der Boiler
callar - den Mund halten
calle - die Straße ; calle principal - die Hauptstraße
callejón - die Gasse
calmarse - sich beruhigen
calmó - beruhigte
calor - die Hitze
cama - das Bett ; cama de agua - das Wasserbett
cámara - die Kamera, der Tresorraum
camarero - der Kellner

cambiaron - sie haben getauscht
cambió - änderte
camellos - die Kamele
caminar - gehen
caminó - ging
camino - die Straße
camión - der Lastwagen
camisa - das Hemd
camiseta - das T-Shirt
campamento - das Lager
cansado - müde
cantó - sang
capital - die Hauptstadt
capitalismo - der Kapitalismus
capó - die Motorhaube
capturar - einnehmen
cara - das Gesicht
cargar - laden
caro - teuer
carretera - die Straße
carro - der Karren
carta - die Speisekarte
casa - das Haus
casada - verheiratet
casi - beinahe, schnell
caso - der Fall
castigar - bestrafen
castigo - die Strafe
catapultar - katapultieren
cayendo - fallend
cayó - fiel
celda - die Zelle
celo - das Band
cena - das Abendessen
central - Zentral-
centro - das Zentrum
cerca - in der Nähe, nahe
cercano - in der Nähe
cerebro - der Verstand
ceremoniosamente - feierlich
cerrada - verschlossen
cerrado - geschlossen

cerradura - das Schloss
cerrar - schließen
certificado - die Urkunde
chaleco - die Weste
chaqueta - die Jacke
chatarra - der Schrott
chica - die junge Frau
chico - der Junge
chiste - der Witz
chocolate - die Schokolade
choque - zerquetschen
ciego - blind
cielo - der Himmel
cien - hundert
cierra - schließt
cierto - wahr
cigarrillo - die Zigarette
cinco - fünf ; cinco minutos - fünfminütig
cincuenta - fünfzig
cintura - die Hüfte
ciudad - die Stadt
ciudadano - der Bürger
claro - klar, sicher
clase - die Art
clasificación - die Klassifizierung
cliente - der Klient, der Kunde
cobarde - der Feigling
coche - das Auto
cocina - die Küche
cocinero - der Koch
coger - nehmen
cogí - nahm
col - der Kohl
cola - der Schweif
colegio - die Schule
colgaban - hing
colgar - hängen
colocar - stecken
color - die Farbe
colores - die Farben
columna - die Säule

combate - der Kampf
comer - essen
cometí - ich habe begangen
comida - das Essen, der Imbiss
comido - gegessen
comisaría - die Polizeiwache
comisión - die Kommission
comiste - aßt
como - als, wie
cómo - wie
compañero - der Kollege
compañía - die Truppe
compartimento - das Abteil
compensación - die Prämie
completamente - ganz, völlig
comportarse - benehmen
comprar - kaufen
comprendió - verstanden
compró - kaufte
comprobar - überprüfen
comprobó - überprüfte
compuesto de misiles - das Raketenlager
con - mit
con sorpresa - überrascht
con talento - talentiert
con vistas a - mit Blick auf
concluir - abschließen
concluyó - sagte abschließend
condecoraron - haben verliehen
condenación - die Verurteilung
conducido - gefahren
conducir - fahren
conducto - der Schacht
conductor - der Fahrer
condujo - fuhr
conectaba - verband
conejo - das Kaninchen
conexión - die Verbindung
confiar - vertrauen
confidencialmente - überzeugt
confiscación - die Einziehung

conocido - der Bekannte
consciencia - das Bewusstsein
conspiración - die Verschwörung
constantemente - fortwährend
consultar - beraten
consultor - der Berater
contar - zählen
contemplar - starren
contener - beinhalten
contesta - antwortet
continente - der Kontinent
continuando - weitermachend
continuar - weitermachen
continuó - setzte fort
contra - gegen
contratar - anheuern
contrató - hat angeheuert
control - die Kontrolle
controlarse - sich beherrschen
convencido - überzeugt
conversación - das Gespräch
convertirse - werden
coordinar - koordinieren
copiloto - der Kopilot
corazón - das Herz
correctamente - richtig
correr - rennen
corrió - rannte
cortar - abschneiden
cosa - das Ding
cosas - die Dinge
costa - die Küste
costar - kosten
crear - erzeugen
creará - wird erzeugen
creer - glauben
creo - ich glaube
criminal - der Verbrecher
cruce - die Kreuzung, der Übergang
crucigrama - das Kreuzworträtsel
cualquiera - jemand
cuando - wann

cuánto - wie viel
cuarenta - vierzig
cuartel - das Hauptquartier
cuarto - vierte, vierter, viertes
cuarto de baño - das Badezimmer
cuatro - vier
cubrió - bedeckte
cuello - der Hals
cuerda - das Seil
cuerpo - der Körper
cuidadosamente - nachdenklich, ordentlich, sorgfältig
culo - der Hintern
culpa - die Schuld
cultiva - pflanzt an
cumple - erfüllen
cumplir - begehen
cuota - der Fahrpreis
da - gibt
dado - geben
dado que - da, weil
dálmata - der Dalmatiner
dar - geben
dar vueltas - (sich im Kreis) drehen
darse cuenta - bemerken, merken
darse cuenta - sich bewusst werden
de - von
de madera - aus Holz
de nada - gern geschehen
de otra forma - anders
de pie - stehend
de repente - plötzlich
de todas formas - sowieso
de una patada - mit einem Fußtritt
de veras - wirklich
debajo - unter, unterhalb
debe - muss
deber - die Pflicht
debería - sollte
decidió - entschied
decidir - entschließen
decir - sagen

decisión - die Entscheidung
decisivo - entscheidend
declaró - verkündete
dedo - der Finger
defendido - der Angeklagte
defendió - verteidigte
defensa - die Verteidigung
defensor - der Verteidiger
déjame - lass mich
dejar caer - fallen lassen
dejó caer - ließ fallen
del detective - Detektivs, des
del director - Managers, des
delante - vor
delgada - schlank
delgado - dünn
delincuencia - das Verbrechen
demandar - fordern
demasiado - zu viel
democrático - demokratisch
dentro - im Inneren
dentro de - innerhalb
deporte - der Sport
depósito - der Aufbewahrungsort
derramado - verschüttet
derribar - stürzen
derrumbó - zerbrach
desabrochó - knöpfte auf
desaparecido - verschwunden
desastre - die Katastrophe
desató - band los
descanso - der Rest
descubre - findet heraus
descuelga - hebt ab
desear - wünschen
desempleados - arbeitslos
desgracia - das Unglück
desierto - die Wüste
despacho - das Zimmer; das Büro
despacio - langsam
despegar - abheben
despensa - die Vorratskammer

despertó - weckte
después - dann
destelleando - glitzernd, funkelnd
destellear - glitzern
destino - das Schicksal
destruir - zerstören
detective - der Detektiv
detener - stoppen
detenerse - stoppen
detenido - der Häftling
detrás - hinter
deuda - die Schuld
devolver - zurückgeben
devolverme - mir zurückgeben
día - der Tag
día anterior - der Vortag
diablo - der Teufel
diamante - der Diamant
dibujo - das Bild
dice - sagt
dictadura - die Diktatur
dictáfono - das Diktiergerät
diez - zehn
diferente - andere, anderer, anderes
difícil - schwer
dijo - gesagt
diminuto - klein
dinero - das Geld
dio - gab
dio un golpecito - klopfte
Dios - der Gott
dirección - die Adresse, die Richtung
director - der Manager
dirigir - Kurs angeben, leiten
disculpe - entschuldigen Sie
disfrutar - etwas gerne tun, genoß
disparar - schießen
distancia - die Entfernung
distribuyó - hat verteilt
divorciada - geschieden
doble - doppelt
doce - zwölf

docenas - das Dutzend
documento - das Dokument
dólar - der Dollar
dólares - der Dollar, die Dollars
dolor - der Schmerz
dolor de cabeza - das Kopfweh
domingo - der Sonntag
donde - wo
dormir - schlafen
dormitorio - das Schlafzimmer
dos - zwei; dos pisos - zweistöckig; dos veces - zweimal
dosis - die Dosis
drogas - die Drogen
ducha - die Dusche
dueño - der Besitzer
duna - die Düne
durante - während
durmiendo - schlafend
echa - schenkt ein
echando - ließ herabfallen
echar - feuern
economía - die Wirtschaft
educación - die Ausbildung
educadamente - freundlich
educado - freundlich
eh - hey
ejecución - die Hinrichtung
ejecutada - hingerichtet
ejemplo - das Beispiel
ejército - das Heer
el - der, die, das
él - er
elección - die Wahl
elecciones - die Wahlen
eléctrica - elektrisch
electricista - der Elektriker
eléctrico - elektrisch
elefante - der Elefant
elegido - gewählt
elegir - wählen
elevó - hob

eligió - suchte aus
eliminar - entfernen
ella - sie
ellos - sie
embarazada - schwanger
emoción - das Gefühl
empezando - beginnend
empezar - beginnen
empezó - begann
empleado - der Angestellter
empujar - drücken
en - in
en algún lugar - irgendwo
en lugar de - anstatt
en vano - umsonst
en voz alta - laut
encantar - begeistern, bezaubern
encendió - zündete an
enciende - zündet an
encima - auf, über, oberhalb
encima de - auf
encontré - ich habe gefunden
enemigo - der Feind
energía - die Energie
enfadada - wütend
enfermera - die Krankenschwester
engañar - betrügen
engañaron - haben betrogen
enhorabuena - Gratulation
enorme - enorm, riesig
enseguida - bald einmal
enseñar - beibringen
entender - verstehen
enterradas - eingegraben
entonces - dann
entra - betritt
entre - inmitten, zwischen
entregar - übergeben
entregó - reichte
entró - betrat
enviar - schicken
envolver - umwickeln

equipaje - das Gepäck
equipo - die Ausrüstung, das Team
error - der Fehler
es - ist; es una pena - es ist schade
escaleras - die Treppen
escapar - fliehen
escapó - floh
escasamente - schwach
escribir - verfassen
escucha - zuhören
escuchar - hören
eso - dass
especial - speziell
espejo - der Spiegel
esperaba - hoffte
esperado - erwartet
esperanza - die Hoffnung
esperar - hoffen, warten
espere - warten Sie
espiral - spiralförmig
esposar - Handschellen anlegen
esposas - die Handschellen
esta - der, die, das
está - ist
está esperando - wartet
está lloviendo - es regnet
esta noche - heute Nacht
está practicando - er übt
está realizando - führt durch
está regando - gießt
está sentado - sitzt
está tumbado - liegt
está viajando - sie reist, sie fährt
estaba - war
estaba escuchando - hörte
estaba fumando - rauchte
estaban corriendo - rannten
estación - der Bahnhof
estado - das Land
están - sie sind
están volando - fliegen
estantería - das Regal

estar - sein
estar dormido - schlafen
estar luchando - kämpfend
estás planeando - du planst
este - der, die, das; der Osten
estiró - strich glatt
estómago - der Bauch
estos - diese
estrella - der Stern
estrelló - abgestürzt
estruendo - das Dröhnen, der Lärm
estudio - das Arbeitszimmer
estupendamente - ausgezeichnet
estúpidas - dumm
eufórico - euphorisch
Europa - Europa
europeo - europäisch
evento - der Vorfall
evidente - offensichtlich
evitar - vermeiden
exactamente - genau
exacto - genau
examinar - untersuchen
examinó - untersuchte
excepto - bis auf
exótico - exotisch
exotismo - der Exot
experiencia - die Erfahrung
experimentado - erfahren
experimento - das Experiment
explicar - erklären
explicó - erklärte
explosión - die Explosion
explotó - explodierte
expresión - der Gesichtsausdruck
extenderse - sich erstrecken
extendió - streckte
extraño - seltsam
fábrica - die Fabrik
facial - Gesichts-
fácil - einfach
falso - falsch

familia - die Familie
fantasma - der Geist
farmacia - die Apotheke
farola - der Laternenpfahl
favorito - Lieblings-
femenina - weiblich
finalmente - endlich, schließlich
firmar - unterschreiben
fiscal - der Staatsanwalt
flor - die Blume
fluía - floss
Ford - Ford
foto - das Foto
frenar - bremsen
freno - die Bremse
fresco - kühl, kalt
frialdad - die Kälte
fríamente - kalt
frío - kalt
fronteras - die Grenzen
fruta - das Obst
fue - war
fuego - das Feuer
fuera - draußen, nach außen
fueron heridas - wurden verletzt
fuerte - stark
fuertemente - fest
fuerza - die Kraft
fuerzas - die Mächte
fugitivo - der Ausbrecher
funcionar - arbeiten, funktionieren
funcionó - funktionierte
furgón - der Lieferwagen
furgoneta - der Transporter
futuro - zukünftig
gabinete - das Kabinett
gallineta - der Rotbarsch
ganador - der Gewinner
ganar - gewinnen
gané - gewonnen
garaje - die Garage
garantizar - garantieren

gasolina - das Benzin
gastar - ausgeben
gatear - kriechen
gemir - stöhnen
genial - großartig
genio - der Flaschengeist
gente - die Menschen
gesticular - gestikulieren
gesticuló - gestikulierte
gimió - stöhnte
giran - drehen
girar - drehen
gobernantes - die Herrscher
gobernar - regieren
gobierno - die Regierung
golpe - das Klopfen ; der Treffer
golpear - schlagen
golpeó - klopfte
goma - der Gummi
gotas - die Tropfen
gracias - danke
gradualmente - allmählich
grande - groß
granja - die Farm
gris - grau
gritar - schreien
grito - der Schrei
gritó - schrie
grupo - die Gruppe
guapa - hübsch, schön
guardaespaldas - der Bodyguard
guerra - der Krieg
guiar - führen
guiñó - zwinkerte
guió - führte
gustar - mögen
gustaría - möchte
habitación - das Zimmer; das Büro
hablar - reden, sprechen
habló - hat gesprochen, sprach
hace calor - es ist warm
hace frío / calor - es ist kalt / warm

hace mucho calor - es ist sehr heiß
hacer - machen
hacer una reverencia - sich verbeugen
hacer ver - vorgeben
hacia - zu
hambre - hungrig
hangar - der Hangar
hasta - bis
hecho - getan
helado - die Eiscreme
helicóptero - der Helikopter
herida - die Verletzung, die Wunde
herido - verletzt, der Verwundete
hermano - der Bruder
héroe - der Held
herramienta - das Werkzeug
hierba - das Gras
hijo - das Kind, der Sohn
historia - die Geschichte, das Stockwerk
hizo - machte; hizo una pausa - machte eine Pause
hoguera - das Lagerfeuer
hoja - das Blatt
hola - Hallo
hombre - der Mann
hombro - die Schulter
hora - die Stunde
horizonte - der Horizont
horrible - schrecklich
horror - der Horror
hospital - das Spital
hotel - das Hotel
hoy - heute
huir - fliehen
humo - der Rauch, rauchen
iba - ging
ida - die Hinfahrt
idea - die Idee
idioma - die Sprache
idiota - der Idiot
ido - verschwunden
igual - gleich

ilegalmente - illegal
iluminando - der Blitz
imaginarse - sich vorstellen
impedir - verhindern
imperial - kaiserlich
importa - ist wichtig
importancia - die Bedeutung
importante - wichtig
imposible - unmöglich
incidente - der Vorfall
incluso - sogar
increíble - unglaublich
indescriptible - unbeschreiblich
indignación - die Empörung
indignar - empören
inferior - untere, unterer, unteres
infernal - höllisch
información - die Information
informar - informieren
informó - berichtete, informierte
inmediatamente - sofort
inocente - naiv
insiste - beharrt
insistió - beharrte
inspección - die Überprüfung
inspeccionar - untersuchen
intentar - versuchen
intento - der Versuch
intentó - versuchte
intercambiaron - haben ausgetauscht
interés - das Interesse
interesante - interessant
interesar - interessieren
interior - Innere(s)
internacional - international
interrumpió - unterbrach
interrumpir - unterbrechen
inutilidad - die Sinnlosigkeit
investigación - die Ermittlung
invitar - einladen
invitarlo - einladen
ir - gehen

ir a la moda - modisch aussehen
iré - ich werde kommen
Islam - der Islam
italiana - italienisch
izquierda - links
jardín - der Garten
jaula - der Käfig
jefe - der Chef
joven - jung
juego - das Spiel
jueves - der Donnerstag
juez - der Richter
jugó - spielte
juguetes - das Spielzeug
juicio - die Verhandlung
junto a - neben
junto con - zusammen mit
jurar - schwören
justicia - die Fairness
justificar - rechtfertigen
justificó - rechtfertigte
Khan - Khan
kilómetro - der Kilometer
la - der, die, das
la mejor - der, die, das beste
labio - die Lippe
lado - neben
ladrar - bellen
ladrón - der Dieb
lamer - ablecken
lamió - leckte ab
lámpara - die Lampe
lanzar - abschießen, abfeuern
lanzó - abgefeuert, hat abgefeuert
largo - lange
legal - legal
lejos - weit
lenta - langsam
lentamente - langsam
levanta - hebt auf
levantar - aufstehen
levantarse - aufstehen, aufsteigen

levantó - hob hoch
ley - das Gesetz
libertad - die Freiheit
libre - frei
licenciatura - der Universitätsabschluss
licor - der Alkohol
líder - der Führer
ligero - leicht
limpiamente - sauber
limpieza de casas - der Reinigungsdienst
limpio - sauber
limpió - wischte
línea - die Linie
listo - bereit
llama - nennt
llamar - anrufen
llave - der Schlüssel
llega - erreicht
llegada - die Ankunft
llegar - erreichen
llegó - kam an
llevaban - trugen
llevar - mitnehmen, tragen, transportieren
llevar puesto - anhaben
llorar - schreien, weinen
lloró - weinte
lluvia - der Regen
local - örtlich
loción - die Creme; loción bronceadora - die Sonnencreme
loco - verrückt, der Verrückte
lomo - der Rücken
lucha - der Kampf
luchar - kämpfen
lugar - der Ort
luna - der Mond
lunes - der Montag
luz - das Licht
madre - die Mutter
maestro - der Lehrer

mafioso - der Mafioso
mal - schlecht
maleante - der Betrüger
maleta - der Koffer
malo - krank
maloliente - stinkend
malvadas - böse
mancha - der Fleck
mandó - hat bestellt
mano - die Hand
manta - die Decke
manzana - der Häuserblock
mañana - morgen, der Morgen
mapa - die Karte
mar - das Meer; mar Mediterráneo - das Mittelmeer
marcar - wählen
marcharse - weggehen
marrón - braun
martes - der Dienstag
más - mehr
más alto - höher
más apestoso - stinkendste
más bajo - niedriger
más fuerte - stärker
más lejos - weiter
más rápido - schneller
más tarde - später
masa - die Masse
masculino - männlich
matar - töten
mató - getötet
matrícula - das Nummernschild
mayor - älter
mecánicamente - mechanisch
medalla - die Medaille
media - halb
medicinas - die Medikamente
médico - der Arzt, medizinisch
médicos - die Ärzte
medio - die Mitte
mediodía - der Mittag

mejor - besser
menos - weniger
mensaje - die Nachricht
mentiroso - der Lügner
mercancías - die Fracht
merecer - verdienen, der Wert
mes - der Monat
mesa - der Tisch
meses - die Monate
metro - der Meter
mi - mein, meine
micrófono - das Mikrophon
miedo - die Angst
miembro - das Mitglied
mientras - während
miércoles - der Mittwoch
mil - tausend
militar - militärisch
millón - die Million
millonario - der Millionär
ministro - der Minister
minuto - die Minute
mío - meine, meiner, meines
mira - schaut
mirada - der Blick
mirar - anstarren
miró - schaute
misil - die Rakete ; misil antimisil - die Abwehrrakete
misiles - die Raketen
modales - die Manieren
modelo - das Modell
moderno - modern
momento - der Moment
monitor - der Monitor
monumento - das Monument
moral - moralisch
morir - sterben
mostrador - der Ladentisch
mostrar - zeigen
mostró - zeigte
motor - der Motor

moverse - sich bewegen
mozo - der Gepäckträger
mucho - viel, viele
muchos - viele
muebles - die Möbel
muerte - der Tod
mujer - die Frau
mujeres - die Frauen
multar - bestrafen
multitud - die Menge
mundo - die Welt
música - die Musik
mutuo - beidseitig
muy - sehr
nación - die Nation
nacional - national
nada - nichts
nadie - niemand
nariz - die Nase
nativo - einheimisch
navaja - das Messer
navegador - der Navigator
necesitar - brauchen
necesitó - brauchte
negocios - das Geschäft
negra - schwarz
nervio - der Nerv
nerviosamente - nervös
nerviosismo - die Nervosität
nervioso - nervös
nevar - schneien
niebla - neblig
nieve - der Schnee
ningún sitio - nirgends
niño - das Kind
niños - die Kinder
no - nein
no hay más que - es gibt nichts außer
no se movían - bewegungslos
noche - die Nacht
nombre - der Name ; nombre de pila - der Vorname

normal - normal
normalmente - normalerweise
norte de África - Nordafrika
nosotros - wir
nota - bemerkt
nube - die Wolke
nublado - bewölkt
nuestro - unser, unsere
nueve - neun
nuevo - neu
número - die Nummer
nunca - jemals, niemals
o - oder
o ... o - entweder ... oder
obedecer - gehorchen
obedecieron - gehorchten
objetivo - die Bestimmung, das Ziel
océano Índico - der Indische Ozean
ocho - acht
ocultar - verbergen
ocultó - versteckte
ocupado - beschäftigt
ocupar - einnehmen
ocurriendo - passiert gerade
ocurrió - passierte
ocurrir - passieren
odio - der Hass
oficial - der Beamte
ofrece - bietet an
ofreció - bot an
oh - oh
oído - das Ohr
ojo - das Auge ; ojos - die Augen; ojos muy abiertos - mit großen Augen
ola - die Welle
oler - riechen
olisquear - riechen, schnuppern
olisqueó - roch
olvidar - vergessen
olvidaron - vergaß
ópera - die Oper
operación - die Operation

oportunidades - die Möglichkeiten
orden - das Kommando
ordenó - befahl
ordinario - normal
organización - die Organisation
orgasmo - der Orgasmus
orinar - pinkeln
orinó - pinkelte
oscurecer - dunkel werden
otra vez - noch einmal
otro - andere, anderer, anderes ; ein anderer
oyó - hörte
paciente - der Patient
padre - der Vater
pagar - zahlen
pagó - bezahlt
país - das Land
pájaro - der Vogel
palabra - das Wort
palanca - der Gang
pálido - blass
palo - der Stock
pan - das Brot
panel solar - das Solarmodul
panfleto - das Flugblatt
pantalones - die Hosen
papá - der Papa
papel - das Papier, die Rolle
paquete - das Paket
par - das Paar
para - für
para siempre - ewig
paracaídas - der Fallschirm
paracaidista - der Fallschirmjäger
paralizó - erstarrte
parecerse - sich ähnln
pared - die Mauer
pareja - das Paar
parientes - Verwandte
parque - der Park
parte - der Teil

participar - teilhaben
partieron - fuhren davon
pasajeros - die Passagiere
pasaporte - der Reisepass
pasar - darüberstreichen, vorbeigehen
pasillo - der Korridor
pasos - die Schritte
pastilla - die Tablette; das Medikament
patio - der Hof
patrullar - patrouillieren
pausa - die Pause
pavimento - der Bürgersteig
pecho - die Brust
pedir - bestellen
película - der Film
peligro - die Gefahr
peligro, riesgo - das Risiko
peligroso - gefährlich
pena - die Strafe
pensar - überlegen
pensó - dachte
peor - schlimmer
pequeña - klein
pequeño - klein
percibió - bemerkte
perdedores - die Verlierer
perder - verlieren
perdí - ich habe verloren
perdido - verloren sein
perdonar - vergeben
perecieron - wurden getötet
periódico - die Zeitung
permanente - dauerhaft, unbefristet
permiso - die Erlaubnis
permitido - erlaubt
permitir - zulassen
pero - aber
perro - der Hund
persecución - die Verfolgungsjagd
persona - die Person
personal - die Mitarbeiter, privat
pesadilla - der Alptraum

pesado - schwerfällig
petróleo - das Öl
pidió - fragte
pie - der Fuß
piedra - der Stein
piel - die Haut
piensa - denkt
pierna - das Bein
pies - die Füße
piloto - der Pilot
pintado - gemalt
pintar - streichen
piso - das Stockwerk
pista - der Hinweis, Startbahn
pistola - die Pistole
pizza - die Pizza
placa - die Polizeimarke
planear - planen
planta - das Stockwerk
plástico - das Plastik
plataforma - das Podium
plato - der Teller
plaza - der Platz
pobres - arm
poco - wenig
poco amablemente - unfreundlich
poco amistosa - unfreundlich
poder - die Macht
podría - könnte
policía - die Polizei
polizón - der blinde Passagier
polvo - der Staub
poner - legen
por - durch
por ciento - das Prozent
por favor - bitte
por lo tanto - daher
por qué - warum
por supuesto - natürlich
porcentaje - der Prozentsatz
porche - die Veranda
pornográfica - pornografisch

porquería - der Müll
porra - der Knüppel
poseso - der Verrückte
posible - möglich
posiblemente - möglicherweise
postcombustión - der Nachbrenner
practicar - üben
pregunta - die Frage, fragt
preguntando - fragend
preguntar - fragen
preguntó - fragte
preocupado - besorgt
preocuparse - sich Sorgen machen
preparar - vorbereiten
presentó - stellte vor
presidente - der Präsident
presionado - gedrückt
preso - der Strafgefangene
prestar - borgen
primer ministro - der Premierminister
principal - Haupt-
principalmente - überwiegend
principio - das Prinzip
prisión - das Gefängnis; prisión central - das Zentralgefängnis
prisionero - der Gefangene
privado - privat
probablemente - wahrscheinlich
probar - beweisen
problema - das Problem
proeza - der Trick
profesión - der Beruf
prohibición - verbieten
prohibir - verbieten
promesa - das Versprechen
prometió - versprochen
propiedad - das Eigentum
propina - das Trinkgeld
propio - eigene, eingener, eigenes
proponer - vorschlagen
proporcionó - erbrachte
propuse - schlug vor

propuso - schlug vor
protegió - beschützte
protestar - protestieren
protestó - protestierte
proveedor - der Anbieter
provincia - die Provinz
proyectil - das Projektil
pueblo - die Stadt
puede - kann
puedo - ich kann
puerta - die Tür
puerto - der Hafen
puesto - der Posten
pulsa - drückt
punto - der Punkt
punto de mira - das Fadenkreuz
puso - legte
que - dass, was
qué - was
que aproveche - guten Appetit
quedar - bleiben
quedar bien - passen
quedarse - bleiben
quedó - blieb; quedó bamboleándose - stand wankend
quería - wollte
querido - lieb
quién - wer
quiere decir - bedeutet
quiero - wollen
quiero decir - ich meine
quince - fünfzehn
quinientos - fünfhundert
quizás - vielleicht
radar - der Radar
radio - das Radio
rápidamente - schnell
rápido - schnell
rascó - kratzte
rasgar - reißen
rayas - die Streifen
razón - der Verstand

razonablemente - vernünftig
realidad - die Wirklichkeit
realizar - durchführen
realmente - tatsächlich, wirklich
rebaño - die Herde
recepción - der Empfang
receptor - der Hörer
rechazar - ablehnen
rechazó - weigerte sich
recibidor - der Flur
recibió - begrüßte
recibir - empfangen, erhalten
reciente - kürzlich
recluso - der Insasse
recoger - abholen
recomendar - empfehlen
reconocer - erkennen
reconocieron - erkannte
recordar - sich erinnern
recordó - erinnerte
recto - geradeaus
recuperar - wiedererlangen
recuperarse - erholen
recuperó - erholte sich
reflejar - nachdenken
refuerzo - die Verstärkung
regalo - das Geschenk
régimen - das Regime
registrado - registriert
regresa - kommt zurück
reir - lachen
relajó - entspannte
relámpago - der Blitz
religión - die Religion
reloj - Uhr
remover - umrühren
reparar - reparieren
repartir - aufteilen
repentino - plötzlich
repetir - wiederholen
rescatar - retten
resistencia - der Widerstand

resistió - leistete Widerstand
resistir - Widerstand leisten
respetable - ansehnlich
responde - antwortet
responder - antworten
respondió - antwortete
responsabilidad - die Verantwortung
responsable - verantwortlich
reunido - versammelt
reunión - das Treffen
revista - die Zeitschrift
revolución - die Revolution
rey - der König
rica - lecker
ridículo - lächerlich
rió - lachte
robado - gestohlen
robar - ausrauben, stehlen, überfallen
robo - der Einbruch
robó - hat ausgeraubt, hat gestohlen
rodeado - umgeben
rodeó - kreiste
rodilla - das Knie
rojo - rot
romper - brechen
rompían - zerrissen
ropa - die Kleidungsstücke
rosa - gerötet
rotación - die Rotation
rotar - rotieren
rubio - blond
rufián - der Schurke
rugido - das Dröhnen
ruido - der Lärm
sábado - der Samstag
saber - wissen
sabía - wusste
sabido - gewusst
sacan - hinaustragen
sacó - zog
sala - das Zimmer; das Büro
salarios - das Gehalt

salida - der Ausgang
salir - herauskommen, weggehen
saltar - springen
saltó - sprang
saluda - grüßt
saludaban - winkte
saludar - begrüßen
salvar - retten
sangre - das Blut
sanidad - das Gesundheitswesen
sapo - die Kröte
saqué - nahm ab
sarcasmo - der Sarkasmus
sarcásticamente - sarkastisch
satélite - der Satellit
sé - ich weiß
se aproximan - sich nähern
se deslizó - verschwand
se detuvo - stoppte
se dio a la fuga - ist geflüchtet
se dobló - bückte
se extiende - sich erstrecken
se jubiló - in Rente gehen
se puso - wurde
se sentó - saß
seguir - folgen, folgt
según - gemäß
segundo - die Sekunde
seguridad - die Sicherheit
seis - sechs
semáforo - die Ampel
semana - die Woche
sencillo - einfach
sensación - das Gefühl
sentado - sitzend
sentencia - die Strafe
sentir - fühlen
sentirse avergonzado - sich schämen
señal - das Signal
señala - zeigt
señalando - zeigend
señalar - zeigen

señaló - zeigte
señora - die Frau (Fr.)
señoría - die Ehre
ser - sein
ser un peligro - eine Gefahr darstellen
seriamente - ernst
serio - ernst
servicial - aufmerksam
servicio - der Dienst
severa - hart
sexualmente - sexuell
shock - der Schock
sí - ja
si - wenn
siempre - immer
siete - sieben
silencio - die Stille
silenciosamente - schweigend
silla - der Stuhl; silla de ruedas - der Rollstuhl
sillón - der Lehnstuhl
SIM - die SIM-Karte
símbolo - das Symbol
simplemente - einfach
sin - ohne
sintió - fühlte
sinvergüenza - schamlos
sirena - das Blinklicht, die Sirene
sirvió - hat gedient
sistema - das System
sitio - der Ort
situación - die Situation
situado - sich befinden
sobornar - bestechen
sobre - das Briefkuvert
sofá - die Couch
solamente - nur
solar - Solar-
soldado - der Soldat
soleado - sonnig
solo - allein
soltera - ledig

sonaba - tickte
sonando - klingelnd
sonido - das Geräusch
sonó - klingelte
sonríe - lächelt
sonriendo - lächelnd
sonrió - lächelte
soñado - geträumt
sopla - weht
sorda - taub
sorprendido - überrascht
sorpresa - die Verwunderung
sorteo - die Lotterie, das Gewinnspiel
sótano - der Keller
soy - bin
spaghetti - die Spaghetti
Sr. - der Herr (Hr)
Srta. - das Fräulein (Frl.)
su - sein, seine, ihr
suavemente - leise, sanft
subió - kletterte
subir - einsteigen, hinaufgehen
sucia - schmutzig
sucias - schmutzig
sudor - der Schweiß
suelo - der Boden, das Stockwerk
suena - klingelt
sueño - der Traum
sueños - die Träume
suficiente - genug
sufrimiento - das Leiden
sujetar - halten
superestrella - der Superstar
superficial - klein
superficie - die Oberfläche
super-ladrón - der Super-dieb
supervisar - beaufsichtigen
suplicar - flehen
suplicó - flehte
supone - nimmt an
sur - der Süden
sustancia - die Substanz

susto - der Schrecken
susurró - flüsterte
tablero de mandos - das Armaturenbrett
también - auch
tanque - der Tank
tapa - die Abdeckung
tarde - der Abend, spät
tarea - die Aufgabe
tarjeta - die Karte
Taser - der Elektroschocker
tatuaje - das Tattoo
taxi - das Taxi
taza - die Tasse
teatro - das Theater
técnico de reparaciones - der Handwerker
tejanos - die Jeans
telaraña - das Spinnennetz
teléfono - das Handy, das Telefon
temerosamente - ängstlich
temporal - vorübergehend, befristet
temporalmente - vorübergehend
tengo - haben
tensión - die Spannung
tercero - dritte, dritter, drittes
terminar - beenden
términos - die Begriffe
terraza - die Terrasse
terrorista - der Terrorist
texto - der Text
tienda - der Laden, das Zelt
tiene - er, sie, es hat; halten
tintorería - die Reinigung
tipo - der Typ
tira - hinunterwerfen
tiran - ziehen
tirando - ziehend
tiroteo - die Schießerei
tocó - berührte
toda - alle
todas partes - überall

todavía - immer noch
todo - alle
todos - alle
tolerar - dulden
tonterías - der Unsinn
trabajador - der Arbeiter
trabajo - die Arbeit, der Job
tradicional - traditionell
traer - bringen
trajo - brachten
tranquilamente - ruhig
tranquilidad - ruhig
transportaba - transportierte
transportar - transportieren, umziehen
transportista - der Umzugshelfer
trayecto - die Strecke
treinta - dreißig ; treinta y cinco - fünfunddreißig
tren - der Zug
tren de aterrizaje - die Landevorrichtung
tren de mercancías - der Güterzug
tres - drei
triste - traurig
tristemente - traurig
trompa - der Rüssel
trozo - das Stück
trueno - der Donner
tú - du ; tú mismo - dir, dich
turista - der Tourist
tuyas - deine, deiner, deines
último - letzte, letzter, letztes
un - ein; un poco - ein wenig
una - eine ; una vez - einmal
uniforme - die Uniform
unión - die Union
universidad - die Universität
uno - ein, eine
urgentemente - dringend
usted - Sie
utilizar - nutzen
va - geht

vacaciones - der Urlaub
vacío - leer
vagabundo - der Vagabund
vainilla - die Vanille
Van Gogh - Van Gogh
vaqueros - die Jeans
varios - einige
vaso - das Glas
vasto - riesig
vecino - benachbart
vehículos - die Fahrzeuge
veinte - zwanzig
veintisiete - siebenundzwanzig
velocidad - die Geschwindigkeit
vendados - verbunden
vendar - bandagieren
vendedor - der Verkäufer
vender - verkaufen
vendí - habe verkauft
vengarse - die Rache
venir - kommen
ventana - das Fenster
ventilación - die Belüftung
ver - sehen
verde - grün
verja - das Tor
verticalmente - vertikal
vestido - das Kleid
vía - das Gleis
viajar - reisen
viajó - reiste
viandante - der Passant
vías - die Gleise
vibrar - vibrieren
victorioso - triumphierend
vida - das Leben
vídeo - das Video
viento - der Wind
viernes - der Freitag
vigilante - der Sicherheitsbeamte
vigilar - beobachten, überwachen
vino - der Wein

vio - sah
violó - verletzte
visible - sichtbar
visita - besucht
vista - der Blick
visto - gesehen
vive - lebt
vivo - lebendig
volante - das Lenkrad
volar - fliegen

volcar - kippten um
voz - die Stimme
vuelo en picado - der Sturzflug
y - und
ya - schon
yacer - liegen
yo - ich ; yo mismo - ich selbst
zapatos - die Schuhe
zoólogo - der Zoologe
zumo - der Saft

Wörterbuch Deutsch-Spanisch

Abdeckung - tapa
Abend, spät - tarde
Abendessen - cena
aber - pero
abgefeuert, hat abgefeuert - lanzó
abgestürzt - estrelló
abheben - despegar
abholen - recoger
ablecken - lamer
ablehnen - rechazar
abschießen, abfeuern - lanzar
abschließen - acabar, concluir
abschneiden - cortar
Abteil - compartimento
Abwehrrakete - misil, antimisil
acht - ocho
Adresse - dirección
Alarm - alarma
Alkohol - alcohol, licor
alle - toda, todos
allein - solo
allmählich - gradualmente
Alptraum - pesadilla
als, wie - como
also - así que
alt - antiguo
älter - mayor
Ampel - semáforo
an Bord - a bordo
Anbieter - proveedor
andere, anderer, anderes - diferente;
ein anderer - otro
anders - de otra forma
änderte - cambió
angeklagt - acusado
Angeklagte - defendido
Angestellter - empleado
angreifen, Angriff - atacar
angreifend - atacando
Angriff - ataque
Angst bekommen - atemorizarse
Angst - miedo
ängstlich - temerosamente
anhaben - llevar puesto
anheuern - contratar
Ankunft - llegada
anpassen - ajustar
anrufen - llamar
ansehnlich - respetable
anstarren - mirar
anstatt - en lugar de
Antenne - antena
Antilope - antílope
antworten - responder
antwortet - contesta, responde
antwortete - respondió
Anwalt - abogado
Anzeige - anuncio
Apotheke - farmacia
Araber - árabe
Arbeit, Job - trabajo
arbeiten, - funcionar
Arbeiter - trabajador
arbeitslos - desempleados
Arbeitszimmer - estudio
arm - pobres
Arm - brazo
Armaturenbrett - tablero de mandos
Art - clase
Arzt, medizinisch - médico
Ärzte - médicos
asiatisch - asiática
Ass - as
Assistent - asistente
aßt - comiste
auch - también
auf - encima, encima de
auf der anderen Seite - al otro lado
Aufbewahrungsort - depósito
Aufgabe - tarea
aufgeregt - agitado
aufmerksam - atentamente, servicial

Aufmerksamkeit - atención
aufstehen - levantar, levantarse
aufsteigen - levantarse
aufteilen - repartir
Aufzug - ascensor
Auge - ojo; Augen - ojos; mit großen
Augen - ojos muy abiertos
aus Holz - de madera
Ausbildung - educación
Ausbrecher - fugitivo
auseinander - aparte
Ausgang - salida
ausgeben - gastar
ausgezeichnet - estupendamente
ausrauben - robar
Ausrüstung - equipo
ausschalten - apagar
außerdem - además
Auto - coche
automatisch - automática
Autorität - autoridad
Avenue - avenida
Badezimmer - cuarto de baño
Bahnhof - estación
bald einmal - enseguida
band los - desató
Band - celo
bandagieren - vendar
Bank - banco
Bar - bar, barra
Bart - barba
Bauch - estómago
Baum - árbol
Beamte - oficial
beängstigend - atemorizante
beaufsichtigen - supervisar
bedeckte - cubrió
bedeutet - quiere decir
Bedeutung - importancia
bedrohte - amenazó
beenden - acabar, terminar
befahl - ordenó

begann - empezó
begehen - cumplir
begeistern - encantar
beginnen - empezar
beginnend - empezando
begleiten - acompañar
begleitete - acompañó
Begriffe - términos
begrüßen - saludar
begrüßte - recibió
beharrt - insiste
beharrte - insistió
beibringen - enseñar
beide - ambos
beidseitig - mutuo
Bein - pierna
beinahe, schnell - casi
beinhalten - contener
Beispiel - ejemplo
Bekannte - conocido
bellen - ladrar
Belüftung - ventilación
bemerken - darse cuenta
bemerkt - nota
bemerkte - percibió
benachbart - vecino
benehmen - comportarse
Benzin - gasolina
beobachten - vigilar
beraten - consultar
Berater - consultor
bereit - listo
berichtete - informó
Beruf - profesión
beruhigte - calmó
berührte - tocó
beschäftigt - ocupado
beschützte - protegió
Besitzer - dueño
besorgt - preocupado
besser - mejor
beste - la mejor

bestechen - sobornar
bestellen - pedir
Bestimmung - objetivo
bestrafen - castigar, multar
besucht - visita
betrat - entró
betritt - entra
betrügen - engañar
Betrüger - maleante
Bett - cama; Wasserbett - cama de agua
bewaffnet - armado
bewegungslos - no se movían
beweisen - probar
bewölkt - nublado
Bewusstsein - consciencia
bezahlt - pagó
bezaubern - encantar
Beziehung - asunto
bietet an - ofrece
Bild - dibujo
bin - soy
bis - hasta
bis auf - excepto
bitte - por favor
blass - pálido
Blatt - hoja
blau - azul
bleiben - quedar, quedarse; blieb - quedó
Blick - mirada, vista
blind - ciego
blinde Passagier - polizón
Blinklicht - sirena
Blitz - iluminando, relámpago
blond - rubio
Blume - flor
Blut - sangre
Boden - suelo
Bodyguard - guardaespaldas
Boiler - caldera
bombardieren - bombardear
bombardierte - bombardeó

Bombe - bomba
Bomber - bombardero
borgen - prestar
böse - malvadas
bot an - ofreció
brachten - trajo
brannte - ardía
brauchen - necesitar
brauchte - necesitó
braun - marrón
brechen - romper
breit - ancha
Bremse - freno
bremsen - frenar
brennend - ardiendo
Briefkuvert - sobre
Brieftasche - billetera
Briese - brisa
brilliant - brillante
bringen - traer
Brot - pan
Bruder - hermano
Brust - pecho
bückte - se dobló
Bürger - ciudadano
Bürgersteig - acera, pavimento
Büro - despacho, habitación, sala
Bus - autobús
Café - cafeteria
Chef - jefe
Cockpit - cabina
Couch - sofá
Creme - loción; Sonnencreme - loción bronceadora
da, weil - dado que
dachte - pensó
daher - por lo tanto
Dalmatiner - dálmata
dankbar, erfreut - agradecido
danke - gracias
danken, zu schätzen wissen - agradecer
dann - después, entonces

darüberstreichen - pasar
dass - eso
dass, was - que
dauerhaft - permanente
Decke - manta
deine, deiner, deines - tuyas
demokratisch - democrático
denkt - piensa
der, die - el, esta, la
Detektiv - detective
Detektivs, des - del detective
Diamant - diamante
dich - tú mismo
Dieb - ladrón
Dienst - servicio
Dienstag - martes
diese - aquellos, estos
Diktatur - dictadura
Diktiergerät - dictáfono
Ding - cosa
Dinge - cosas
dir - tú mismo
Dokument - documento
Dollar - dólar ; Dollars - dólares
Donner - trueno
Donnerstag - jueves
doppelt - doble
Dorf - aldea
dort - allí
Dosis - dosis
draußen - fuera
drehen - giran, girar; drehen (sich im Kreis) - dar vueltas
drei - tres
dreißig - treinta; fünfunddreißig - treinta y cinco
dringend - urgentemente
dritte, dritter, drittes - tercero
Drogen - drogas
Dröhnen - estruendo, rugido
drücken - empujar
drückt - pulsa

du - tú
du planst - estás planeando
dulden - tolerar
dumm - estúpidas
Düne - duna
dunkel werden - oscurecer
dünn - delgado
durch - a través de, por
durchführen - realizar
Dusche - ducha
Dutzend - docenas
Ehre - señoría
eigene, eingener, eigenes - propio
Eigentum - propiedad
ein - un; ein wenig - un poco
ein, eine - uno
Einbruch - robo
eine - una
einfach - fácil, sencillo, simplemente
eingegraben - enterradas
einheimisch - nativo
einige - varios
einladen - invitar, invitarlo
einmal - una vez
einnehmen - capturar, ocupar
einsteigen - subir
Einziehung - confiscación
Eiscreme - helado
Ekel - asco
Elefant - elefante
Elektriker - electricista
elektrisch - eléctrica, eléctrico
Elektroschocker - Taser
Empfang - recepción
empfangen - recibir
empfehlen - recomendar
empören - indignar
Empörung - indignación
endlich - finalmente
Energie - energía
enorm - enorme
entfernen - eliminar

Entfernung - distancia
entscheidend - decisivo
Entscheidung - decisión
entschied - decidió
entschließen - decidir
entschuldigen Sie - disculpe
entspannte - relajó
entweder ... oder - o ... o
er - él; er übt - está practicando
er, sie, es hat - tiene
erbrachte - proporcionó
erfahren - experimentado
Erfahrung - experiencia
erfüllen - cumple
erhalten - recibir
erholen - recuperarse
erholte sich - recuperó
erinnerte - recordó
erkannte - reconocieron
erkennen - reconocer
erklären - explicar
erklärte - explicó
Erlaubnis - permiso
erlaubt - permitido
Ermittlung - investigación
ernähren - alimentar
ernst - seriamente, serio
erraten - adivinar
erreichen - llegar
erreicht - llega
erstarrte - paralizó
erwartet - esperado
erzeugen - crear
es gibt nichts außer - no hay más que
es ist kalt / warm - hace frío / calor
es ist schade - es una pena
es ist sehr heiß - hace mucho calor
es regnet - está lloviendo
essen - comer
Essen - comida
etwas - algo; etwas gerne tun - disfrutar
euphorisch - eufórico

Europa - Europa
europäisch - europeo
ewig - para siempre
Exot - exotismo
exotisch - exótico
Experiment - experimento
explodierte - explotó
Explosion - explosión
Fabrik - fábrica
Fadenkreuz - punto de mira
Fahne - banderas
fahren - conducir
Fahrer - conductor
Fahrkarte - billete
Fahrpreis - cuota
Fahrzeuge - vehículos
Fairness - justicia
Fall - caso
fallen - caer ; fallen lassen - dejar caer
fallend - cayendo
Fallschirm - paracaídas
Fallschirmjäger - paracaidista
falsch - falso
Familie - familia
Farbe - color
Farben - colores
Farm - granja
Fass - barril
Fehler - error
feierlich - ceremoniosamente
Feigling - cobarde
Feind - enemigo
Fenster - ventana
fesseln - atar
fest - fuertemente
festnehmen - arrestar
feststeckend - atascado
Feuer - fuego
feuern - echar
fiel - cayó
Film - película
findet heraus - descubre

Finger - dedo
Flasche - botella
Flaschengeist - genio
Fleck - mancha
flehen - suplicar
flehte - suplicó
fliegen - están volando, volar
fliehen - escapar, huir
flog vorbei - adelantó
floh - escapó
floss - fluía
Flugblatt - panfleto
Flügel - ala
Flughafen - aeropuerto
Flugplatz - aeródromo
Flugzeug - aeronave, avión
Flur - recibidor
flüsterte - susurró
folgen, folgt - seguir
Ford - Ford
fordern - demandar
fortwährend - constantemente
Foto - foto
Fracht - mercancías
Frage, fragt - pregunta
fragen - preguntar
fragend - preguntando
fragte - pidió, preguntó
Frau (Fr.) - señora
Frau - mujer
Frauen - mujeres
Fräulein (Frl.) - Srta.
frei - libre
Freiheit - libertad
Freitag - viernes
Freund - amigo
freundlich - educadamente, educado
früher, vor - antes
fügt hinzu - añade
fügte hinzu - añadió
fühlen - sentir
fühlte - sintió

fuhr - condujo
führen - guiar
fuhren davon - partieron
Führer - líder
führt durch - está realizando
führte - guió
fünf - cinco; fünfminütig - cinco minutos
fünfhundert - quinientos
fünfzehn - quince
fünfzig - cincuenta
funkelnd - destelleando
funktionieren - funcionar
funktionierte - funcionó
für - para
Fuß - pie
Füße - pies
gab - dio
gähnte - bostezó
Gang - palanca
ganz, völlig - completamente
Garage - garaje
garantieren - garantizar
Garten - jardín
Gas - acelerador
Gasse - callejón
geben - dado, dar
gedrückt - presionado
Gefahr darstellen - ser un peligro
Gefahr - peligro
gefahren - conducido
gefährlich - peligroso
Gefangene - prisionero
Gefängnis - prisión; Zentralgefängnis - prisión central
gefesselt - atado
Gefühl - emoción, sensación
gegen - contra
gegenüber - al otro lado
gegessen - comido
Gehalt - salarios
gehandelt - actuó
gehen - caminar, ir

gehorchen - obedecer
gehorchten - obedecieron
geht - va
Geist - fantasma
gelb - amarilla
Geld - dinero
Geldschein - billete
geliebt - amó
gemalt - pintado
gemäß - según
genau - exactamente, exacto
genoß - disfrutar
genug - suficiente
geöffnet - abierta
Gepäck - equipaje
Gepäckträger - mozo
geradeaus - recto
Gerät - aparato
Geräusch - sonido
Gerichtssaal - audiencia
gern geschehen - de nada
gerötet - rosa
gesagt - dijo
Geschäft - negocios
Geschenk - regalo
Geschichte - historia
geschieden - divorciada
geschlossen - cerrado
Geschwindigkeit - velocidad
gesehen - visto
Gesetz - ley
Gesicht - cara
Gesichts- - facial
Gesichtsausdruck - expresión
Gespräch - conversación
gestern - ayer
gestikulieren - gesticular
gestikulierte - gesticuló
gestohlen - robado
Gesundheitswesen - sanidad
getan - hecho
getötet - mató

geträumt - soñado
getrunken, betrunken - borracho
gewählt - elegido
gewinnen - ganar
Gewinner - ganador
Gewinnspiel - sorteo
gewonnen - gané
gewusst - sabido
gibt - da
gierig - avaricioso, ávidamente
gießt - está regando
ging - caminó, iba
Gitterstab - barrote
Glas - vaso
glauben - creer
gleich - igual
Gleis - vía
Gleise - vías
glitzern - destellear
glitzernd - destelleando
glücklich - alegremente
Gott - Dios
Gras - hierba
Gratulation - enhorabuena
grau - gris
Grenzen - fronteras
groß - grande
groß - alto
großartig - genial
grün - verde
grundlegend - básica
Gruppe - grupo
grüßt - saluda
Gummi - goma
gut - buen
gut, in Ordnung - bien
guten Appetit - que aproveche
Güterzug - tren de mercancías
Haar - cabello
habe verkauft - vendí
haben - tengo
haben ausgetauscht - intercambiaron

haben betrogen - engañaron
haben verliehen - condecoraron
Hafen - puerto
Häftling - detenido
halb - media
Hallo - hola
Hals - cuello
halten - sujetar, tiene
Hand - mano
handeln - actuar
Handschellen anlegen - esposar
Handschellen - esposas
Handtasche - bolso
Handwerker - técnico de reparaciones
Handy, Telefon - teléfono
Hangar - hangar
hängen - colgar
hart - severa
Hass - odio
hat angeheuert - contrató
hat ausgeraubt - robó
hat beendet - acabó
hat bestellt - mandó
hat gedient - sirvió
hat geöffnet - abrió
hat gesprochen, sprach - habló
hat gestohlen - robó
hat verteilt - distribuyó
Haupt- - principal
Hauptquartier - cuartel
Hauptstadt - capital
Haus - casa
Häuserblock - manzana
Haut - piel
hebt ab - descuelga
hebt auf - levanta
Heer - ejército
Held - héroe
helfen - ayudar
Helikopter - helicóptero
Hemd - camisa
herauskommen - salir

Herde - rebaño
Herr (Hr) - Sr.
Herrscher - gobernantes
herunternehmen - bajar
Herz - corazón
Heulen - aullido
heute - hoy ; heute Nacht - esta noche
hey - eh
hielt fest, packte - agarró
hier - aquí
Highway - autopista
hilft - ayuda
Himmel - cielo
hinauf - arriba
hinaufgehen - subir
hinaustragen - sacan
Hinfahrt - ida
hing - colgaban
hingerichtet - ejecutada
Hinrichtung - ejecución
hinter - atrás, detrás
Hintern - culo
hinunterwerfen - tira
Hinweis, Startbahn - pista
Hitze - calor
hob - elevó; hob hoch - levantó
hoch - alto
Hof - patio
hoffen, warten - esperar
Hoffnung - esperanza
hoffte - esperaba
Höhe - altitud
höher - más alto
höllisch - infernal
hören - escuchar
Hörer - receptor
Horizont - horizonte
Horror - horror
hörte - estaba escuchando, oyó
Hosen - pantalones
Hosen-, Jackentasche - bolsillo
Hotel - hotel

hübsch, schön - guapa
Hüfte - cintura
Hund - perro
hundert - cien
hungrig - hambre
ich - yo; ich selbst - yo mismo
ich glaube - creo
ich habe begangen - cometí
ich habe gefunden - encontré
ich habe gelernt - aprendí
ich habe verloren - perdí
ich kann - puedo
ich meine - quiero decir
ich weiß - sé
ich werde kommen - iré
Idee - idea
Idiot - idiota
illegal - ilegalmente
im Inneren - dentro
Imbiss - comida
immer - siempre; immer noch - todavía
in - en
in der Nähe - al lado, cerca, cercano
in Rente gehen - se jubiló
indische Ozean - océano Índico
Information - información
informieren - informar
informierte - informó
inmitten - entre
Innere(s) - interior
innerhalb - dentro de
Insasse - recluso
interessant - interesante
Interesse - interés
interessieren - interesar
international - internacional
irgendein, irgendeine - algún
irgendetwas - algo
irgendwo - en algún lugar
Islam - Islam
ist - es, está
ist geflüchtet - se dio a la fuga

ist wichtig - importa
italienisch - italiana
ja - sí
Jacke - chaqueta
Jahre - años
Jeans - tejanos, vaqueros
jede, jeder, jedes - cada
jemals - nunca
jemand - alguien, cualquiera
jetzt - ahora; jetzt gerade - ahora mismo
jung - joven
junge Frau - chica
Junge - chico
Kabinett - gabinete
Kaffee - café
Käfig - jaula
kaiserlich - imperial
kalt - fríamente, frío
Kälte - frialdad
kam an - llegó
Kamele - camellos
Kamera - cámara
Kampf - batalla, combate, lucha
kämpfen - luchar
kämpfend - estar luchando
Kaninchen - conejo
kann - puede
Kapitalismus - capitalismo
Karren - carro
Karte - mapa, tarjeta
Kasse - caja
Kassierer; Kassiererin - cajera
katapultieren - catapultar
Katastrophe - desastre
kaufen - comprar
kaufte - compró
kaum - apenas
Keller - sótano
Kellner - camarero
Khan - Khan
Kilometer - kilómetro
Kind - niño

Kinder - niños
kippten um - volcar
Kiste - caja
klammern - agarrar
klar, sicher - claro
Klassifizierung - clasificación
Kleid - vestido
Kleidungsstücke - ropa
klein - diminuto, pequeña, pequeño, superficial
klein, niedrig - bajo
kletterte - subió
Klient, Kunde - cliente
klingelnd - sonando
klingelt - suena
klingelte - sonó
Klopfen - golpe
klopfte - dio un golpecito, golpeó
Knie - rodilla
Knopf - botón
knöpfte auf - desabrochó
Knüppel - porra
Koch - cocinero
Koffer - maleta
Kohl - col
Kollege - compañero
Kommando - orden
kommen - venir
Kommission - comisión
kommt zurück - regresa
König - rey
könnte - podría
Kontinent - continente
Kontrolle - control
konzentriert - atentamente
koordinieren - coordinar
Kopf - cabeza
Kopfweh - dolor de cabeza
Kopilot - copiloto
Körper - cuerpo
Korridor - pasillo
kosten - costar

Kraft - fuerza
krank - malo
Krankenschwester - enfermera
kratzte - rascó
kreiste - rodeó
Kreuzung - cruce
Kreuzworträtsel - crucigrama
kriechen - gatear
Krieg - guerra
Kröte - sapo
Küche - cocina
Kugel - bala
kugelsicher - antibalas
kühl, kalt - fresco
Kurs angeben, leiten - dirigir
kürzlich - reciente
küssen - besar
küsste - besó
Küste - costa
lächelnd - sonriendo
lächelt - sonríe
lächelte - sonrió
lachen - reir
lächerlich - ridículo
lachte - rió
laden - cargar
Laden - tienda
Ladentisch - mostrador
Lager - campamento
Lagerfeuer - hoguera
Lampe - lámpara
Land - estado, país
landen - aterrizar
landete - aterrizó
Landevorrichtung - tren de aterrizaje
lange - largo
langsam - despacio, lenta, lentamente
langweilig - aburrido
Lärm - estruendo, ruido
lass mich - déjame
Lastwagen - camión
Laternenpfahl - farola

laut - en voz alta, alto
Leben - vida
lebendig - vivo
lebt - vive
lecker - rica
leckte ab - lamió
ledig - soltera
leer - vacío
legal - legal
legen - poner
legte - puso
Lehnstuhl - sillón
Lehrer - maestro
leicht - ligero
Leiden - sufrimiento
leidenschaftlich - apasionadamente, apasionado
leise, sanft - suavemente
leistete Widerstand - resistió
Lenkrad - volante
lernen - aprender
letzte, letzter, letztes - último
Licht - luz
lieb - querido
lieben - amar
Lieblings- - favorito
Lieferwagen - furgón
liegen - yacer
liegt - está tumbado
ließ fallen - dejó caer; ließ herabfallen - echando
Linie - línea
links - izquierda
Lippe - labio
losfahren - arrancó
Lotterie - sorteo
Luft - aire
Lügner - mentiroso
machen - hacer
macht zurecht - arreglando
Macht - poder

machte - hizo; machte eine Pause - hizo una pausa
Mächte - fuerzas
Mafioso - mafioso
Manager - director
Managers, des - del director
manchmal - a veces
Manieren - modales
Mann - hombre
männlich - masculino
Mäntel - abrigos
Maschinengewehr - ametrallador
Masse - masa
Mauer - pared
mechanisch - mecánicamente
Medaille - medalla
Medikament - pastilla
Medikamente - medicinas
Meer - mar; Mittelmeer - mar Mediterráneo
mehr - más
mein, meine - mi
meine, meiner, meines - mío
Menge - multitud
Menschen - gente
merken - darse cuenta
Messer - navaja
Meter - metro
Mikrophon - micrófono
militärisch - militar
Million - millón
Millionär - millonario
Minister - ministro
Minute - minuto
mir helfen - ayudarme
mir zurückgeben - devolverme
mit - con
mit Blick auf - con vistas a
mit einem Fußtritt - de una patada
mit Familiennamen heißen - apellidarse
Mitarbeiter, privat - personal
Mitglied - miembro

mitnehmen - llevar
Mittag - mediodía
Mitte - medio
Mittwoch - miércoles
Möbel - muebles
möchte - gustaría
Modell - modelo
modern - moderno
modisch aussehen - ir a la moda
mögen - gustar
möglich - posible
möglicherweise - posiblemente
Möglichkeiten - oportunidades
Moment - momento
Monat - mes
Monate - meses
Mond - luna
Monitor - monitor
Montag - lunes
Monument - monumento
moralisch - moral
morgen, Morgen - mañana
Motor - motor
Motorhaube - capó
müde - cansado
Müll - basura, porquería
Mund - boca; Mund halten - callar
Musik - música
muss - debe
Mutter - madre
nach außen - fuera
Nachbrenner - postcombustión
nachdenken - reflejar
nachdenklich - cuidadosamente
Nachricht - mensaje
Nacht - noche
nahe - cerca
näherte sich - acercó
nahm - cogí
nahm ab - saqué
nahmen fest - arrestado
naiv - inocente

Name - nombre; Vorname - nombre de pila
Nase - nariz
Nation - nación
national - nacional
natürlich - por supuesto
Navigator - navegador
neben - junto a, lado
neblig - niebla
nehmen - coger
nein - no
nennt - llama
Nerv - nervio
nervös - nerviosamente, nervioso
Nervosität - nerviosismo
neu - nuevo
neun - nueve
nichts - nada
niedriger - más bajo
niemals - nunca
niemand - nadie
nimmt an - supone
nirgends - ningún sitio
noch einmal - otra vez
Nordafrika - norte de África
normal - normal, ordinario
normalerweise - normalmente
Nummer - número
Nummernschild - matrícula
nur - solamente
nutzen - utilizar
Oberfläche - superficie
oberhalb - encima
Obst - fruta
oder - o
offensichtlich - evidente
öffnen; öffnete - abrir
oh - oh
ohne - sin
Ohr - oído
Öl - petróleo
Oper - ópera

Operation - operación
ordentlich - cuidadosamente
Organisation - organización
Orgasmus - orgasmo
Ort - lugar, sitio
örtlich - local
Osten - este
Paar - par, pareja
packen - agarrar
Paket - paquete
Papa - papá
Papier - papel
Park - parque
Parkplatz - aparcamiento
Passagiere - pasajeros
Passant - viandante
passen - quedar bien
passieren - ocurrir
passiert gerade - ocurriendo
passierte - ocurrió
Patient - paciente
patrouillieren - patrullar
Pause - pausa
Person - persona
pflanzt an - cultiva
Pflicht - deber
Pilot - piloto
pinkeln - orinar
pinkelte - orinó
Pistole - pistola
Pizza - pizza
planen - planear
Plastik - plástico
Platz - plaza
plötzlich - de repente, repentino
Podium - plataforma
Polizei - policía
Polizeimarke - placa
Polizeiwache - comisaría
pornografisch - pornográfica
Posten - puesto
Prämie - compensación

Präsident - presidente
Premierminister - primer ministro
Prinzip - principio
privat - privado
Problem - problema
Projektil - proyectil
protestieren - protestar
protestierte - protestó
Provinz - provincia
Prozent - por ciento
Prozentsatz - porcentaje
Punkt - punto
pur - auténtico
Rache - vengarse
Radar - radar
Radio - radio
Rakete - misil
Raketen - misiles
Raketenlager - compuesto de misiles
Rand - borde
Randstreifen - arcén
rannte - corrió
rannten - estaban corriendo
rasiert - afeitado
Räuber - atracador
Rauch, rauchen - humo
rauchte - estaba fumando
rechtfertigen - justificar
rechtfertigte - justificó
reden - hablar
Regal - estantería
Regen - lluvia
regieren - gobernar
Regierung - gobierno
Regime - régimen
registriert - registrado
reichte - entregó
Reinigung - tintorería
Reinigungsdienst - limpieza de casas
reisen - viajar
Reisepass - pasaporte
reißen - rasgar

reiste - viajó
Religion - religión
rennen - correr
reparieren - arreglar, reparar
Rest - descanso
retten - rescatar, salvar
Revolution - revolución
Richter - juez
richtet - apunta
richtete - apuntó
richtig - correctamente
Richtung - dirección
riechen - oler, olisquear
riesig - enorme, vasto
Risiko - peligro, riesgo
roch - olisqueó
Rolle - papel
rot - rojo
Rotation - rotación
Rotbarsch - gallineta
rotieren - rotar
Rücken - lomo
ruhig - tranquilamente, tranquilidad
Rüssel - trompa
Safe - caja fuerte
Saft - zumo
sagen - decir
sagt - dice
sagte abschließend - concluyó
sah - vio
Samstag - sábado
Sand - arena
sang - cantó
Sarkasmus - sarcasmo
sarkastisch - sarcásticamente
saß - se sentó
Satellit - satélite
sauber - limpiamente, limpio
Säule - columna
Schacht - conducto
Schachtel - caja
schamlos - sinvergüenza

schaut - mira
schaute - miró
schenkt ein - echa
Scherz - broma
schicken - enviar
Schicksal - destino
schießen - disparar
Schießerei - tiroteo
schlafen - dormir, estar dormido
schlafend - durmiendo
schläfrig - adormilado
Schlafzimmer - dormitorio
schlagen - golpear
schlank - delgada
schlecht - mal
schließen - cerrar
schließlich - finalmente
schließt - cierra
schlimmer - peor
schloss auf - abrir
Schloss - cerradura
schlug ein - alcanzó
schlug vor - propuse, propuso
Schlüssel - llave
Schmerz - dolor
Schmerztablette - analgésico
schmutzig - sucia, sucias
Schnee - nieve
schneien - nevar
schnell - apresuradamente, rápidamente, rápido
schneller - más rápido
schnuppern - olisquear
Schock - shock
Schokolade - chocolate
schön - agradable
schon - ya
Schrank - armario
Schränke - armarios
Schrecken - susto
schrecklich - horrible
Schrei - grito

schreien - gritar, llorar
schrie - aulló, gritó
Schritte - pasos
Schrott - chatarra
Schublade - cajón
Schuhe - zapatos
Schuld - culpa, deuda
Schule - colegio
Schulter - hombro
Schurke - rufián
schwach - escasamente
schwanger - embarazada
schwarz - negra
Schweif - cola
schweigend - silenciosamente
Schweiß - sudor
schwer - difícil
schwerfällig - pesado
schwören - jurar
sechs - seis
sehen - ver
sehr - muy
Seil - cuerda
sein - estar, ser
sein, seine, ihr - su
Sekunde - segundo
seltsam - extraño
setzte fort - continuó
sexuell - sexualmente
sich ähneln - parecerse
sich befinden - situado
sich beherrschen - controlarse
sich beruhigen - calmarse
sich bewegen - moverse
sich bewusst werden - darse cuenta
sich erinnern - recordar
sich erstrecken - extenderse, se extiende
sich nähern - acercándose, acercarse, se aproximan
sich schämen - sentirse avergonzado
sich Sorgen machen - preocuparse

sich verbeugen - hacer una reverencia
sich vorstellen - imaginarse
Sicherheit - seguridad
Sicherheitsbeamte - vigilante
sichtbar - visible
sie - ella, ellos ; Sie - usted
sie haben getauscht - cambiaron
sie reist, sie fährt - está viajando
sie sind - están
sieben - siete
siebenundzwanzig - veintisiete
Signal - señal
SIM-Karte - SIM
Sinnlosigkeit - inutilidad
Sirene - sirena
Situation - situación
Sitz - asiento
sitzend - sentado
sitzt - está sentado
Socken - calcetines
sofort - inmediatamente
sogar - incluso
Sohn - hijo
Solar- - solar
Solarmodul - panel solar
Soldat - soldado
sollte - debería
sonnig - soleado
Sonntag - domingo
sorgfältig - cuidadosamente
sowieso - de todas formas
Spaghetti - spaghetti
Spannung - tensión
später - más tarde
Speisekarte - carta
speziell - especial
Spiegel - espejo
Spiel - juego
spielte - jugó
Spielzeug - juguetes
Spinnennetz - telaraña
spiralförmig - espiral

Spital - hospital
Sport - deporte
Sprache - idioma
sprang - saltó
sprechen - hablar
springen - botar, saltar
Staatsanwalt - fiscal
Stadt - ciudad, pueblo
Stadtrand - afueras
stand wankend - quedó bamboleándose
stark - fuerte
stärker - más fuerte
starker Regen - aguacero
starren - contemplar
Stau - atasco
Staub - polvo
Steak - bistec
stecken - colocar
stehend - de pie
stehlen - robar
Stein - piedra
stellte vor - presentó
sterben - morir
Stern - estrella
Stille - silencio
Stimme - voz
stimmte zu - aceptó
stinken - apestar
stinkend - apestoso, maloliente
stinkendste - más apestoso
Stock - palo
Stockwerk - historia, piso, planta, suelo
stöhnen - gemir
stöhnte - gimió
stoppen - detener, detenerse
stoppte - se detuvo
Strafe - castigo, pena, sentencia
Strafgefangene - preso
Straße - calle, camino, carretera; Hauptstraße - calle principal
Strecke - trayecto
streckte - alcanzó, extendió

streicheln - acariciar
streichelte - acarició
streichen - pintar
Streifen - rayas
strich glatt - estiró
Stück - trozo
Stuhl - silla; Rollstuhl - silla de ruedas
Stunde - hora
stürzen - derribar
Sturzflug - vuelo en picado
Substanz - sustancia
suchen - buscar
suchte - buscó; suchte aus - eligió
Süden - sur
Super-dieb - super-ladrón
Superstar - superestrella
Symbol - símbolo
System - sistema
Tablette - pastilla
Tag - día
talentiert - con talento
Tank - tanque
Tasche - bolsa; Sporttasche - bolsa de deportes
Taschen - bolsas
Tasse - taza
tatsächlich - realmente
Tattoo - tatuaje
taub - sorda
tauchen auf - aparecer
tauchte auf - apareció
tausend - mil
Taxi - taxi
Team - equipo
Teenager - adolescente
Teil - parte
teilhaben - participar
Teller - plato
Terrasse - terraza
Terrorist - terrorista
teuer - caro
Teufel - diablo

Text - texto
Theater - teatro
tickte - sonaba
Tisch - mesa
Tod - muerte
Tor - verja
töten - matar
Tourist - turista
traditionell - tradicional
tragen - llevar
Transporter - furgoneta
transportieren - llevar, transportar
transportierte - transportaba
Traum - sueño
Träume - sueños
traurig - triste, tristemente
Treffen - reunión
Treffer - golpe
Treppen - escaleras
Tresorraum - cámara
Trick - proeza
trinken - beber
Trinkgeld - propina
trinkt - bebe
triumphierend - victorioso
trompetend - bramando
trompetete - bramó
Tropfen - gotas
trugen - llevaban
Truppe - compañía
tschüss - adiós
T-Shirt - camiseta
Tür - puerta
Typ - tipo
üben - practicar
über - encima
überall - todas partes
überfallen - robar
Übergang - cruce
übergeben - entregar
überlegen - pensar
überprüfen - comprobar

überprüfte - comprobó
Überprüfung - inspección
überrascht - con sorpresa, sorprendido
überwachen - vigilar
überwiegend - principalmente
überzeugt - confidencialmente, convencido
Uhr - reloj
um ... herum; umher - alrededor
umarmte - abrazó
umgeben - rodeado
umrühren - remover
umsonst - en vano
umwickeln - envolver
umziehen - transportar
Umzugshelfer - transportista
unbefristet - permanente
unbeschreiblich - indescriptible
und - y
Unfall - accidente
unfreundlich - poco amablemente, poco amistosa
unglaublich - increíble
Unglück - desgracia
Uniform - uniforme
Union - unión
Universität - universidad
Universitätsabschluss - licenciatura
unmöglich - imposible
unser, unsere - nuestro
Unsinn - tonterías
unter, unterhalb - debajo
unterbrach - interrumpió
unterbrechen - interrumpir
untere, unterer, unteres - inferior
unterschreiben - firmar
unterstützen - apoyar
untersuchen - examinar, inspeccionar
untersuchte - examinó
unvermittelt - abruptamente
Urkunde - certificado
Urlaub - vacaciones

Vagabund - vagabundo
Van Gogh - Van Gogh
Vanille - vainilla
Vater - padre
Veranda - porche
verängstigt - asustado
verantwortlich - responsable
Verantwortung - responsabilidad
verband - conectaba
verbergen - ocultar
verbieten - prohibición, prohibir
Verbindung - conexión
Verbrechen - delincuencia
Verbrecher - criminal
verbunden - vendados
verdienen - merecer
Vereinbarung - acuerdo
verfassen - escribir
Verfolgungsjagd - persecución
vergaß - olvidaron
vergeben - perdonar
vergessen - olvidar
Verhandlung - juicio
verheiratet - casada
verhindern - impedir
verkaufen - vender
Verkäufer - vendedor
verkündete - declaró
verlassen - abandonar
verletzt - herido
verletzte - violó
Verletzung - herida
verlieren - perder
Verlierer - perdedores
verließ - abandonó
verloren sein - perdido
vermeiden - evitar
vernünftig - razonablemente
verrückt, Verrückte - loco, poseso
versammelt - reunido
verschlossen - cerrada
verschüttet - derramado

verschwand - se deslizó
Verschwörung - conspiración
verschwunden - desaparecido, ido
versperrte den Weg - bloqueó
Versprechen - promesa
versprochen - prometió
Verstand - cerebro, razón
verstanden - comprendió
Verstärkung - refuerzo
versteckte - ocultó
verstehen - entender
Versuch - intento
versuchen - intentar
versuchte - intentó
Verteidiger - defensor
verteidigte - defendió
Verteidigung - defensa
vertikal - verticalmente
vertrauen - confiar
Verurteilung - condenación
Verwandte - parientes
Verwunderung - sorpresa
Verwundete - herido
vibrieren - vibrar
Video - vídeo
Vieh - animal
viel, viele - mucho
viele - muchos
vielleicht - quizás
vier - cuatro
vierte, vierter, viertes - cuarto
vierzig - cuarenta
Vogel - pájaro
völlig - absolutamente
von - de
vor - delante
vorbeigehen - pasar
vorbereiten - preparar
Vorfall - evento, incidente
vorgeben - hacer ver
Vorgehen - acción
Vorratskammer - despensa

vorschlagen - proponer
Vortag - día anterior
vorübergehend - temporalmente
vorübergehend, befristet - temporal
vorwärtsgehen - avanzar
Waffe - arma
Wahl - elección
wählen - elegir, marcar
Wahlen - elecciones
wahr - cierto
während - durante, mientras
wahrscheinlich - probablemente
Wald - bosque
wann - cuando
war - estaba, fue
warten Sie - espere
wartet - está esperando
warum - por qué
was - qué
Wasser - agua; Mineralwasser - agua mineral
weckte - despertó
weggehen - marcharse, salir
weht - sopla
weiblich - femenina
weigerte sich - rechazó
Wein - vino
weinen - llorar
weinte - lloró
weiß - blanca
weit - lejos
weiter - más lejos
weitermachen - continuar
weitermachend - continuando
Welle - ola
Welt - mundo
wenig - poco
weniger - menos
wenn - si
wer - quién
werden - convertirse
Werkzeug - herramienta

Wert - merecer
Weste - chaleco
wichtig - importante
widerlich - asqueroso
Widerstand leisten - resistir
Widerstand - resistencia
wie - cómo
wie viel - cuánto
wiedererlangen - recuperar
wiederholen - repetir
Wind - viento
winkte - saludaban
wir - nosotros
wird erzeugen - creará
wirklich - de veras, realmente
Wirklichkeit - realidad
Wirtschaft - economía
wischte - limpió
wissen - saber
Witz - chiste
wo - donde
Woche - semana
Wolke - nube
wollen - quiero
wollte - quería
Wort - palabra
Wunde - herida
wünschen - desear
wurde - se puso
wurden getötet - perecieron
wurden verletzt - fueron heridas
wusste - sabía
Wüste - desierto
wütend - enfadada
zählen - contar
zahlen - pagar
zehn - diez
zeigen - mostrar, señalar
zeigend - señalando
zeigt - señala
zeigte - apuntó, mostró, señaló
Zeitschrift - revista

Zeitung - periódico
Zelle - celda
Zelt - tienda
Zentral- - central
Zentrum - centro
zerbrach - derrumbó
zerquetschen - aplastar, choque
zerrissen - rompían
zerstören - destruir
ziehen - arrastrar, tiran
ziehend - tirando
Ziel - objetivo
Zigarette - cigarrillo
Zimmer - despacho, habitación, sala
zog - arrastró, sacó
Zoll - aduanas
Zoologe - zoólogo
zu - hacia

zu gleichen Teilen - a partes iguales
zu viel - demasiado
Zucker - azúcar
Zug - tren
zuhören - escucha
zukünftig - futuro
zulassen - permitir
zündet an - enciende
zündete an - encendió
zurückgeben - devolver
zusammen mit - junto con
zwanzig - veinte
zwei - dos; zweistöckig - dos pisos;
zweimal - dos veces
zwinkerte - guiñó
zwischen - entre
zwölf - doce

Buchtipps

Das Erste Spanische Lesebuch für Anfänger
Band 1
Zweisprachig mit Spanisch-deutscher Übersetzung
Stufen A1 A2

Das Buch enthält einen Kurs für Anfänger und fortgeschrittene Anfänger, wobei die Texte auf Deutsch und auf Spanisch nebeneinanderstehen. Die Motivation des Schülers wird durch lustige Alltagsgeschichten über das Kennenlernen neuer Freunde, Studieren, die Arbeitssuche, das Arbeiten etc. aufrechterhalten. Die dabei verwendete Methode basiert auf der natürlichen menschlichen Gabe, sich Wörter zu merken, die immer wieder und systematisch im Text auftauchen. Sätze werden stets aus den im vorherigen Kapitel erklärten Wörtern gebildet. Das zweite und die folgenden Kapitel des Anfängerkurses haben nur jeweils etwa 30 neue Wörter. Die Audiodateien sind auf www.audiolego.com/Buch/Spanisch-Band1 inklusive erhältlich.

Das Erste Spanische Lesebuch für Anfänger
Band 2
Zweisprachig mit Spanisch-deutscher Übersetzung
Stufe A2

Dieses Buch ist Band 2 des Ersten Spanischen Lesebuches für Anfänger. Das Buch enthält einen Kurs für Anfänger und fortgeschrittene Anfänger, wobei die Texte auf Spanisch und auf Deutsch nebeneinanderstehen. Sätze werden stets aus den im vorherigen Kapitel erklärten Wörtern gebildet. Die Audiodateien sind auf www.audiolego.com/Buch/Spanisch-Band2 inklusive erhältlich.

Das Erste Spanische Lesebuch für Anfänger
Band 3
Zweisprachig mit Spanisch-deutscher Übersetzung
Stufe A2

Dieses Buch ist Band 3 des Ersten Spanischen Lesebuches für Anfänger. Das Buch enthält einen Kurs für Anfänger und fortgeschrittene Anfänger, wobei die Texte auf Deutsch und auf Spanisch nebeneinanderstehen. Sätze werden stets aus den im vorherigen Kapitel erklärten Wörtern gebildet. Die Audiodateien sind auf www.audiolego.com/Buch/Spanisch-Band3 inklusive erhältlich.

Das Zweite Spanische Lesebuch
Zweisprachig mit Spanisch-deutscher Übersetzung
Stufen A2 B1

Ein Privatdetektiv ist hinter der Frau her, die er liebt. Ehemaliger Luftwaffenpilot, entdeckt er einige Seiten in der menschlichen Natur, mit denen er nicht zurechtkommen kann. Das Zweite Spanische Lesebuch ist ein zweisprachiges Buch für die Stufen A2 und B1. Neue Worte werden im Buch von Zeit zu Zeit wiederholt, dadurch können Sie sich leichter an sie erinnern. Die Audiodateien sind auf www.audiolego.com/Buch/Spanisch-Band4 inklusive erhältlich.

Fremde Wasser
Zweisprachig mit Spanisch-deutscher Übersetzung
Stufe B2

Mitgründer eines Zwei-Mann-Unternehmens zu sein hat seine Vor- und Nachteile. Das kalte Wasser der Selbsttätigkeit ist aber nicht für jedermann geeignet. Die Audiodateien sind auf www.audiolego.com/Buch/Spanisch-Band7 inklusive erhältlich.

Ängste und Hoffnungen von Thomas
Ausgewählte Spanische Kurzgeschichten
Zweisprachig mit Spanisch-deutscher Übersetzung

Thomas war zu seines Vaters Beerdigung nach Georgia heimgekehrt. Er wurde informiert, dass er das ganze Vermögen bekommen würde, denn er war ein Einzelkind. Da passierten einige Ereignisse, die ihm eine Furcht einjagten. Die Audiodateien sind auf www.audiolego.com/Buch/Spanisch-Band6 inklusive erhältlich.

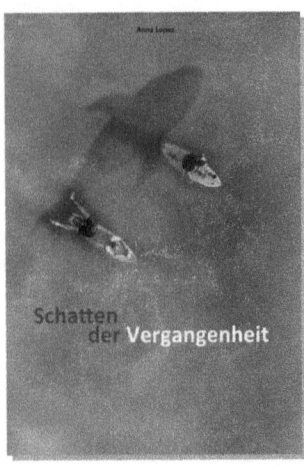

Schatten der Vergangenheit
Stufe B2
Zweisprachig mit Spanisch-deutscher Übersetzung

Die forensische Wissenschaft war eine von Damien Morins Leidenschaften. Inzwischen betraf das erste wirkliche Verbrechen, dass er untersuchte, seine eigene Vergangenheit. Die Audiodateien sind auf www.lppbooks.com/Spanish/Lopez/ inklusive erhältlich.

www.ingramcontent.com/pod-product-compliance
Lightning Source LLC
Chambersburg PA
CBHW080332170426
43194CB00014B/2533